MEXICANOS al NORTE

Cómo un joven encontró la Diáspora 1913-1930
e hizo la diferencia

HENRY M. RAMIREZ, Ph.D.

Traducido por Padre Jesús José Arriaga

Esta obra es traducción del Padre Jesús José Arriaga, México
(CDMX), de *Nixon and the Mexicans.*

Copyright © 2018 Henry M. Ramirez, Ph.D.

Publicado por Depomo Press, Laytonsville, MD

ISBN: 069204275X
ISBN-13: 978-0692042755

Diseño de portada por Christian Alexa
Crédito fotográfica de la contraportada: Richard M. Nixon Library

DEDICATORIA

Para: María Ester Gómez de Ramírez
Mi querida esposa

RECONOCIMIENTOS

Por este medio extendió mi agradecimiento a tantas personas. En primer lugar, a mi esposa, quien incansablemente editó mis bosquejos y me recomendó aclaraciones provenientes de sus recuerdos personales y de sus padres quienes fueron parte de la Diáspora.

También apreció de modo especial la ayuda personal, consejos y referencias proporcionadas por Elizabeth L. Uyeda, Archivista del Condado de Los Ángeles y escritora del blog *Los Angeles Revisited.* Ella me proporcionó la información *sine qua non* sobre el Rancho Murphy, y el Rancho Leffingwell, de Al Lemus y de Richard M. Nixon cuando él vivió su juventud entre más de 200 mexicanos de la Diáspora de los ranchos de Whittier, California. Ese fue el nexo importantísimo entre los mexicanos y Nixon en los 1920.

A todos los "hijos de la Diáspora" que compartieron las historias personales de sus familias en este libro, les estoy muy agradecido. Sus historias le dan vida a la experiencia de la Diáspora. Espero que ellas inspiren a otros mexicanos estadounidenses a valorar también su propia herencia.

Gracias especiales a Christian Alexa por imprimir el mensaje de esperanza en la hermosa cubierta.

También agradezco a Mary Beth de Ribeaux, quien dirigió este manuscrito con sus excelentes aptitudes editoriales y laudable sentido del orden con lo que ganó un nuevo aprecio para el patrimonio de su esposo cubano, sus hijos mexicanos y el impacto de Nixon en sus vidas.

Finalmente, felicitaciones al Padre Jesús José Arriaga por la traducción al español de mi libro, *Nixon and the Mexicans.*

INDICE

PREÁMBULO

El término "paradoja", según el *Concise Oxford Dictionary*, significa algo contrario a una opinión común, del latín paradoxum y de la palabra griega *parádoxon*, lo que es algo contrario a las expectativas, a una creencia o a una opinión común.

El presidente Richard Milhouse Nixon es la más grande paradoja en la historia de Estados Unidos. Todo mundo lo conoce por haber establecido nexos diplomáticos y comerciales con China. Pero nosotros mexicano-estadounidenses lo conocemos por haber ordenado el primer censo de los Estados Unidos para contar a todos los hispanoparlantes en los Estados Unidos; por haber nombrado a más de 100 hispanos a un nivel ejecutivo a la Casa Blanca, al gabinete, a los departamentos, agencias y comisiones; por promover generales y almirantes al Departamento de Defensa de los Estados Unidos y haber creado a hispanos millonarios durante su supervisión de la asistencia federal de los pequeños negocios por su Departamento de Comercio y la Asociación Nacional para el Desarrollo Económico (NEDA).

Ningún presidente antes o después de él ha hecho tanto por nosotros. No obstante en un principio no existía ningún indicio de su relación con nosotros.

Lo primero que escuché de Richard Nixon fue que era un senador obstinado y anticomunista de California, y después vice-presidente de Estados Unidos con el presidente Dwight Eisenhower. Cuando Nixon lanzó su campaña para presidente en 1960, yo voté por vez primera por él. Los mexicanos votaron masivamente por John F. Kennedy; en esa campaña el votar por Nixon se consideraba actuar contra nuestra cultura, y me indigné con los chicanos de Texas y Washington, D.C., por haber pensado asi.

Pero cuando estuve trabajando para el Washington Post, supe del historial del senador John F. Kennedy de su ausentismo y de su reputación de mujeriego: un playboy millonario. Nixon, por el contrario era un hombre trabajador. El bromeaba que llegaría a ser abogado solamente por la bastilla de sus pantalones. Yo supe qué era eso.

Nuestra niñez moldea nuestra vida. Desde el sexto año hasta la graduación, nuestra familia pasaba la mayor parte del año emigrando en busca de trabajo, desde el Sur de Texas cerca de la frontera y hasta al Norte de Chicago y hasta la Costa de California y puntos intermedios. Cada año viajamos de Mayo a Noviembre, trabajando y a la vez luchando con nuestra tarea de la escuela. Tenía que trabajar doble, leyendo las asignaturas diarias y haciendo las tareas anteriores por los meses que habíamos pasado en el Norte. Trabajábamos codo con codo con los morenos del Mississippi, los blancos de Apalaches, puertorriqueños y mexicanos.

Así es que, cuando por vez primera supe que los papás del presidente Nixon tenían una tiendita de abarrotes y una estación de gasolina en Whittier, California ubicada entre dos ranchos grandes donde vivian cienes de familias Mexicanas y además que Nixon había tenido que trabajar en las huertas y campos con los Mexicanos de alli, inmediatamente concluí que debió habernos conocido y que él había crecido con mexicanos. También reconocí que quería cambiar la historia e incluirnos en el destino de su nación cuando llegara a ser presidente. El Dr. Henry Ramírez, originario de Pomona y Whittier, California, confirmó esto en su primer libro, *"Un Chicano en la Casa Blanca: el Nixon que nadie conoció."*

Antes de leer el libro del Dr. Ramírez yo ya sospechaba que Richard Nixon nos conocía. Pero Henry, escogido personalmente por el presidente para ser el presidente del Comité del Gabinete Presidencial para asegurar las oportunidades de este pais para los hispanoparlantes, bien, lo sabía. Henry creció en la misma área donde Nixon lo criaron. "El debió habernos conocido al vivir nuestra cultura en relación con nuestros valores: Dios, familia, trabajo duro, respeto por la ley y la aversión a las dádivas", dice el Dr. Ramírez en sus libros.

Cierto, nuestra familia, como migrantes campesinos del sur de Texas, preferían viajar miles de kilómetros en busca de trabajo antes de recibir dádivas del gobierno, unos centavos, cheques por el desempleo.

Este nuevo libro del Dr. Ramírez, es algo que debe leerse. Lo que es tanto significativo como oportuno. La llegada de Donald Trump es un signo del bulling y del poder de los pelirrojos en los Estados Unidos. La retorica contra la emigración ilegal, especialmente de México es papa caliente. Además, las preocupaciones sobre la política de La Accion Diferida de los Niños Llegados de

Edad Menor (DACA) ha añadido otra capa de confusión y enojo. No obstante, este libro puede aclarar estos temas al lector. El abordar este tema de la inmigración por el Dr. Ramírez en la Parte III incluye diez historias de familias que cruzaron el Río Bravo y que ayudaran a respaldar esta tesis.

Yo tengo un interés personal sobre inmigración. Mis cuatro hermanos y yo nacimos en Estados Unidos y crecimos en la frontera Sur de Texas. Mi padre se convirtió en un ciudadano naturalizado de Estados Unidos.

Pero mi santa madre entró a los Estados Unidos en 1908. En los 1920's por primera vez en la historia de ambos países, Mexico y Estados Unidos, leyes sobre inmigración fueron promulgadas. Por esa razón, esas leyes no eran vigentes contra ella. Sin embargo, los empleados del gobierno federal en las oficinas locales, en su ignorancia, le requerirían a mi madre reportarse anualmente como residente extranjera. Lo sé, yo era el que llenaba "sus papeles" cada año.

Además de mi interés personal, me tomó dos años entrevistarme y comunicarme con expertos en inmigración en México y en los Estados Unidos.

El Dr. Ramírez comprende los matices de la historia de los mexicanos en los Estados Unidos. Cuando el, estudiante de universidad, viajo por todo México llego a saber de las actitudes ante el color de piel que dividen la vida social en México. Celestino Gorostiza escribió: *El Color de Nuestra Piel*. Una obra sobre el procedimiento del gobierno de nombrar españoles de piel clara (criollos) por encima de los mestizos y de los mexicanos nativos (indios) en posiciones federales.

El Dr. Ramírez sabe de nosotros siendo descendientes de emperadores, reyes y príncipes. Él es a la vez filósofo e historiador. Pasó diez años estudiando para el sacerdocio antes de recibir su doctorado. Su libro refleja ese conocimiento. Es una gran síntesis de la historia de México. Lo recomendé ampliamente a los "pochos" entre nosotros, esos que no saben quiénes son. Este libro les ayudará. Es de vital importancia que lo lean.

Algo de más importancia, el Dr. Ramírez conoce la naturaleza y finalidad de la abogacía representando el poder político que se le confirió, fue una de las funciones de su trabajo. Del mismo modo fue importante la necesidad de representar a la comunidad que hizo posible su nombramiento, los hispanoparlantes, en sus mayorías, méxico-estadounidenses, pero también puertorriqueños de Nueva York, Nueva Jersey, Illinois, Florida, y a lo largo de Estados Unidos; cubanos; y centro y sur americanos. Todos fueron incluidos en la ley que se publicó, que creó el Comité del Gabinete Presidencial, todos tenían que ser representados, los constituidos en poder y los subordinados.

El Dr. Ramírez fue escogido por Nixon para servir como jefe del Comité de Gabinete Presidencial para las Oportunidades del pueblo de habla hispana. Los presidentes generalmente no reclutan personalmente candidatos para puestos de alto nivel. Aunque los presidentes si sometan a los candidatos a investigaciones y a recomendaciones de amigos cercanos; es como Henry fue seleccionado. El lector disfrutará saber por qué Henry se resistía a aceptar inicialmente el nombramiento y cómo finalmente llegó a aceptar este servicio. Para más detalles de esta historia, lean su primer libro, *Un Chicano en la Casa Blanca*.

En cuanto a mí, asistía a la Escuela para Servicios Extranjeros de la Universidad de Georgetown y trabajé para el Departamento de Comercio de Estados Unidos y la Corporación de Servicios Legales. Fui director regional del Consejo Regional Federal (y el único director no abogado en el país). Más tarde, fui seleccionado como director asociado para el Comité del Gabinete por John Bareno. Martín Castillo, el primer director, estaba justamente dejando el puesto, en Dic. de 1969. Un torbellino de Pretendientes luchaba por tener el lugar de Martín Castillo. Conocí al candidato para jefe al Dr. Ramírez cuando iba de salida. Regresaba a Texas para contender como Senador del Estado. Más tarde serví como asistente decano del personal del gobernador de Texas Bill Clements, el primer gobernador republicano de Texas en 104 años. Fui mayor asistente a la campaña que lo eligió en ese partido. En 1979, el gobernador Clements convocó para la acción sobre el asunto de inmigración mucho antes que se volviera un asunto nacional. El Dr. Richard Rubottom y yo escribimos un documento sobre el lugar de los trabajadores indocumentados de México. El Gobernador Clements se lo dio al presidente Ronald Reagan y se convirtió en el Acta Simpson-Mazzoll. Ustedes conocen el dicho: "No se quiere ver cómo se hace chorizo y las leyes". El gobernador Clements, el Dr. Rubottom y yo no estábamos a favor de una amnistía. Me atrevería a decir que tampoco el presidente Reagan estaba de acuerdo. Se gana y se pierde algo en la carrera de caballos del capitolio para pasar una enmienda.

Yo soy uno de los hijos de la Revolución de quienes habla Henry en este libro. Mis padres fueron miembros de la Diáspora, con nuestra propia historia de sufrimiento, esperanza, anhelos, búsquedas, luchas y resultados. Esta es mi relación personal con este libro.

Nuestra impotencia y los años de fracaso terminaron. Ahora se pueden encontrar nombres hispanos en cualquier campo o logro en el gobierno o en el sector privado. Tenemos una deuda de gratitud con Richard Nixon por este progreso y a mi amigo el Dr. Henry Ramírez

Mr. G. G. García.
Autor: *Mercedes, Recuerdos de Ayer.*
Amboy, Illinois

2 marzo 2018

INTRODUCCIÓN

¿Por qué se fueron de México? Aún recuerdo claramente el momento en que le hice a mi papá esta pregunta. Estábamos desayunando un sábado. Tenía 15 años, estaba entonces trabajando como un adulto con muchos mexicanos en huertas de naranjas y limón. Mi vida ya no era solitaria en Pomona, California, donde mí familia vivía en las orillas de la ciudad y donde yo iba a la escuela y a la iglesia. Mi familia no tenía carro. caminábamos a pie o usábamos la bicicleta para ir a la tiendita. De vez en cuando se hacían viajes a pueblos cercanos o a Los Angeles para asistir a Fiestas Religiosas. Pero ahora caminaba con la cuadrilla de piscadores de naranjas y limones a muchos pueblos cercanos en un camión de carga. Mi educación sobre geografía y muy importante sobre los modos de tantos hombres luchando en un país diferente a su vida en Mexico. Me di cuenta de que muchos mexicanos vivían en los pueblos del Sur de California y usualmente en barrios donde solo vivían mexicanos. Yo era un joven en el grupo, silencioso, ensimismado, porque no podía hablar el español de esos duros trabajadores, hombres de edad que sufrían las penas y achaques debido a las exigencias físicas del duro y sucio trabajo de colectar cítricos. Los oía hablar de México constantemente. Pero ninguno de ellos hablaba de porqué habían abandonado México.

Así que preguntaba a mi papá y esperaba, mientras él luchaba por contestar. Finalmente, dijo unas pocas palabras que trasmitieran este pensamiento: "Yo quería una vida mejor para todos ustedes". Así empezó la odisea de un inquisitivo muy joven mestizo méxico-estadounidense. Yo anhelaba saber más. Tenía sed de un más profundo por qué. Había pensado al respecto e investigaba esa pregunta a lo largo de las varias etapas de mi vida, así como en mi educación, en los viajes y el trabajo que había experimentado, y, ahora en el ocaso de mi vida, escribí lo que he aprendido del *porqué*.

¿Por qué tantos mexicanos y mexicano-estadounidenses que conocí en esa época de mis preguntas vinieron a vivir y trabajar permanentemente en el valle de Pomona en California? ¿O, una pregunta más profunda, por qué tantos mexicanos en general viven en los Estados Unidos? ¿Cuándo llegaron? ¿Cómo llegaron de sus ranchitos rurales en el centro de México a los pueblos del ferrocarril del sureste y de otras partes del país?

Lo sorprendente es el título de este libro ¿Cómo se asocia el nombre de Nixon con la historia de los mexicanos estadounidenses? Este libro revelará su altamente significante (*Sine qua non*) involucramiento, así como la apertura de las puertas ocultas para mostrar por qué dos millones de mexicanos, en su mayoría sin tierra y analfabetos campesinos mestizos, huyeron de su incendiado país de 1913 a 1931 para encontrar trabajo, seguridad y libertad religiosa en la tierra de los libres. Los griegos tienen una palabra que describe este movimiento masivo: *diáspora,* que significa "dispersión". Dejar atrás todo lo que conocían, mexicanos dispersos a lo largo de los Estados Unidos., encontrarán trabajo, echaron raíces y criaron a sus familias. Por regla general, no hablan mucho de su viaje. Como resultado, hoy pocos mexicanos estadounidenses saben poco de su origen, su legado y entidad. Una total ignorancia de la historia de su familia es común. Al menos pregunte a cualquier joven mexicano-estadounidense dónde nacieron sus antepasados y no espere mucho la respuesta. ¡No saben! La primera parte de este libro les ayudará a saber de su pasado a través de un breve recorrido de la historia de México, en particular de lo desafortunado de los acontecimientos que llevaron a la diáspora de 1913-1930, cuando sus papás o abuelos (o tal vez bisabuelos) llegaron a los Estados Unidos.

Ciertamente, aun cuando las condiciones eran más estables a este lado del Río Grande, no todo era tan fácil para los mexicanos recién llegados. Los relatos que tanto ellos como sus descendientes experimentaron eran reales. Pero yo he tenido una vida privilegiada de haber tenido una mirada cercana del hombre que encabezó un gran esfuerzo para enderezar los errores que se atravesaron en el camino de muchos mexicanos-estadounidenses y que les impedían de gozar plenamente, de alcanzar el Sueño Americano. Yo mismo participé en este esfuerzo. Aquí es donde el presidente Nixon entra en escena. Su extenso cariño personal por los mexicanos-estadounidenses data de sus mismas experiencias de ellos desde su juventud e inspiraron sus acciones en la Casa Blanca. La Segunda parte describe en detalle los pasos que él dio para avanzar en los derechos civiles de los méxico-estadounidenses y, por extensión, a otros hispanoparlantes estadounidenses. ¡Que este capítulo de la historia de los méxico-estadounidenses sea también conocido!

Finalmente, en la parte tercera se da voz directa a los méxico-estadounidenses. Después de haber dado un bosquejo de las horribles condiciones enfrentadas en México en los primeros años del siglo XX, la tercera parte presenta la historia de diez familias méxico-estadounidenses en su vida real. Espero que estas historias renueven el aprecio que jóvenes méxico-estadounidenses nos tengan por la llegada al norte y el legado de sus padres y abuelos y les ayuden a entrar en contacto con sus propias historias. Que el sendero desde mi ¿Por qué? ilumine el suyo.

PRIMERA PARTE

1. EL CAMBIO LLEGA A MÉXICO

El Bajío *("Lowlands")* es un valle grandisimo en el centro de México. Rodeado de cordilleras de cerros, el área es muy fértil y comprende los actuales estados de Guanajuato, Jalisco, Michoacán, Aguascalientes y Zacatecas. Partes del vecino estado de Sinaloa y Durango, a los que aludirá este libro aunque no son parte del Bajío. Durante la invasión Europea, muchos grupos de gente vivían en estas regiones:

- Los Otomíes, Purepéchas y Guachichiles- en lo que hoy es Guanajuato;
- Los Coca, Texcuexas, Guamares y Caxcanes-en lo que ahora es Jalisco;
- Los Otomíes, Nahuas y Purepéchas-en lo que ahora es Michoacán;
- Los Caxcanes, Guachichiles y Zacatecos- en lo que ahora es Aguascalientes;
- Los Zacatecos, Caxcanes y Guachichiles-en lo que

ahora es Zacatecas

- Los Zuaques y Tehuecos-en lo que ahora es Sinaloa; y
- Los Zacatecos, Tepehuanes y Tarahumaras en lo que ahora es Durango.

Pero tres mayores cambios iban a barrer a gente del Bajío en los años 1500. Primero llegaron los europeos. Poco después que Hernán Cortes invadió *el Reino de Mégico* en 1521, los Conquistadores (sus generales) hicieron ulteriores conquistas en el interior de México que incluyó *el Reino de Michuacán,* e,d, la región del Bajío. En 1535, los extensos territorios reclamados por España se convirtieron en *Nueva España,* que entonces iba desde Oregón hasta Panamá, incluyendo lo que es ahora Nicaragua, Costa Rica, el Salvador, Honduras y Guatemala y los estados del sur-oeste de los Estados Unidos.

La monarquía española, vía su representante, el Virrey, gobernaba por el así llamado Derecho Divino con un sistema feudal hasta 1821 cuando a México se le concedió la independencia de España por el Tratado de Córdoba.

Es una realidad evidente en sí misma que los ejércitos cambian el diario vivir de los conquistados. La llegada de los conquistadores cambió para siempre la vida diaria en el Bajío. Se apoderaron de las tierras y todo se lo adjudicaban: la gente, los animales, las propiedades. Saqueaban y se llevaban el botín. Erróneamente llamaban al pueblo "**Indios**" y las lenguas nativas de estos "Indios" eran considerados dialectos o aun desaparecieron completamente. El pueblo del Bajío perdió su libertad e independencia y en su lugar se volvieron súbditos del ejército español.

Un segundo cambió mayor surgió como consecuencia de la llegada de los españoles. Algo distinto de los anglo-sajones que ocuparon Massachusetts y Virginia, los soldados españoles llegaron sin mujeres. Los anglosajones trajeron a sus mujeres anglo-sajonas con ellas al Nuevo Mundo y criaron hijos anglo-sajones, pero en la Nueva España, los soldados españoles iniciaron sus familias con mujeres nativas. Esta unión de españoles con mujeres nativas dio origen a hijos conocidos como Mestizos; este proceso es conocido como mestizaje. Esto que fue un gran cambio, completamente desconocido en los años 1520.

De ahora en adelante el México del siglo XVI ya no fue habitado solo por dos grupos, los indígenas y los europeos. Surgió un tercer grupo, los Mestizos. El padre José Luis G. Guerrero lo hace notar en su libro, *El Nican Mopohua*:

Se dice que en un principio, el mestizaje fue entusiastamente aceptado, que fue promovido por los indios, que gustosamente entregaban a sus hijas y hermanas, pero jamás se imaginaron la infamia, en virtud de la cual, al nacimiento de los hijos de esas uniones, los padres los abandonarían e iban a tratar a sus madres con infamia a causa de ser sus madres. Como resultado, tanto los padres españoles como las madres indígenas rechazarían el fruto de su unión y darían origen a un "sub-proletariado", debido al enorme número de hijos mestizos (algo que jamás había sido visto en México, donde los hijos eran un precioso tesoro).[1]

---

[1] José Luis G. Guerrero, *El Nican Mopohua* (Cuautitlan, México. Editorial Realidad, Teoría y Práctica, S.S. de C.V. 1998), p. 456.

En lo que mira a la afirmación del P. Guerrero de que "el mestizaje fue entusiastamente aceptado", uno se pregunta quién realmente tuvo esta opinión. ¿Era la perspectiva de los conquistadores o la de los vencidos?

Para comprender más profundamente este cambio del mestizaje, es esencial revisar los paradigmas de la moral y de la conducta en esos años. Los predecesores de los colonizadores ingleses que cruzaron el Atlántico en los años 1600 habían sido católicos hasta no muchos años antes, cuando Enrique VIII se separó de la Iglesia Católica (1530). Ellos aún vivían y se comportaban con los vestigios de la moral católica. El tener concubinas no era aceptado.

Por otro lado, los españoles habían vivido durante siete siglos bajo el reino de los mahometanos, quienes habían establecido las normas y la aceptación de la presión de los harem y el concubinato. El uso y abuso de las mujeres era un comportamiento normal para los musulmanes. A partir de este modo musulmán de vivir los españoles aprendieron y adquirieron la práctica de la "casa chica" para la concubina.

El tercer gran cambio que se extendió a el Bajío (y de este modo eventualmente a toda América comenzando con la Nueva España) fue un notable e inesperado de origen sobrenatural. Diez años después que Cortes sometió a los aztecas en la Ciudad de México, ocurrió un acontecimiento milagroso. Por este tiempo los conquistadores y los vencidos aztecas habían abandonado su lucha y habían iniciado una vida pacífica, al menos lo mejor que pudieran. Sin embargo, ningún ser humano pudo haber anticipado el involucramiento directo de Dios mismo.

Lector, conoce que esta parte de la historia involucra

lo sobrenatural. Así, piensa en el nacimiento de un Hombre, Dios Encarnado en Belén. Su nombre fue Jesús. Vivió con su madre y su padre por vocación divina (Mt 1, 18-25), José, en Judea. Fue un maestro, sufrió en la cruz murió y fue sepultado. Al tercer día resucitó de entre los muertos. Subió al cielo. Después, también llevó asunta a su madre al cielo, sin sufrir la condición de perecer.

En 1531, envió a su madre que se apareció y habló a un hombre, residente del Anáhuac. (El Anáhuac fue el área alrededor de la cual se encuentra hoy la Ciudad de México). Este hombre nació en 1474, en Cuautitlan, un pueblo cerca de la Ciudad de México. Su nombre era Cuauhtlatoatzin, que significa "Águila que habla". Al recibir el bautismo, eligió un nuevo nombre español, Juan Diego, por los Apóstoles Juan y Santiago.

María, la madre de Jesús, se apareció a Juan Diego en Diciembre de 1531, en un cerro llamado Tepeyac, que está en el Norte de la Ciudad de México.

Coincidentemente, los aztecas habían consagrado este cerro especial a la madre de su Dios Teotl, el único y supremo dios de la religión azteca. Teotl era conocido con nombres diversos, cada uno por un diferente aspecto de su divinidad.

Usando la lengua nativa de Juan Diego, el Nahuatl, María se identificó como la madre de Dios con el nombre de Guadalupe. El pueblo indígena de México se dio cuenta de que las apariciones de la Virgen María eran de origen divino y se convirtió en masa al cristianismo. Diez millones de ellos se convirtieron en unos cuantos años. Esto cambió totalmente a México.

Además, Nuestra Señora de Guadalupe dejó una imagen de sí misma en la tilma (manto) de Juan Diego. Una tilma es una tela tejida de fibra de maguey, un cactus, y era usada por los mexicanos de entonces como un manto, cobija, bolso para acarrear cosas, etc. El manto de Juan Diego hecho de fibra de cactus (maguey), está intacto hoy en día, exactamente como hace casi 500 años, cuando él lo uso para cientos de faenas. La imagen de María está intacta para ser vista también. Muchísima gente ha visto esta imagen, la ha examinado y reflexionado en ella. Ni los conquistadores, ni los sacerdotes católicos, Jesuitas, Dominicos, Agustinos, Franciscanos la reconocieron en un principio, ni los pueblos indígenas. Ella no era ni una hermosa, dulce mujer europea, ni una muchacha azteca.

Su rostro era sin ninguna duda el de una mestiza.

Hoy en el diario vivir de México y de Centroamérica un tal semblante es algo común y completamente normal, pero antes cuando María se apareció y nos dejo su imagen en la tilma de Juan Diego, un tal rostro no era algo común de verse.

2. LA VIDA DIARIA DE MÉXICO

Después de la llegada de los españoles coexistían tres grupos en México: los europeos (o "criollos"), los mexicanos nativos y los mestizos. Durante varias centurias, el modo de vida se fue desarrollando. ¿Cómo podríamos describir el diario vivir de esos tres grupos? Numerosas fuentes proporcionan información sobre el modo de vivir de los europeos en México.

Los europeos solían escribir su versión de los sucesos y la historia que rodeaba sus vidas y percepciones. Como un ejemplo entre tantos, está el relato de la *Vida en México* por Fanny Calderón de la Barca (publicada en 1843) que proporciona una rica mirada de visiones sobre opiniones y observaciones de los europeos.

Sabemos también que los mexicanos nativos "escribieron" extensamente en pinturas y grafitos (o más exactamente "grafitos pintados"). Los Nahuas (se pronuncia "na-was", el "hu" se pronuncia como una "W"), diseñaron pinturas para comunicar su historia, filosofía, letras y sus tratos comerciales en la lengua

Náhuatl. (Los mayas y otomíes escribían de igual modo.) La gente letrada en Náhuatl tenía que "leer" que una pintura o grafito de una ruda, rocosa colina significaba precisamente eso: era una colina cubierta con rocas en un terreno áspero. Era una pintura no una serie de letras. Casi todos los grupos mexicanos podían entender la lengua náhuatl hasta cierto punto, aún cuando ellos usaban su propia lengua en su vida diaria. De este modo, ellos disfrutaban de la facultad de comunicarse al leer y entender el significado de los grafitos náhuatl.

Esta habilidad de "leer" un lenguaje pictórico les dio la ventaja cuando apareció la imagen de la Virgen de Guadalupe en la tilma de Juan Diego. Cada grafito, cada signo, cada color, la luz, el rostro, su vestido, todo eso y más llevaban un mensaje, una enseñanza, que fue algo que, con pocas excepciones, los españoles no podían hacer. Así, la historia de las apariciones el significado y el mensaje en la tilma de Guadalupe fueron conocidos, comprendidos y trasmitidos de viva voz de generación en generación a los mexicanos nativos del Anáhuac y más allá.

No obstante, cuando los Conquistadores llegaron a México, una nueva lengua, el español, substituyó las lenguas nativas. Fue una lengua que derivó de otra conquista: la conquista Romana de la península Ibérica en el 200 d. C. La lengua original que se hablaba en Iberia era el celta, que fue después remplazada por el latín. Como la mayor parte de los pueblos conquistados de Iberia eran analfabetas no pronunciaban ni deletreaban bien el latín en lo que se convirtió ahora al español.

Los mestizos y los mexicanos nativos necesitaban adquirir los sonidos de la nueva lengua, el español, así como sus letras. Pero leer y, especialmente escribir el español no era tan fácil. Esas dos habilidades se adquirían en la escuela. ¡Buena Suerte! La educación formal era para los pudientes, e.d., para los europeos. El analfabetismo era para el mundo de los mestizos y los mexicanos nativos.

¿Pero qué sabemos del modo de vivir de los mestizos? A causa de su analfabetismo, muy poco. No escribieron su historia. Sin embargo, uno de los grandes objetivos de este libro es iluminar parte de su historia desconocida. Yo, el autor, disfruto la oportunidad, pues yo también soy un mestizo. Sin embargo, un esquema de la vida diaria de los tres grupos, los compararé en muchos otros aspectos: la casa, la transportación, la educación y la religión.

La Casa

¿Dónde vivía la gente? Casi todos los europeos en México vivían en pueblos y ciudades. Sus casas ocupaban las áreas de las plazas públicas, un lugar donde ellos disfrutaban la protección de la policía armada y del ejército. Los propietarios de grandes haciendas vivían en residencias marcadas por arcos. Así que si ustedes vivían en "Los arcos", usted tenía la mejor residencia de la ciudad. Sus casas daban al parque central de la plaza pública, un área de terreno delicada, guarnecida de arbustos, lujosos árboles verdes y flores. La plaza pública también servía como el centro cívico ya que la sede del gobierno local y de la Iglesia también estaba allí. Los terratenientes tenían acceso disponible y también disponían de otros servicios en los establecimientos comerciales de allí.

Algunos mestizos y mexicanos nativos "engreídos" también vivían en pueblos y ciudades, pero en áreas apartadas del centro del pueblo. En el pasado, había pueblos y ciudades que de hecho prohibían el que los menesterosos vivieran allí. José Vasconcelos escribe en su

Libro Ulises criollo que en los 1890s. que en Durango se prohibía a "los indios" quedarse en el pueblo una vez que caía la tarde.[2] Vasconcelos usa el término "indio" para referencia a los mexicanos nativos. No se molesta en identificar a los mestizos. Podemos asumir confiadamente que en sus escritos todos los no criollos (e.d., no españoles) son "indios" Vasconcelos fue un abogado y un ideólogo del positivismo de Augusto Comte. De padres españoles, había vivido muy cercano a los "indios". Su padre fue un burócrata del gobierno y negociaba los aranceles en los puertos.

Asignado a diferentes partes de México. El debió conocer a esos "indios" a quienes jamás identificó por su etnicidad: los Yaquis en Hermosillo; los Coahuilos en la frontera con Texas; Otomies, Nahuas y Mazahuas en Toluca. En su primer trabajo como abogado, fue nombrado magistrado general del estado de Durango. Allí entró en un contacto cercano con los Zacatecos, Tepehuanes y Tarahumaras. ¿Por qué Vasconcelos no fue capaz de escribir sobre los mexicanos nativos y los mestizos e identificarlos por su etnicidad? ¿Un abigarrado sentido superioridad por su herencia criolla? ¡Juzgo que es porque yo escribo desde una perspectiva de mestizo!

Fuera de la ciudad estaban las haciendas y los pequeños ranchos. Los mestizos y los mexicanos nativos que vivían allí tenían chozas por casa. Vivían bajo el completo control y supervisión de los terratenientes. Eran campesinos sin tierra, viviendo bajo un sistema feudal.

Para dar un ejemplo concreto: en Salamanca, Guanajuato, la ciudad de mis padres, los Otomíes eran los habitantes originales. Un pariente de uno de los

---

[2] José Vasconcelos, *Ulises Criollo* (México, D, F., Editorial Universidad de Costa Rica, 2000), p. 251.

conquistadores fundo el pueblo de Salamanca en 1605 sobre un pueblo otomí llamado *Xidoo*. Por años, los otomíes tenían su propia iglesia, cementerio y su caserío precisamente fuera de la ciudad en un área llamada Nativitas (Hoy en día Nativitas quedó dentro de la ciudad a causa del gran crecimiento de Salamanca. En una visita, me pasé medio día para lograr la sensación de la iglesia, del cementerio, los jardines y el vecindario mientras me imaginaba qué clase de vida debieron tener allí mis antepasados indigentes otomíes varios siglos atrás).

Según el censo de 1900 el número de habitantes en Salamanca ese año era de 13, 583. Este censo reportó los nombres de 117 ranchos alrededor de Salamanca y 22 haciendas. De los ranchos 53 de ellos comprendían unos 100 habitantes, 25 ranchos tenían menos de 50 y tres tenían una población mayor de 700. Por supuesto, las haciendas más grandes ofrecían una calidad de vida mejor que las de los ranchos. En las haciendas la población variaba de menos de once hasta 606. En total la población de toda Salamanca (la ciudad, los ranchos y las haciendas) en1900 era de cerca de 40.000 habitantes.

El Transporte

Tomando una vez más a Salamanca como un ejemplo, ayudaría a comprender las dificultades de la vida diaria sabiendo que la distancia promedio entre el centro de salamanca y las haciendas de alrededor era de dos leguas (cinco millas, unos 8 kilómetros). Posteriormente se desarrolló un segundo círculo cinco millas más allá del primero, y aún otro último círculo se estableció cinco millas más allá de este último.

¿Cómo caminaba la gente estas largas distancias entre la ciudad y las haciendas? Si usted fuera un criollo lo haría a caballo o por una carreta tirada por caballos o por carruajes. Si usted fuera un mestizo o un mexicano nativo, usted iría a donde quiera que fuera caminando o tal vez en burro. Para largas distancias usted podría ir en coche o tren, si podía disponer de ello. Como lo veremos después en este libro, si usted no disponía de ello, pero quería en serio ir a El Paso, Texas, por ejemplo, tenía que subir a un coche (boxcar).

Educación

¿Cuáles eran las oportunidades para la educación para aquellos cuya vida diaria era en los ranchos y haciendas con tales distancias que los separaban entre ellos y de las ciudades? No muchas. Por supuesto para los que vivían en las ciudades los españoles (criollos) y mestizos la educación estaba disponible a cierto precio. Pues tener educación funcionaba con la riqueza. Los hijos de los terratenientes podían adquirir la educación en las escuelas locales privadas, en la Ciudad de México. Y para algunos, en Europa. ¿Es algo extraño que el analfabetismo fuera algo normal para los indígenas y los mestizos del campo aun el los 1913!

Religión

Es algo bien sabido que los aztecas adoraban con sacrificios humanos (No eran los únicos en esta práctica, escritores romanos revelan que la religión de Druidas europeos también practicaban sacrificios humanos). Lo que no es comúnmente conocido es que la religión azteca estaba basada en el monismo. Es decir, tenían un dios supremo (Teotl) que tenía muchos aspectos, nombres y características. A este respecto, los aztecas no eran como los griegos, por ejemplo, que creaban a sus dioses a imagen de los hombres y las mujeres que amaban y peleaban, etc.

Sin embargo, la aparición de la Virgen de Guadalupe, nuestra Señora, en 1531 tuvo un profundo efecto en la práctica de la religión en México. Como se anotó antes, cerca de diez millones de indígenas se hicieron católicos cuando el relato del encuentro de Juan Diego se difundió en la década siguiente.

¿Por qué tantos mexicanos nativos de distintas etnias (no solo aztecas, sino también otomíes, nahuas, mayas, purépechas, etc), Se volvieron cristianos? ¿Por qué abandonaron su religión que había estado tan implicada en su forma de vivir? ¿Por qué los aztecas tan repentinamente cesaron la práctica de arrancar los corazones de las victimas sacrificadas en adoración a su dios?

En el Nican Mopohua, Antonio Valeriano, un profesor azteca, escribió los relatos de los diálogos entre la Virgen María y Juan Diego en su lengua mexicana, el náhuatl, en los 1550. (En náhuatl "nican" significa "aquí"; y "mopohua" significa "se narra") Valeriano no obstante, no escribió en geroglificos nahuas como la lengua náhuatl se escribía en ese tiempo. En cambio, usó caracteres romanos. Las primeras palabras nahuas en el *Nican Mopohua* se leen como sigue: *"Nican Mopohua, noteepana, in quenin yancuican hueytlama huizoltica monexlti…"* Traducidas al español, las palabras nahuas significan: "Aquí se narra, se ordena, cómo hace poco, milagrosamente se apareció…"

Antonio Valeriano entrevisto a todas las personas que estuvieron directamente involucradas en las apariciones: Juan Diego, su tío, el Obispo, el personal del obispo, etc. Escribió un relato completo de los eventos de diciembre de 1531, veinte años después de ocurridos. Este relato fue escrito en pocos manuscritos, que difícilmente circularon. Lo más probable es que esa falta de circulación fue providencial, porque evitó que el relato cayera en las manos de la celosa Inquisición. Se podría asumir que los inquisidores la hubieran catalogado como un culto indio hereje. Además, ¿quién en la Nueva España de los 1550 podría leer lo escrito en náhuatl con características latinas?

Sin embargo, este absolutamente extraordinario relato de la conversación con Juan Diego conducida por María Siempre Virgen, Nuestra Señora de Guadalupe, la Madre de Dios, gradualmente fue más ampliamente conocida.

La lista de fechas podría ser la siguiente:

1531: Los eventos de las apariciones.

1551: Antonio Valeriano escribe algunos manuscritos del Nican Mopohua con alfabeto latino.

1649: Se publican 500 copias del Nican Mopohua de Antonio Valeriano, aunque no se le da crédito de autor por el editor excepto él mismo como autor.

1886: Cerca de 350 años después de las apariciones, el Nican Mopohua es traducido al latín. Mis padres nacieron por esas fechas.

1926: El Nican Mopohua es traducido del latín al español, aunque solo 10 por ciento de los mexicanos podrían leer en español. El 90 por ciento de los mestizos y de los grupos indígenas eran analfabetas.

1998: Casi 500 años después de las apariciones, el Nican Mopohua es impreso en ingles. La Iglesia de los Estados Unidos empieza a saber de las apariciones de Nuestra Señora de Guadalupe.

El significado profundo de esta cronología es que la palabra escrita no era algo disponible para los mexicanos iletrados, los mestizos y los mexicanos nativos. Sin embargo, la devoción, la veneración y el conocimiento de Guadalupe se volvió algo universal en México casi inmediatamente. Un análisis de porqué millones se convirtieron al cristianismo y abandonaron su religión en unos pocos años dio paso a una respuesta a la vez simple y extraordinaria: su lenguaje, ¡su lenguaje pictórico! Aquí ellos eran altamente letrados. No tenían necesidad de letras escritas en ninguna lengua, latín o español. Ellos podrían ver la imagen dejada en la tilma de Juan Diego y leer todo lo que ellos necesitaban saber. ¿Y cómo pudo el pueblo trasmitir el conocimiento del acontecimiento centuria tras centuria? La respuesta, amigos míos, una vez más en el lenguaje pictórico.

Los españoles, por otro lado, eran iliteratos cuando las palabras y las ideas eran escritas en náhuatl (aún en las letras para no decir nada de los jeroglíficos), y por este modo, la mayor parte de ellos eran también iletrados en latín. Como lo muestra la cronología, no fue sino hasta 1926 que fueron finalmente capaces de manejar la historia de los sucesos en español, casi 400 años después de las apariciones.

La gente del Bajío, cientos de millas lejos del Tepeyac, conocía la historia. Estos antepasados nuestros celebraban las apariciones a lo largo de la Nueva España. Pero los Obispos criollos y los sacerdotes insistían en venerar a Nuestra Santa María con otros nombres. En Guadalajara era y sigue siendo "La Virgen de Zapopan".

3. EL CAMBIO LLEGA NUEVAMENTE A MÉXICO

El anterior capítulo discutió tres cambios mayores que vinieron a México (como era llamado este país antes de la llegada de Cortés): 1) La conquista europea; 2) La creación de un grupo étnico nuevo; los mestizos y 3) Las apariciones de Nuestra Señora de Guadalupe y la subsecuente conversión masiva al cristianismo.

México llego a ser conocido como la Nueva España, un vasto territorio gobernado por España por 300 años. Pero el nombre y las fronteras cambiaron de nuevo en el siglo XIX. Al obtener su independencia de España en 1821, México se convirtió en una nueva nación. En seguida también lo hicieron Guatemala, El Salvador, honduras y Costa Rica. Más de la mitad del resto del territorio (2,300.000 kms^2) fue devorado en una guerra injusta por los Estados Unidos bajo el presidente Jimmie Polk.

Más cambios tendrían, que venir aún, sin embargo, y éstos serían en desastrosas direcciones que lanzarían a México a la miseria: las raíces de estos cambios se encontrarían cruzando el Atlántico. En Europa, tertulias filosóficas, ideas y conceptos estaban en ebullición. Hoy podemos voltear la mirada a la historia y estremecernos ante la total bancarrota de esas ideas "modernas paganas" que resultaron en la muerte de tantos millones de gente alrededor del mundo. Los intelectuales han tratado de describir la nueva era con pocas palabras tales como "Secularismo militante". Una persona menos sofisticada podría definir la era como la que "borra al cristianismo".

Las ideas inventadas en Europa fueron traídas sobre las aguas del océano y aterrizaron en México en círculos educados. El criollo letrado y los judíos intelectuales que las absorbieron, en primer lugar en los estados mexicanos de Sonora, Chihuahua; Coahuila, Tamaulipas y Nuevo León en su turno comenzaron la ebullición de estas ideas europeas. Las clases educadas en Ciudad de México y Guadalajara no se quedaron atrás. Estas filosofías infectaron solo el diez por ciento de la población mexicana (el ilustrado diez por ciento), esto era todo lo que importaba. Los criollos tomaron el poder para imponer su voluntad en la nación y así, en el restante noventa por ciento de la población. Muchos de estos criollos y hebreos eran hijos de la clase hacendada y habían obtenido una alta formación en Francia, España e Italia. En esos países tan "avanzados y civilizados", adquirieron ideas, conceptos y filosofías modernas y regresaron a su pais de origen muy motivados con fuertes urgencias de hacer de México una nación moderna.

¿Cuáles eran esas ideas que cautivaban a los criollos mexicanos? En el trascurso del siglo XX, varias naciones europeas contribuyeron con sus locuras de pensamiento.

Inglaterra con la masonería (un miembro de la masonería tenía que creer en dios, porque un dios personal no existe, solo las fuerzas poderosas son de un "dios"); Alemania contribuyo con el militante y ateo materialismo del Marxismo y Socialismo; eventualmente Rusia contribuyó con el Bolchevismo. Francia contribuyó con el Positivismo de Comte, así como los Jacobinos dirigentes de la Revolución francesa, la era del Iluminismo, de la Razón, del Método científico y la Fe en Dios como un mito. Los iluminados intelectuales franceses inventaron las enciclopedias donde podían contener todo el pensamiento conocido y aún reordenar la historia: La "Edad Media" se convirtió en la "Edad Oscura". ¡Qué cerebro y belleza!

La Revolución francesa, que estalló en 1789, trató con fuerza de destruir la Iglesia católica con sangrientos asesinatos de monjas, sacerdotes y fieles laicos. Sus principios echaron profundas raíces en México. En 1857, una nueva constitución para México, tomo su modelo de la Revolución Francesa fue promulgada como parte de la Reforma del gobierno Liberal que en ese tiempo poseia el poder, del cual el futuro presidente Benito Juárez fue un miembro prominente. Así como la versión francesa comandada por los infames Jacobinos trajo mucho derramamiento de sangre en Francia, también la constitución de 1857 causó una similar conmoción en México. Así como la Constitución Francesa llamó a erradicar el catolicismo y la Iglesia, así también Benito Juárez y sus colegas urgirían los mismos cambios sociales en México en unos pocos años.

Lerdo de Tejada, un socio de Juárez, diseño un conjunto de leyes con estrictas medidas anticlericales y anticatólicas, conocidas como las Leyes de Reforma, que se convirtieron en parte de la Constitución de 1857.

México era cristiano; pero la burocracia del gobierno era ferozmente anticlerical. El gobierno poseía ahora los medios para erradicar la mitología de que gozaban los campesinos (e.d., la cristiandad). Los criollos y hebreos educados en Europa o por los profesores de la Ciudad de México que socialmente estaban muy avanzados en las nuevas ideas europeas podían ahora aplicar y realizar sus "visiones" de un nuevo mundo con el uso de las armas, encarcelamiento y muerte autorizada por el Estado.

Todo esto eran malas noticias para la vida diaria de la gente del Bajío. Para bien, por unos 300 años habían vivido los principios de Jesucristo. Ahora "los iluminados" conocían mejor y estaban listos para forzar cambios radicales.

Sin embargo, antes de que estos tipos de la Era de la Iluminación, o era de la Razón, pudieran hacer mucho daño, Porfirio Díaz fue elegido presidente de México en 1877, veinte años después de la Constitución de 1857. La Constitución y las Leyes de Reforma quedaron en su lugar, pero sin aplicarlas. El nuevo presidente no molestó a la Iglesia católica. Estaba más enfrascado en iniciativas para modernizar y avanzar a México económicamente luchando por erradicar el modo de vida feudal.

Aunque su sucesor, puesto por él, sirvió el siguiente término como presidente, Díaz fue reelecto en 1884 y permaneció en el poder hasta 1911 al inicio de la revolución. Bajo su mando, el país disfrutó de paz, prosperidad y orden y vio el resurgimiento de una clase media. La gente del Bajío también vivió pacíficamente en una sociedad ordenada con moneda fuerte, minas modernas, construcción de miles de kilómetros de vías del ferrocarril, avances en la agricultura, la industria petrolera, buen salario y empleo completo.

Sin embargo, los anticlericales mantienen sus principios europeos revolucionarios y continuaron atizando sus hogueras. Exigieron reforzar la Constitución y las leyes de Reforma y trabajaron febrilmente para eliminar la Iglesia Católica porque, como ellos lo veían, la Iglesia Católica era el primer obstáculo para el progreso.

Según su entender, solo el uso de la Razón y de la Ciencia aseguraban el progreso.

El autor, José Vasconcelos indicaba que los profesores e intelectuales continuaran proclamado las filosofías del Positivismo de Comte, el Socialismo, Marxismo y el Secularismo militante. Dos clases de Libre Masonería, la York y los Ritos Escoceses, también florecieron en los círculos de los del gobierno y el poder. El presidente Porfirio Díaz permitió todas estas ideas con tal de que no se opusieran a su presidencia y sus iniciativas para avanzar en el desarrollo económico de México.

En su libro, Ulises Criollo, José Vasconcelos ilustra esto con una colección de sus días de escuela:

La fiesta de la Coronación de la Virgen en 1895 duró escasamente tres días, cuando una mañana fuimos desalojados del salón de clases con gritos. Reunidos en desorden en el patio de la escuela, nos agruparon por clases, y entonces se dio la orden de marchar y hacer una manifestación contra el clero. Para esto se nos dieron estandartes. El desfile comenzó con varios cientos de estudiantes. Una vez en la calle, la retaguardia fue tomada por un grupo de hombres elegantemente ataviados. A la entrada de la ciudad, nos unimos a las escoltas de las plebes y entonces comenzaron los discursos. Se nos paraba en cada intersección. Sobre un carruaje un orador gesticulaba;

nosotros respondíamos al unísono: ¡Muerte! ¡Muerte! Nosotros éramos la multitud que las logia masónicas dejarían como admonición a la población católica que se hubieran atrevido a estar contentos en el día de la coronación. Gritar era todo lo que hacíamos porque era lo que la policía de Porfirio nos permitía. Así, llegamos a la Alameda gritando: ¡Vivan las Leyes de Reforma-muerte a los curas! Tan poco fue la importancia que se les dio a estas manifestaciones que mi madre no se alarmó por mí involucramiento y nadie discutió el asunto los días siguientes. Todo mundo sabía que Don Porfirio dejaba ladrar a los perros, de cuando en cuando con tal de que no mordieran.[3]

La última frase de José Vasconcelos, "Don Porfirio dejaba que los perros ladraran, de vez en cuando, mientras no mordieran", arroja luz al México de 1895, la práctica de la constitución y de las Leyes de Reforma por la administración de Porfirio Díaz permanecían laxas, pero las ideas ateas y los principios Jacobinos del "Iluminismo" de la Revolución francesa permanecieron vivos por los educadores y los intelectuales. ¿Pero quiénes eran precisamente esos intelectuales que podían leer francés, alemán, ruso e inglés y conversar también en esas lenguas? ¡Caramba! No eran los pobres, los mestizos sin educación o las mujeres nativas mexicanas. No, eran los poderosos, terratenientes, educados pudientes y criollos viajeros, que constituían solo el **diez por ciento** de la población. Eran los oficiales militares y funcionarios del gobierno de todos niveles. Ellos eran los jefes y los que

---

[3] José Vasconcelos, *Ulises Criollo* (México, D. F., Editorial Universidad de Costa Rica, 2000), p. 80.

tomaban las decisiones. Eran muy visibles, de calzado, de corbatas, sombreros de estilo, bigotes muy arregladitos, y muy catrines y con plata en su persona; en contraste, los mestizos y los mexicanos nativos pertenecían a una sociedad invisible. ¡Ellos no valían nada! Solamente los Criollos valían y eran los dueños de todo. Ese es el Mexico que yo, el autor, llegue a conocer en los anos 1951, 1953, y 1961. Los presidentes de Mexico eran Criollos (Fox, Echevarria, Aleman, Obregon, Carranza, etc. etc.) con pocas excepciones. Los generales, coroneles, etc eran Criollos. Los altos funcionarios son Criollos. El *diez* por ciento puso nombres de sus lideres en las calles, en las ciudades, en todo; pero los nombres de los Mestizos y Indigenas se encuentran en los cemeterios.

Para los mestizos y los mexicanos nativos, las elecciones no significaban nada. Desde la época de la Independencia en 1821, México había sido gobernado por una gran variedad de generales y dictadores en rápida sucesión. La sucesión de un dictador a otro se determinaba fácilmente por el uso de un obsequio militar o simplemente por el uso de una pistola. Aún después de la Revolución de 1910 aunque había elecciones el pueblo humilde de los mestizos y de los mexicanos nativos ni siquiera sabían el significado del término, solo sabían que las palabras "política" "general" "mayor" "gobernador" significaban corrupción, poder, fuerza, y anti-Catolico. La elección presidencial de Vicente Fox Quesada en 2000 fue la primera elección auténtica. ¡Qué refrescante! Y es un católico practicante; ¡no un ateo! Esta elección demostró que los mestizos e Indigenas ya empiezan a saber que son elecciones y ya si votan.

Pero regresando a la escena de casi un siglo antes de la elección de Fox, las ideas que habían venido circulando entre la "inteligencia", desde el tiempo de Benito Juárez, llegaron a un momento crítico. México conocido como "tierra de volcanes", estaba a punto de explotar con violencia: La Revolución explotó en 1910.

4. *LA REVOLUCIÓN 1910-1913*

Un norteño de estado fronterizo de Coahuila, Francisco Madero prendió la chispa de la Revolución contra Porfirio Díaz agitando la oposición a otra reelección de Díaz en 1910 y corriendo contra él. Madero, un español de ascendencia, judía, era uno de los más ricos hacendados, si no es que el más rico, de ese tiempo. Su educación, típica entre los hijos viajeros de los hacendados abarcó desde la universidad Mount St. Mary's en Emmitsburg, Maryland, a Francia, Austria y por supuesto, California.

Y así, con todo eso que una persona bien educada y rica podía disfrutar, ¿por qué quería Madero ser presidente de México? ¿Por qué comenzó una revolución, la más horrenda en la entera historia de México? ¿Por qué quería el adquirir más dinero, fama y poder? Pues él tenía todo eso.

En realidad, los programas de Madero revelan algunos motivos honorables procedentes de un ideal de justicia social. Declaró que Porfirio Díaz había sido un dictador por una excesiva permanencia en el poder y ahora era tiempo que México tuviera honestas y auténticas elecciones presidenciales. Uno puede asumir razonablemente que él, junto con otros de la clase educada y terrateniente del norte de México, mirara a lo largo del Río Grande con envidia de las campañas presidenciales y nuestras transiciones al poder en forma consistente y pacífica. Por otro lado también puede uno especular: ¿Madero y su cohorte no comprendería el simple hecho que noventa por ciento de la población no votaba y no sabía qué era el votar?

Madero tuvo éxito en su demanda por elecciones libres. Hay que preguntarse cuantos indios y mestizos votaban o aun sabían del voto o aún sabían en qué consistían elecciones, pero, siguiendo la fraudulenta elección de 1910 y la subsiguiente salida de Porfirio Díaz en Mayo de 1911, Madero fue elegido presidente de México. Díaz pacíficamente dejó el poder y abordó un barco y se dirigió a Europa para vivir el resto de su vida con recursos modestos. Pero los dos siguientes años de la presidencia de Madero, los ideólogos europeo-Mexicanos (los Criollos) dejaron la academia y salieron a la arena pública. Los que abogaban por los principios de una sangrienta anti-católica revolución francesa, los socialistas y bolcheviques, finalmente alcanzaron el poder para cambiar las pasadas centurias de la vida diario de México por extrañas, extranjeras reglas y leyes sin Dios.

Algunos de los muy bien conocidos resplandores e ideólogos de Madero incluyeron al escritor agnóstico José Vasconcelos (autor de Ulises Criollo) y al abogado marxista Luis Cabrera (quien publicaba un periódico en el que escribía muy favorablemente de Lenin y del sistema ruso). Fueron asignados a Washington, D.C., e introducidos para operar una actividad de cabildeo. Una mirada a las ideas Cabrera mostrará que consideraba importante un dedicado revolucionario. Proclamaba: "Los americanos en México constituyen una amenaza nacional; debemos deportarlos y confiscar todas sus propiedades"[4] Como un marxista dedicado se refería a los americanos capitalistas.

El grupo de Madero también incluyó a ex senadores Venustiano Carranza y al ex gobernador Plutarco Elias Calles, todos del norte de México (como Madero) y todos futuros presidentes. Muchos otros también respaldaron a Madero y eran libres masones, ex senadores, ex gobernadores y hacendados de la frontera norte de los estados de Sonora, Coahuila, Chihuahua, Nuevo León y Tamaulipas. Ellos conocían el modo americano de vivir muy bien. Admiraban el sistema político de Estados Unidos, sus valores, su religión, protestante. La mayor parte de ellos y sus colaboradores habían estudiado y vivido en los Estados Unidos y aún tenían casas allí (Obregón y Calles cada uno poseían una casa principal pasando la frontera en Nogales Arizona). Esos mexicanos norteños se sentían superiores a los mexicanos del sur. Los sureños eran mestizos y mexicanos nativos profundamente católicos, por el contrario los norteños eran criollos y colonos judíos y, como tales veían a los sureños como inferiores. (De hecho, se habían sentido tan aparte de sus paisanos sureños que en 1862, los gobernadores de los estados norteños habían jurado unirse a la "Confederación del Sur" formando una nueva

---

[4] Senate Committee on Foreign Relations, *Investigation of Mexican Affairs: Preliminary report and hearings of the Committee on Foreign Relations, United States Senate, pursuant to S. res 106, directing the Committee on Foreign Affairs to investigate the matter of outrages on citizens of the United States in Mexico*, 1920, p. 797.

nación). Ahora, con los poderes presidenciales de Francisco Madero, estos hombres comenzaron a reforzar sus ideologías como autorizadas por la Constitución de Juárez y las Leyes de Reforma de Lerdo de Tejada que se habían suspendido durante el mandato de Porfirio Díaz.

¡Una de sus primeras extrañas acciones fue la de importar religiones protestantes a lo largo de la frontera! Los norteños mantenían la convicción de que la riqueza y el avance moderno de los Estados Unidos se debían totalmente al protestantismo y, al revés, que el "retraso" de México se debía totalmente a la práctica de la religión católica. Miles de ministros protestantes eran escoltados militarmente a México con protección armada para convertir a los católicos. Estos misioneros y sus obispos "respaldaban y ayudaban completamente y eran cómplices de las revoluciones anti-católicas y publican reportes a favor de la revolución en periódicos y revistas de Estados Unidos". Más aún, de hecho participaran en posiciones de alto nivel del gobierno.[5]

Mientras tanto, los que cabildeaban en Washington eran hábilmente respaldados por otros abogados que se especializaban en representar a clientes internacionales y gozaban de las ideologías del socialismo y marxismo. Estos abogados trabajaban para la firma de la Ley de Sherbwme G. Hopkins. Esta sirva a los propósitos de la Revolución mexicana para comprometer a estos abogados para la representación de Washington. Carranza también compró los servicios de esta muy poderosa y muy bien conectada firma legal. Los cabildos mexicanos, Cabrera y Vasconcelos, trabajaban en sus oficios. Era una relación muy estrecha.

En audiencias llevada por los el Comité del Senado

---

[5] Ibid., p. 93.

sobre Relaciones Exteriores, el Senado de Estados Unidos obligó a testimoniar a Sherbwme G. Hopkins bajo subpoena atravez de su investigación de la Revolución Mexicana. Él testifico que era el abogado americano que representaba los intereses de la Revolución desde sus inicios bajo Francisco Madero. Además, admitió que su firma legal trabajaba con los cabildeos mexicanos y abogaba por sus intereses en la Casa Blanca y en el Departamento de Estado. Juntos dirigían y abogaban las políticas de los revolucionarios mexicanos en los círculos oficiales de Washington. El abogado Hopkins estaba involucrado en orquestrar y llevar adelante los asuntos en México y hacer que los Estados Unidos, fueran en contra unilateralmente de Porfirio Díaz y posteriormente contra de Victoriano Huerta.[6]

¿Cómo pudo una firma legal influenciar oficialmente a Washington a respaldar a los Liberales en México cuyos objetivos claramente definidos eran eliminar la Iglesia Católica e imponer punitivamente las Leyes de Reforma y la Constitución de 1857? ¡Lo sabemos! Este es el modo como Washington procede. Las reformas legales emplean abogados. Cuya cualidad principal es que ellos son ex senadores, congresistas, colaboradores presidenciales, embajadores, etc. Ellos operan bajo la sentencia que les proporciona la ley de confidencialidad conferida por las relaciones cliente-abogado y ejercen una gran influencia.

Como sucedió, la presidencia de Francisco Madero en México duró poco. Ante una revuelta militar en su contra en febrero de 1913. Trató de huir a Europa igual que su predecesor Porfirio Díaz, pero jamás llegó vivo a la estación de trenes en la Ciudad de México. Un oficial militar designado para llevarlo al tren, al contrario, lo

---

[6] Ibid., p. 2412.

mató de un tiro. La mayoría de los escritores, especialmente en los Estados Unidos asumen (sin pruebas) que el responsable fue Victoriano Huerta. No hay hechos, las suposiciones son universales. En todo caso, puesto que Huerta estaba a cargo del ejército bajo Porfirio Díaz y gozaba de su lealtad, se declaró a sí mismo presidente de México, como era costumbre.

Y así terminó la Revolución bajo Francisco Madero. Los historiadores escriben que la Revolución continuó hasta 1930 bajo una serié de presidentes (en realidad dictadores) que siguieron a Madero. Pero ¿Cómo puede una revolución llevarse a cabo por presidentes? Sería una revuelta entre ellos mismos. No, las tragedias de las muertes, robos, luchas, violaciones, pillajes y la Diáspora de dos millones de mexicanos deben entenderse bajo otras etiquetas.

5. HUERTA, CARRANZA Y WILSON
(1913-1920)

Victoriano Huerta, presidente de México después de Madero, trato de gobernar. Fue anti-revolucionario, anti-Liberal y muy pro-católico. Ciertamente, él fue la *última clara oportunidad* para la continuidad de las pasadas centurias de la vida diaria de México y de la pacífica y ordenada vida de la gente del Bajío. Pero los Marxistas, Masones, Ateos, protestantes, y la gran bola de Iluminados liberales mexicanos sabían que su control y poder lo echaría fuera de nuevo como lo fue durante la presidencia de Porfirio Díaz, si el presidente Victoriano Huerta no fuera eliminado. Así, una coalición suelta de grupos liberales, conducida por los anteriores que respaldaban a Madero y Venustiano Carranza con su rebelde ejército constitucionalista (*"Constitucionales"*), monto guerra civil contra el presidente Huerta y el ejército Mexicano.

El gobierno de Victoriano Huerta no duró mucho ¿Y quién ayudo a los Liberales a derribarlo? ¡Sorpresa! El recién electo presidente de los Estados Unidos el presidente Woodrow Wilson, un progresista que hizo caso a las recomendaciones de los cabilderos revolucionarios mexicanos en Washington.

No mucho tiempo después de su inauguración de Marzo de 1913, Wilson envió a un agente especial, John Lind, a México para intervenir en los asuntos mexicanos con una autoridad que sobrepasaba la del embajador Americano a Mexico. Nacido en Suecia y criado en Minnesota, Lind fue un ciudadano naturalizado de los Estados Unidos que ni hablaba español ni sabía nada de México. Él estaba allí simplemente para cumplir los deseos del presidente de Estados Unidos. Era un progresista, o en otras palabra, un socialista.

Como un "sidebar", es algo intrigante hacer una lista de los hombres de Estados Unidos, que causaron cambios directos en México. Todos ellos eran rabiosos anticatólicos presbiterianos y demócratas: el presidente James Polk, el presidente Woodrow Wilson y John Lind. En una ocasión cuando John Lind oyó al *Charge d'Affaires* de la embajada de Estados Unidos, Nelson O'shaugnessy, mencionar que había recibido un informe de que algunos sacerdotes fueron asesinados en México, John Lind comentó: "Este reporte trae buenas noticias y cuando maten más sacerdotes en México mucho más le gustará y lo agradecerá al presidente Wilson."[7]

En agosto de 1913, el presidente Woodrow Wilson le dio esta misión a John Lind: "Dile a Huerta que renuncie a la presidencia de México o será forzado por el ejército americano. Instala a Carranza como presidente."

---

[7] Ibid., p. 2709.

John Lind fielmente le dio el mensaje al secretario de Estado Mexicano, el Sr. Gamboa: "Dígale a Huerta que el presidente Woodrow Wilson le ordena esto: "renuncie a la presidencia y que, si no lo hace, se usara la fuerza militar de los Estados Unidos para hacerle obedecer y cumplir el deseo de Wilson."[8]

Al mismo tiempo, Venustiano Carranza estaba buscando ayuda contra Huerta de parte de otra fuente de Estados Unidos. La gente de Carranza realizo un acuerdo con los comunistas del sindicato Trabajadores Internacionales del Mundo (I.W.W.). En diciembre de 1913, los Carranzistas firmaron un contrato con el I.W.W. Ese sindicato, I.W.W. en Mexico se conocía como La Casa del Obrero Mundial. En el puerto de Veracruz esta lista de mexicanos firmaron el pacto: el general Álvaro Obregón, el Ing. M Rolland, el general Salvador Alvarado, Gustavo Espinoza Míreles, el general Maclovio Herrera, Rafael Nieto, el Ing. Alberto Pani, el general Gabriel Gavira, Jesús Urueta, Dr. Atl, Luis Cabrera, el general Manuel M. Diéguez y Rafael Quintero (quien firmó por Venustiano Carranza).[9] No obstante, los términos de este acuerdo permanecieron en secreto (en mi opinión, qué sagaces fueron los trabajos de los comunistas-sus mentiras y censuras). Se sabe, sin embargo que la persecución a la Iglesia católica fue parte del contrato, como fue la contribución de dinero y armas, así como la conducción de la guerra. La verdad sea dicha, los sindicatos norteamericanos contribuyeron a la persecución de la Iglesia Católica.

Uno de los signatarios, el Dr. Atl, hizo todos los arreglos para firmar el pacto con el IWW. Casi todos los

---

[8] Ibid., p. 2708.

[9] Ibid., p. 1909.

otros signatarios eran comunistas o a los menos socialistas. El Dr. Atl nació en 1875 en Guadalajara, Jalisco y murió en Mexico D.F. en 1964. Era amigo de dos famosos pintores mexicanos, Diego Rivera y David A. Siqueiros, los cuales también eran comunistas. En las audiencias del Senado de los Estados Unidos sobre la Revolución Mexicana a Wallace Thomson, editor de un periódico llamado *México Herald* se le preguntó: "¿Usted conoce a un individuo de nombre Dr. Atl?" Thomson respondió afirmativamente, añadiendo, su verdadero nombre es Gerardo Murillo. Lo conocí personalmente en París en 1913 (cuando) se hacía pasar por un artista pero en realidad estaba trabajando como la cabeza de la Junta Constitucional era el nombre que Carranza le daba a su rebelde ejército. Era un prominente carrancista y un Bolchevique. Se proclamaba a sí mismo ser un revolucionario Lenin-Trotskista. Los Estados Unidos lo habían deportado junto con una comunista rusa, Emma Goldman."

De mucho interés para mi es que llegué a conocer en 1972 en Washington, D.C., a una persona que también conocía a los pintores y me imagino al Dr. Atl. Su nombre es Doña Esther Zuno de Echeverría. El presidente de Mexico, Don Luis Echeverría hacía una Visita Oficial de Estado con el Presidente Nixon en la Casa Blanca y Washington, D.C. Nixon me dio el cargo de acompañar al Presidente de México en su gran gira por los Estados Unidos de Nueva York a California. Mi esposa, Doña Ester Gómez de Ramírez, y yo acompañamos al presidente Echeverría y su esposa, Doña Esther Zuno de Echeverría, en la cabina presidencial en Air Force One. Por pláticas supe que Esther Zuno conoció por primera vez a Luis Echeverría en la casa de

Frida, viuda de Trotsky. El círculo social de ambos incluía a pintores comunistas ya mencionados.

El padre de Doña Esther Zuno de Echeverría era José Guadalupe Zuno, gobernador de Jalisco durante La Cristiada, y él persigió sangrientamente a los católicos de Jalisco con muchas muertes y atrocidades. Causó la Diaspora de muchos mestizos de Jalisco, incluyendo la familia de mi esposa y amigos mios que vivían en el barrio del Arbol Verde en Claremont, California.

Mientras tanto, cuando el presidente Huerta rehusó obedecer la orden de Woodrow Wilson y no renunció a la presidencia, Wilson le ordenó a la marina americana invadir México en Veracruz en abril de 1914. Esto le permitió a Carranza ir a Veracruz bajo la protección de Estados Unidos y ¡se declaro a sí mismo dictador! A estas alturas, el presidente Huerta tenía pocas opciones: huir de la Ciudad de México y abandonar la presidencia.

¡Había sido tan desobediente al presidente americano! Se marcho al exilio hasta, que fue arrestado por agentes de Estados Unidos en 1915. Poco después, murió por falta de atención médica estando prisionero en Fort Bliss. El Paso Texas. Así, Woodrow Wilson prosiguió su camino. Libró a México de su última clara oportunidad de un presidente católico.

Puesto que el presidente de Estados Unidos decidió intervenir directamente en los caóticos asuntos de México ¿a quién eligió para seguir a francisco Madero y a Victoriano Huerta? No escogió a ningún otro sino a Venustiano Carranza, ex senador y gobernador del estado de Coahuila, muy bien conocido por su corrupta trayectoria política, el líder rebelde que había trabajado contra política, el líder rebelde que había trabajado con los comunistas. Venustiano Carranza se convirtió en un dictador vicioso y egoísta. Le dio a la "revolución" un nuevo propósito. Su rebelde ejército constitucionalista reinstalaría *La Constitucion de Juarez y Las Leyes de Reforma de Lerdo* con vigor fuertísimo en guerra contra La Iglesia Catolica.

Carranza tenía a los abogados José Vasconcelos y Luis Cabrera, junto con Rafael Zurbarán, continuando como su cabildeada en Washington DC, bajo un nombre nuevo "La Junta Mexicana Revolucionaria". (Como criollos, e. d., mexicanos europeos), los cabildeaderos se sintieron "en casa" con sus primos étnicos en Washington, los americanos, porque ellos también eran europeos. Sus facciones no tenían rasgo de ser mestizos o "indios". Más bien, como trabajaban en Washington, podían también ser considerados como "americanos", excepto por su acento, no solo se "parecían" estrictamente, sino también filosóficamente. El presidente Wilson, junto con su personal del Departamento de Estado, compartía las mismas ideologías de esos cabilderos de México, incluso sus inclinaciones hacia los mexicanos norteños y contra los católicos.

Por ejemplo cuando John Lind fue posteriormente juzgado "bajo pena" (subpoena) por el comité del Senado de Relaciones Exteriores, en su investigación sobre la Revolución Mexicana, se le preguntó qué saben de México. Lind respondió: "Pienso que la Revolución fue esencial para eliminar las condiciones de pobreza, falta de educación y de progreso económico y social. Los mexicanos del norte son más inteligentes, más desarrollados, más como nosotros, tienen mejores escuelas y son más educados que los mexicanos del sur."[10]

El anti catolicismo de Lind está también muy bien documentado. En una conferencia Panamericana, cuando

---

[10] Ibid., p. 2317.

Lind oyó que los Estados Unidos, no iban a reconocer a Carranza como el nuevo presidente de México, varios testigos se dieron cuenta que exclamó: "Oh Dios Mío, pobre México, va a regresar a los frenos de la Iglesia Católica."[11] Lind atribuía a la influencia del catolicismo todos los males de México. Detestaba intensamente a la Iglesia católica y afirmaba que debía ser destruida.

Así, John Lind y el presidente Woodrow Wilson determinaron el futuro de México como lo conocemos hoy en día un gobierno secular muy corrupto donde el partido político dominante, el Partido Revolucionario Institucional (PRI) fue, generado por los Liberales de principios de 1900. El PRI está todavía en el poder a nivel nacional y en la mayoría de los estados por medio de las irregularidades en la votación. El papel de los comunistas, el IWW, Woodrw Wilson, John Lind, los masones, socialistas, positivistas y las acciones de los dictadores Carranza, Obregón y Calles se han vuelto desconocidos a conveniencia. El gobierno mexicano controlado por el PRI ha censurado todo exponiendo esta historia. Tal evento se hizo conocido simplemente como "La Revolución" "los Federales del presidente Huerta eran los "chicos malos" y los Constitucionales, Pancho Villa y Emiliano Zapata eran los "chicos buenos" o al menos los rebeldes buenos. Un libro muy famoso "Los de Abajo", escrito en 1914 por Mariano Azuela, un médico del ejército de Pancho Villa, describe la guerra revolucionaria bajo el mando de Pancho Villa contra los Federales. Muchas películas han sacado su inspiración de este libro, que describe a los soldados campesinos como simple ignorantes y la Revolución liberada por Pancho Villa y los "chicos buenos" contra un gobierno malo y corrupto.

---

[11] Ibid., p. 2361.

Más aún los niños campesinos en la escuela de
México sabían que la "revolución" de Carranza era una
revolución apadrinada por los Estados Unidos y que el
gobierno de Estados Unidos había instalado a Carranza y
le había dado el poder para ser un dictador. ¿Qué pasó
con Carranza al fin? Él también, trato de huir a Europa,
pero fue asesinado en el camino. Es muy bien sabido que
su sucesor, el General Álvaro Obregón ordenó
"exterminarlo" en 1920. Obregón obtuvo la presidencia
hasta 1924, seguido por Plutarco Elías Calles, que
gobernó hasta 1928. Especialmente bajo Calles, las leyes
anticlericales fueron fuertemente puestas en práctica y
una nueva ola de violencia se desencadenó.

Durante su presidencia, Carranza había añadido el
Marxismo y Socialismo al caldron político. Esta mezcla de
filosofías nuevas y antiguas en manos de los poderosos
hechos leña a la guerra contra el pueblo fiel. Transformó
las vidas de la gente buena y decente del Bajío. La gente
del Bajío conocía la verdad. Los Liberales adheridos a la
constitución de Benito Juárez y las de Leyes de Reforma
de Lerdo de Tejada dirigieron guerra, no una revolucion
contra ellos y la Iglesia católica. Como un pequeño
importante ejemplo, para estar de acuerdo con las Leyes
de Reforma, los revolucionarios ordenaron que ahora los
matrimonios tuvieran que ser llevados a cabo por un
agente del gobierno y ser inscrito en el Registro Civil. De
igual modo, todos los nacimientos tenían que ser
registrados en el Registro Civil. ¿No era para tanto? Pues
sí porque al hacer esto, el gobierno estaba desalentado los
sacramentos del matrimonio y del bautismo, debilitando
el lugar de la Iglesia Católica en la vida diaria del pueblo.
Era otro paso para aniquilar a la Iglesia. Hay que repetirlo:
Esto no era una revolución, era una guerra. El Bajío
estaba en medio de la zona de guerra.

Los campesinos del Bajío, en su mayoría mestizos, que conservaban muy profunda su fe católica, enfrentaron duras decisiones en esos tumultuosos días de la historia mexicana: no había otro camino, luchar o huir. Unos no pudieron tolerar más los ataques y se armaron como luchadores de guerrillas, llegando a conocerse como "Cristeros" y la guerra que estaban llevando como "cristiada". Conocían el terreno de los Valles, las Colinas, las montañas. No aceptaban la asistencia de los citadinos porque no podían luchar, sobrevivir y vivían fuera de la tierra. Tampoco pidieron ayuda a los hacendados, porque sabían que los hacendados serían más leales a sus posesiones. Aunque el gobierno hubiera garantizado esta historia los hubiera culpado por el crimen del pillaje y destrucción del periodo, ellos simplemente asumieron las cosas en sus propias manos en reacción a la persecución instigada por el gobierno y el ejercito contra ellos y muchos pagaron el precio con su propia sangre.

Mucha otra gente del Bajío decidió huir especialmente familias católicas jóvenes. Escaparon hacia el norte cruzando la frontera hacía los Estados Unidos, en búsqueda desesperada de seguridad y de libertad religiosa-la Diáspora mexicana. Mis padres estaban entre ellos.

6. EL IMPACTO PERSONAL DE LA DIÁSPORA

Un historiador, José Rojas Garcíadueñas, de la ciudad de mis padres, lamentaba en su libro, *Salamanca: recuerdos de mi tierra Guanajuatense*: "Al terminar ese período, en la década de los 1930, Salamanca se torna empobrecida, lánguida, aterrada y amarga, por lo que había sufrido en esos violentos días de la Revolución, de 1913 a 1918 inclusive y entonces después de un breve oasis de relativa tranquilidad, de nuevo la violencia, la sangre y el miedo, de 1926 a 1929,a causa de la persecución religiosa y sus consecuencias, la lucha llamada los cristeros."[12]

Los capítulos anteriores han descrito la historia auténtica de la "Gloriosa Revolución Mexicana" que llevó al sufrimiento de los cristeros y la Diáspora de las familias. Las ideas que influenciaron la Revolución (La

---

[12] José Rojas Garcíduenas, *Dueñas: Recuerdos de mi tierra Guanajuatense* (México, Editorial Porrúa, S.A. 1982), pp. 12-13.

Guerra contra La Iglesia Catolica) y las grandes personalidades que actuaron en ella han sido mencionadas. Ahora traeré a colación la historia a nivel personal y escribiré cómo la Diáspora me impactó.

Yo nací en California de padres que vinieron de Salamanca, Guanajuato, durante la Diáspora y me casé con Esther Gómez de Bernal, cuyos padres vinieron de Ciudad Guzmán, Jalisco. Crecí y fui educado en Pomona California, junto con cientos de otras familias de la Diáspora de 1913 a 1930, del Bajío. Puedo recordar sus apellidos: Cabrera, Blancarte, Trejo, Salado, González, Hernández, Quintana, Bañuelos, Marroquín, López, Martínez, Calderón, Ortiz, Zúñiga, Soto. Cardenas, Hermosillos, Garcia, etc, y puedo también imaginarme a otras familias que tienen semejantes recuerdos.

Al correr de los años, preguntaba a mis padres, tíos y otras familias, "¿Porqué?" ¿Por qué se salieron del Bajío? Jamás tuve una respuesta aceptable. Lo mejor que podían responder era: "La Revolución".

Era duro para mí, muchacho curioso, obtener respuestas a preguntas simples. Con el trascurso de los años en Pomona, supe que mis padres, cuatro de mis hermanos mayores, mi abuela, mis tíos y mi tía todos habían nacido en México. Con frecuencia les preguntaba, tratando de encontrar qué fue lo que pasó en México. Pero supe poco sobre su vida diaria (allá en México). Sin embargo mi papá, me contó cómo habían salido de Salamanca en tren para Juárez. Las razones, tanto como puede entender entonces, se relacionaban con la religión y la política.

Cuando tenía diez años, nos mudamos a una cuadra de distancia de la Iglesia del Sagrado Corazón en Pomona. Alli, mis padres pudieron comprar un hectar de tierra rica y con una casa. Llegaron a ser dueños de terreno por primera vez en su vida. Una hazaña que jamás hubiera sido para ellos posible en Mexico. Allí conocí a más cientos de mexicanos y sus hijos méxico-estadounidenses. También a ellos les hacía muchas preguntas. Sus recuerdos eran, cuadriculados, pero yo quería algo más de información. Varios de ellos se acordaban de historias de "la batalla de Zacatecas", una de las más sangrientas batallas de la Revolución, un brutal encuentro entre las fuerzas de Pancho Villa y el presidente Victoriano Huerta en 1914. Sobre Pancho Villa tenían relatos salteados. Pero sobre el por qué y cómo dejaron México "el por qué" no lo sabían. Para eso no tenían respuesta. En su conversación algunas veces mencionaban el nombre de los estados de México de dónde venían. Rara vez sabían el nombre de los pueblos o haciendas, aunque con frecuencia recordaban el nombre del rancho. Ellos simplemente sabían que vinieron de México y que la Revolución fue la razón de su éxodo.

Mucho después, obtuve una más amplia visión de los mexicanos en este país. Cuándo la comisión de los Derechos Civiles me reclutaron de mi trabajo en la preparatoria de Whittier, California y me nombraron Jefe de la División de Investigaciones sobre los Mexicano-Americanos en 1967, supe que primero los mexicanos se habían esparcido en el Sudoeste y otros en el Medio oeste. No sabía cuántos eran pero necesitaba descubrirlo para hacer una buena investigación.

Del Buró del Censo, supe que en el curso de 1930 se contó a los mexicanos nacidos en México por vez primera y que se contaron cerca de dos millones, revelando así finalmente la magnitud de la Diáspora.

Los viajes y el trabajo de campo me enseñaron posteriormente la vida diaria de los mexicanos exiliados del Bajío, lo que había cambiado para ellos dramáticamente, muy importante, también aprendí sobre la vida diaria de su prole, ahora méxico-estadounidenses y los retos que enfrentaban. En general los emigrados de la Diáspora que vivían en el medio-oeste encontraron libertad religiosa y abundante trabajo en las fábricas de acero y factorías dependiendo del acero. Los emigrados de la Diáspora que encontraron su libertad religiosa y trabajo en Texas laboraban en los campos de algodón. Y los emigrados de la Diáspora que lograron su libertad religiosa y trabajo en California cortaban frutas y vegetales.

Mi familia fue la del último grupo. Aquí los presento en la Figura 1, refugiados de la Diáspora Mexicana.

Figura 1. Mi familia, c 1929: Martín; Lupe (nacido en Salamanca), Manuel; Jesús (nacido en Salamanca); mi mamá, Romana (encinta conmigo, Enrique); Teresa, en brazos de mi madre; mi papá, Pascual; Dolores; y José (nacido en Salamanca). *(Colección personal de Herny M. Ramírez)*

La fotografía mostrada en la Figura 1 describe a mi familia en Pomona, California a principios de 1929. Mis padres abandonaron Salamanca, Guanajuato en 1922 para iniciar una vida nueva en Estados Unidos. Ya que mis papas recibieron una buena educación en escuelas católicas de Salamanca, podrían comunicarse por carta y telegramas con sus parientes que se quedaron. Así, en 1926, mi padre fue capaz de arreglar la partida de su mamá, hijos y varios hijos de México. La Figura 2 muestra a mi abuela y algunos de la familia de mi padre que se unieron a nosotros y fundaron su nuevo hogar en Pomona, California, con nosotros.

Figura 2. Mi abuela Nazarea Guerrero de Ramírez, con mi tío Elías; mi primo Luis Jr.; mi tío Rosendo y mi tío Alfonso. *(Colección personal de Henry M. Ramírez)*

Por el mismo tiempo, la familia de mi esposa dejó su casa en Jalisco, México y se establecieron en Clermont,

California, una ciudad justo algunas millas lejos de Pomona. La Figura 3 muestra a su padre y dos hermanos mayores, ambos nacidos en Jalisco.

La Figura 4 muestra a la mamá de mi esposa. Doña Jesusita Bernal de Gómez, junto con Rigoberto y Ramiro de nuevo, así como su hermana Esperanza, también nacida en Jalisco. El resto los hijos de Don Marcelino y Jesusita Raúl, Esther (mi esposa), Ramón, Rubén y Ricardo- todos nacidos en Clermont.

Figura 3. Papá de mi esposa Don Marcelino, con dos de sus hijos, Roberto y Ramiro. *(Colección personal de Henry M Ramírez)*

Figura 4. La mamá de mi esposa, Doña Jesusita Bernal de Gómez, con tres de sus hijos: Rigoberto, Ramiro y Esperanza. *(Colección personal de Henry M. Ramírez)*

Como creció el número de los hijos de las familias de la Diáspora, muchos de ellos sirvieron a su nuevo país en uniforme durante la II Guerra Mundial y en Korea y Vitnam. No existe ninguna información que pueda calcular el número exacto de veteranos (pues los méxico-estadounidenses no eran contados específicamente en el censo hasta 1970), pero resulta común para cinco hijos de las familias de la Diáspora haber sido reclutados y muchos de ellos sirvieron en la infantería. Cinco de mi familia servimos; de la familia de mi esposa, también cinco sirvieron. Rigoberto el hermano mayor de mi esposa, sirvió en la India como técnico de radio. El siguiente hermano, Ramiro, graduado en la Universidad, trató de enlistarse en la Fuerza Aérea, pero cuando se supo que había nacido en México y no era ciudadano de los Estados Unidos, los oficiales le negaron la entrada a la Fuerza Aérea. No tuvo opción sino regresar a su lugar de origen. Los restantes cuatro hermanos, todos nacidos en Estados Unidos, fueron aceptados.

Fue en este contexto que surgió la trayectoria de mi vida. Un hijo de la Diáspora, crecí en California, recolectando fruta, rodeado por su familia que trabajaba duro y servía honorablemente, nutridos por la fe que poseían; estas características me formaron y me prepararon para mi vida de trabajo, primero en la educación y después sirviendo al gobierno. Fui bendecido en este trabajo al ser capaz de hacer la diferencia en las vidas de otros méxico-estadounidenses, al ayudar a los estudiantes esforzados, por ejemplo, al identificar los asuntos en derechos civiles. Eventualmente y, muy significativamente, mi vida se interrelacionaría con alguien más, una persona que también creció en California, solo unas veinte millas o algo así de donde mi familia se estableció. Esta persona fue Richard M Nixon, quien llegaría a ser el 37 presidente de nuestro país. En su juventud vivida en Whittier, California donde su familia tenía una tienda de abarrotes, Nixon se encontró con muchas familias de la Diáspora, y ese hecho, también resultó tan significativo que, cuando mi familia se encontró con la suya, grandes progresos serían capaces de realizarse para méxico-estadounidenses y otros americanos de habla hispana, gracias a sus iniciativas.

7. NIXON Y LOS MEXICANOS

¿Cómo fue que varios cientos de familias de la Diáspora trabajando en el Rancho Murphy y en el Rancho Leffingwell cerca de la ciudad de Whittier, California, cambiaron la vida de otras familias de la Diáspora y sus descendientes de verdad no sólo méxico-estadounidenses sino de todos los americanos hispanoparlantes a través de todo el país? Fue porque eran las familias que el joven Richard Nixon (clase de 1929) logró conocer cuando trabajaba en la tienda de abarrotes de su familia. La impresión que dejaron en este joven la llevó a lo largo de su vida y tuvieron efectos duraderos.

Figura 5. Fotos de un grupo de trabajadores en el Rancho Murphy, septiembre de 1941. Remedios Lemus está en la línea de arriba, tercera lado derecho. *(Foto cortesía de Al Lemus)*

Los trabajadores que aparecen en el Rancho Murphy Figura 5 están entre los mexicanos que Richard Nixon llegó a conocer según Al Lemus, hijo de Remedios Lemus (uno de los trabajadores en la foto) su familia había huído de una hacienda en Pénjamo, Guanajuato; México. Al menos otros cuatro hombres de la fotografía habían huído de la misma hacienda ubicada en el corazón del Bajío: Evaristo Díaz, Jesús Ponce, César Díaz y Felix Dueñas. Todos ellos fueron parte de la Diáspora 1913-1930 escapando de la persecución y la violencia de la así llamada revolución, que ahora nosotros conocemos como una guerra contra la Iglesia Católica. Ellos vivían en una compañía que les proporcionaba hospedaje y adquirían abarrotes en la tienda de la familia Nixon.

Los Nixon y las familias mexicanas del Rancho Murphy y del Rancho cercano Leffingwell vivían en dos comunidades, una era protestante y la otra católica. Una era europea de piel blanca y la otra mexicana mestiza de piel más oscura. Una hablaba inglés y era educada y la otra hablaba español y era analfabeta. Las escuelas en California en ese tiempo estaban segregadas. Y en ese ambiente social, los Nixon y los mexicanos mestizos se desarrollaban y alimentaban un respeto mutuo. (Nosotros méxico-estadounidenses también consideramos altamente significativo que Richard M. Nixon celebra su luna de miel manejando a Acapulco, México, en 1940.)

Ed Nixon, el hermano menor del presidente, ha platicado corroborando historias de la interrelación de los mexicanos y los negocios poseídos por la familia Nixon: "Ellos compraban 100 libras de sacos de frijol pinto, papas y harina", Ed Nixon lo ha recordado.[13] Un maestro de la preparatoria de Whittier dio otra prespectiva con este recuerdo: "Mi abuela que vivía en el Rancho Murphy comentaba qué agradable persona era Richard Nixon; nos fiaba rápidamente."[14]

Cuando yo era profesor de la preparatoria de Whittier, supe de varias fuentes que debido a la pobreza, Richard Nixon trabajaba en las arboledas y campos junto con los mexicanos. Yo hice este tipo de trabajo y supe que muy, muy pocos anglos excepto los más pobres hacían esto. Mucho después, en mi carrera cuando había sido nombrado Jefe del Comité del Gabinete sobre Oportunidades para la gente de habla hispana, me maravilló cómo el presidente Nixon se acordó de que había trabajado cortando naranjas. Más tarde, aún bromeaba conmigo sobre cuántos sacos de naranja, habíamos recogido cada uno por día.

Fue ese día, cuando me reunía con el presidente en la oficina Oval por casi una hora, que Nixon advirtió su relación con los mexicanos, habló de su conocimiento de ellos y me instruyó sobre qué quería yo hacer por ellos. Mostró un profundo afecto por la gente que había

---

[13] Ed Nixon, entrevista telefónica con el autor, 1 junio 2016.

[14] Entrevista con el autor, julio 2016.

conocido y con la que había trabajado en los Ranchos Murphy y Leffingwell.

Escuche cómo el presidente Nixon se acordaba de lo que había aprendido de esos hombres y sus familias. Puntualizaba: "Trabajan duro, son honestos, hombres de familias respetuosos de la ley y profundamente católicos". El presidente, todos estos pareceres y por extensión, los aplicaba a la comunidad mexicana. Se expresó con palabras cuidadosas y con un tono enérgico, que se cansaba de su administración que se preocupaba solo por los Negros. Él era consciente de que en Washington, D.C., o en toda la costa atlántica, en este respecto conocía a los mexicanos. Así, reiteraba una y otra vez, "Usted y yo vamos a cambiar eso". Decía que; íbamos a derribar ese muro invisible de discriminación que nosotros gringos hemos constituido en el sudoeste contra los mexicanos.

Que se sepa Richard M. Nixon aprendió sobre los sencillos, iletrados mexicanos que vivían los mandamientos y practicaban las Bienaventuranzas. El los admiraba y se daba cuenta que ellos enfrentaban los muros sociales para lograr el Sueño Americano. Cuando llegó a ser presidente, no olvidó a esos nobles mexicanos de la Diáspora. Por su propia iniciativa y sin la abogacía de los clamores del pueblo, determino lo que se tenía que hacer ¡Qué bendición! Ningún otro presidente antes o después de él ha hecho lo mismo en su administración.

La parte II de este libro va a detallar lo que el presidente Nixon ordeno se hiciera y cómo yo llegué a una posición en la que tuve un gran papel para hacerlo. Esta es la historia de lo que él realizó para que nosotros, hijos de mexicanos de la Diáspora de 1913-1930, pudiéramos participar en el Sueño Americano.

Tan pronto como él dio esta orden incluyó también a otros de habla hispana, los recién llegados de Cuba. En suma el presidente Nixon logró lo siguiente:

- Decidió ponerme al frente de todos los asuntos relacionados con los méxico-estadounidenses;

- En la Oficina Oval me juramentó como Jefe de su Gabinete para la Comisión de Oportunidades para la gente de habla hispana; también discutió conmigo su determinación y admiración por los méxico-estadounidenses y lo que él quería hacer por ellos;

- Llevó a cabo una reunión del Gabinete sobre el Comité de Oportunidades para la gente de habla hispana y dio órdenes a los oficiales del Gabinete sobre lo que esperaba de ellos para cumplir sus objetivos concretos para los méxico-estadounidenses;

- Ordenó al Buró del Censo y a las otras oficinas gubernamentales el censo a los méxico-estadounidenses;

- Ordenó conferencias en todas las oficinas regionales que servían a la gene de habla hispana;

- Ordenó igualdad de oportunidades de empleo para los méxico-estadounidenses;

- Ordenó posiciones de alto nivel para la gente de habla hispana;

- Ordenó procuración de oportunidades gubernamentales de negocios;

- Invitó a un Arzobispo Católico a celebrar una misa en la Casa Blanca en día domingo;

- Aprobó se abogara con el Vaticano la ordenación de obispos hispano parlantes;

- Ordenó un documento para ser firmado por él dando amnistía a los mexicanos de la Diáspora; y

- Proclamó la Semana Nacional de la Herencia Hispana.

SEGUNDA PARTE

1. NIXON ELIGE A UN CHICANO

Tan pronto como Richard M. Nixon se inauguró como presidente de los Estados Unidos, en febrero de 1969 actúo para incluir a los méxico-estadounidenses en el sueño americano.

Su primera acción fue nombrar un abogado de los Ángeles, Martín Castillo, para estar a cargo del Comité de la Agencia Interior sobre los asuntos de los méxico-estadounidenses y diputado director de la Comisión de los Derechos Civiles de los Estados Unidos. En ese tiempo, yo fui empleado como Jefe de la Comisión de Estudios de los méxico-estadounidenses. Como yo tenía una gran oficina y estaba involucrado con los asuntos de los méxico-estadounidenses, Martín Castillo decidió mudarse allí y compartir mi oficina. Esta acción me dio un sitio importante en las iniciativas de los méxico-estadounidenses de la nueva administración.

Mientras que el presidente Lyndon Johnson trató de ayudar a las necesidades de los méxico-estadounidenses por medio de un comité que él creó por medio de un memorándum presidencial,[15] el presidente Nixon hizo mucho más haciendo pasar una ley en el Congreso. Fue una de las acciones más significativas que puso en práctica.

Después de haber servido honorablemente, por casi dos años Martín Castillo, regresó a su actividad legal y llegó el tiempo de nombrar a un nuevo jefe que llevara el Comité del Gabinete sobre las Oportunidades para el Pueblo de habla hispana (CCOSSP), como la Agencia Interna del Comité para Asuntos de los méxico-estadounidenses llegando a ser conocida después de que el presidente Nixon firmó la Enmienda del Senado 740 en diciembre de 1969. El presidente Nixon me escogió personalmente para hacer el trabajo. Así es como los eventos se fueron desarrollando para mí elección.

La primera figura en la cronología es Roy O. Day, publicista de un diario local de California, The Pomona Progress Bulletin. Él y yo regresamos a los días cuando mi familia vivía en la calle Gordon cerca del centro de Pomona. Como pequeño aventurero de los años 1930, llegué a conocer a los mercaderes de la Second Street, incluido el Sr. Day. Yo no supe hasta mucho después que el Sr. Day mantenía un interés en mi carrera desde el pobre niño mexicano que asistía a las escuelas católicas hasta el seminarista en los Ángeles y Camarillo, california, después soldado en el ejército durante la guerra en Corea, maestro en la preparatoria, Whittier del Distrito de Whittier, California, y después oficial del gobierno en la comisión de los Derechos Civiles de Estados Unidos en Washington, D.C. Sabía mucho sobre mí. Esto ayudó a que yo pudiera obtener tinta para periódico desde mis

---

[15] Memorándum de la Casa Blanca para establecer la Inter-Agency on Mexican-American Affairs con la fecha del 9 junio 1967.

días de enseñanza en la preparatoria Whittier y aún de los periódicos nacionales cuando fui a Washington, D.C.

Pronto, después que el presidente Nixon me designó el Sr. Day me invitó a almorzar con él en mi primera visita a Los Ángeles. Nos reunimos en Septiembre de 1971 en el Hotel Hyatt, donde él felizmente compartió el siguiente relato conmigo:

"Usted sabe, comenzó, Nixon y yo regresamos a Pomona de los años 40 después de la guerra. Yo estuve a cargo de su primera campaña para el Congreso. Estuvimos en contacto cercano a través de los años porque teníamos un grupo que jugaba póker con Harris, dueño de la agencia de autos en Whitter, el manager del Banco de América de Whitter y otro más. El año pasado, cuando hubo una vacante en la agencia donde tú estás hora Nixon nos habló en juego de póker de modo preocupado". Él quería y necesitaba a un mexicano-americano para llenar esa vacante. Esa persona dijo, debe poseer cualidades excelentes. Debe saber español, que sea un conservador, tenga una buena filosofía, que parezca "mexicano", etc yo intervine y comencé en términos certeros. "el hombre que tu quieres está aquí en Washington. Él trabaja solo a unas cuadras de la Casa Blanca en la Comisión de los Derechos Civiles de Estados Unidos. Tiene un alto nivel y una posición responsable allí ¡Contáctalo!". Con un profundo sentido de complacencia, el Sr. Day añadió: "Así que ya sabes yo te recomendé".

De verdad, lo hizo. Años después recibí una copia de una carta fechada el 25 de mayo 1973, escrita por el Sr. Day dirigida a "Querido amigo y presidente Richard Nixon". Entre nuestros asuntos, el Sr. Day escribió: "Usted se ha de acordar que recomendé en alto grado a este hombre a usted antes de que recibiera su presente nombramiento."[16]

No hay manera de conocer si lo que sucedió después fue causado por la recomendación del juego de póker del Sr. Day. Sin embargo mi investigación apunta a la casualidad iniciada por el presidente. En los Archivos Materiales de la presidencia de Nixon, encontré un reporte significativo que atestigua el proceso de descubrimiento que procedió a mi nominación por el presidente. Allí aparece que él había preguntado a su ex socio legal, Tom Bewley (un abogado practicante en Whittier, California), que me investigara. El reporte de esta acción está contenido en un memo enviado a Robert Finch, consejero del presidente, con fecha 18 mayo 1971.

El memo cita algunos nombres de personalidades públicas en Whitter y las ciudades vecinas que me conocieron personalmente y establece cual era mí reputación para ellos. Puesto que no era capaz de obtener más que una página del memo, no conozco detalles específicos. Por supuesto, es interesante que el mismo Nixon quisiera saber qué era lo que la gente que me conoció personalmente pensaba de mí. Basta decir que lo que yo leí mostraba que sus amigos pensaban que yo era *okey-dokey.*[17]

Otro evento sucedió a mediados de Diciembre de 1970: Un congresista me invitó a almorzar. Esto es raro. Un congresista no llama personalmente a un burócrata de mediano nivel y, ¡no para almorzar! Pero el Congresista Chuck Wiggins de El Monte, California, ¡me llamó

[16] Roy O. Day, al Presidente Nixon, Mayo 25, 1973.

[17] George Grassmuck to Bob Finch Memorandum, Mayo 18, 1971.
"Henry M. Ramírez Report from Tom Bewley in Whittier. National. Archivos E. O. 12356 Section 1,1.

personalmente! Dio los detalles y la dirección de un restaurante exclusivo en Capital Hill. Yo estaba sorprendido y eufórico. Esa llamada fue trascendental.

Años anteriores, había trabajado para la elección de Wiggins como trabajador en los límites de Whttier. Conocía al Congresista, pero de lejos. De ningún modo comprendía por qué el hombre que había ayudado en su elección me llamara para almorzar.

Años posteriores, llegaría a conocerlo un poco más. En este almuerzo, sin embargo, la inicial relación fue comprensiblemente incómoda comenzó con una breve conversación y después rápidamente se centró en el tópico de la vacante en la CCOSSP. El Congresista quería saber qué candidatos consideraría Nixon para ser nombrados a la jefatura del "Comité del Gabinete" como él llamaba simplemente.

Yo sugerí como diez nombres y señalé los pros y los contras de cada uno. Él no se involucró o respondió; su desinterés en esos nombres fue patente. "Usted no se incluyó a sí mismo", declaró con firmeza, ¿Por qué no?

El escucho pacientemente más bien larga explicación de mi plan por regresar a mi estado de origen.

Debería haber añadido también que había rechazado la posibilidad de entrar al caliente torbellino de las querellas partidarias. Mi profesión era la educación y allí estaba mi futura encomienda

El almuerzo terminó. Nos despedimos cordialmente sin ninguna sugerencia de dar continuidad. Por mi parte yo no di una idea ulterior sobre las implicaciones de nuestra plática ni busque otra razón por esta llamada. Regrese feliz por el camino a trabajar sobre los reportes de educación que estaba preparando para el presidente y el congreso hoy describo mis ejercicios mentales. Como los de un no inquisitivo maniquí. En esa hora todo neófito de Washington se hubiera preguntado: ¿Ahora qué sigue?

Por supuesto, yo no sabía sobre la recomendación del Roy Day y la investigación de Tom Bewley en Diciembre de 1970. Consideré el almuerzo con el congresista Wiggins un esfuerzo de su parte motivado solamente por su deseo de contribuir a lo que era mejor para la comunidad méxico-estadounidense.

Completamente cierto, no parecería absolutamente ningún involucramiento de la Casa Blanca. ¿La Casa Blanca? ¡De ningún modo! Ese pensamiento jamás, pero jamás entró a mi cabeza. Esa ramificación estaba más allá de mi graduación.

Entonces, unas pocas semanas después del almuerzo, salieron las críticas de la Casa Blanca. Mi jefe Bill Taylor director del personal de la Comisión de Derechos Civiles de los Estados Unidos recibió una llamada de la Casa Blanca. El consejero presidencial, Robert Finch quiere hablar con Ramírez, se me dijo. Le pregunta a Bill por qué me llamaban, pero él no sabía.

Después de recibir instrucciones sobre a dónde ir, cómo entrar, a los terrenos, por cuál puerta entrar etc.

Visité el Ala Oeste de la Casa Blanca y fui escoltado a la oficina del Consejero. Cada aspecto y detalle de esta visita era nuevo y extraño. No sabía para qué estaba allí. Todo lo que sabía era que Robert Finch me había llamado para una reunión. Su asistente el Dr. George Grassmuck, fue quien llamó a mi jefe, Bill Taylor.

Al aproximarme a la puerta del Ala Oeste, un marino me saludó con atención y rápido abrió la puerta. Me identifiqué con la recepcionista. Hizo una indicación y me pidió tomar asiento, y anunció mi llegada. El Dr. Grassmuck apareció, se identificó y me condujo a la oficina del consejero. El secretario de Finch, Carol, me saludó calurosamente, y entonces el Dr. Grassmuck me escoltó a la amplia y bien decorada oficina y se quedó. Robert Finch se levantó de su imponente escritorio y nos recibió. Yo estaba muy nervioso pero traté de guardar la compostura.

¡Qué cosas del momento! *(This was big-time stuff.)* Estaba en la presencia de una persona que aparecía con frecuencia en las noticias. Robert Finch fue el ex gobernador lugarteniente de California y había servido previamente a la Agencia entonces conocida como el Departamento de los Estados Unidos de Salud, Educación y Bienestar (HEW). No se detuvo en cumplidos o en una pequeña plática. Habló directo y calmado con un completo control.

"Como Usted sobresale en la Comisión haciendo estudios nacionales, queremos que haga un estudio para nosotros" anunció. "Queremos un estudio que se centre en lo que los méxico-estadounidenses piensan sobre esta administración. ¿Cuáles son sus percepciones sobre esta presidencia? ¿Cómo se sienten con el comité del Gabinete? ¿Qué calificaciones le dan al nuevo jefe del Comité del Gabinete?

"Señor consejero, ese es un gran trabajó", musité. (Tenía que, retroceder, todavía no sospechaba que la llamada a la Casa Blanca fuera sobre ninguna otra cosa sino el estudio que él mencionó). ¿Qué es lo que usted realmente está diciendo? ¿Usted realmente quiere saber lo que ellos piensan de los Republicanos, de esta Casa Blanca y de este presidente? ¿Usted quiere saber lo que ellos quieren de este gobierno? ¿Lo quiere seriamente o a medias?

"Sí, queremos saber lo que realmente pasa allá en el Sur oeste", contestó. Considerándolo más adelante dijo: "La gente en esta ciudad, y respecto a este asunto, a lo largo de la costa Atlántica desde Maine hasta el Sur, no saben quiénes son los méxico-estadounidenses". Esta ciudad solo conoce a los áfrico-americanos y blancos. En Washington oficial no conoce a los méxico-estadounidenses, por eso el gobierno no se preocupa por sus intereses. Usted ha sido activo en el movimiento de los derechos civiles en cuanto afectan a los chicanos. Usted viaja y conversa con los líderes a lo largo del suroeste. Usted investiga y conoce lo que ocurre en las comunidades de allá. Deme tres propuestas sobre la investigación que usted hará para responder a mi petición.

Yo accedí y pedí una asignación temporal en el Edificio de la Oficina Ejecutiva (EOB), cruzando el pasillo de la Ala Oeste de la Casa Blanca. Los externos consideran EOB parte de la Casa Blanca, pero los de adentro sabían que el Ala Oeste estaba en la Casa Blanca, que la EOB era simplemente para respaldar al personal, aunque era muy importante. Pero Washington se mueve en apreciaciones. Sabía que noticias sobre mi presencia en la "Casa Blanca" se esparcirían rápido por el mundo de habla hispana, esto me ayudaría mucho para adquirir información, opiniones, ideas y experiencias de los líderes. Algo más importante, mi asociación con la Casa Blanca me aseguraría que mis llamadas telefónicas serían contestadas con rapidez. Mi petición se me concedió, el Dr. Grassmuck me mostró una oficina en el tercer piso, eso sería mi casa de trabajo en la "Casa Blanca".

Varios días más tarde, regresé al Ala Oeste para presentar al Consejero Finch tres esquemas para el estudio que se me propuso. Uno fue un rápido memo, otro para una investigación en la literatura; el tercero fue para una compilación en la investigación, entrevistas, opiniones de personas claves que requerían viajar para obtenerlas.

Optó por un memo de 20 a 30 páginas basado en mis experiencias, entrevistas telefónicas y el conocimiento del movimiento de los derechos civiles de los méxico-estadounidenses. Como salvaguarda para mi profesionalismo anuncié puntualmente que iba a escribir factual y objetivamente, sin reserva y preocupación de herir sentimientos. Robert Finch no se opuso a esta declaración, ya fuera con gestos o palabras.

Ya estaba bien consiente de cómo los méxico-estadounidenses percibían esta Casa Blanca. Muchos mexicanos ancianos que conocía en Pomona, mientras apreciaban mucho a Roosuelt por haber brindado trabajo y terminado la Depresión (de lo que culpaban a Hoover por iniciarla), no sabían nada de partidos políticos. Demócratas, Republicanos, Nixon o la Casa Blanca. Esos eran términos para ellos sin sentido. Ellos conocían al corrupto y ratero, gobierno de México y eso era suficiente. Pero algunos méxico-estadounidenses estaban felices de que trabajara en la "Casa Blanca". Estos incluían al muy pequeño grupo de méxico-estadounidenses involucrados en los derechos civiles y los muchos méxico-estadounidenses que habían logrado educación en la Universidad y eran trabajadores sociales o maestros con frecuencia políticamente activos como Demócratas liberales. A pesar de las diferencias políticas, estaban contentos de que tuviera una posición más a mi nivel, habiendo sido un profesor de preparatoria que había logrado su reputación como un muy relevante protagonista de los derechos civiles. Expresaron su respaldo con cientos, sí no es que con miles, de telegramas, cartas y llamadas telefónicas. Robert Finch me llamó posteriormente para decirme: "Ok hemos recibimos el mensaje ¡ahora apaga el spigot (la llave de agua)!"

Yo inflexiblemente determiné que mi trabajo de ningún modo debía ser interpretado por Finch o por nadie más como un intento de ser considerado para la posición de Jefe del Comité del Gabinete. Jamás lo olvidaré. El respondió alegremente: "No te preocupes; eso no está en los naipes; no queremos un muy activista en derechos civiles".

Un día en Marzo de 1971, entregué un estudio de cincuenta páginas, "Un panorama de los asuntos de hispano parlantes para las perspectivas de la Casa Blanca (no fue fechado)". El consejero Finch me lo agradeció por medio de una amable carta. Después ya no oí nada más. Mí aventura sobre la investigación para la Casa Blanca había terminado o algo así, ¡pensé con alivio!

Un año después, me di cuenta que mi estudio había sido revisado por la Oficina Política de la Casa Blanca en las manos de Chuck Colson. El estudio había sido perfeccionado para incluir acciones presidenciales y enmarcar tácticas políticas y estrategias para la siguiente campaña presidencial para la reelección.

Mientras tanto, Washington estaba ocupado con los nombres de los que hacían campaña, considerando la posición de Jefe. Mi nombre empezó a sobresalir, aun cuando yo no era candidato para tal posición. Y con suficiente razón, el Consejero Robert Finch me llamó de nuevo. Extrañado recorrí el camino familiar por el pasillo de la puerta frontal del Ala Oeste. Parecía como si las ardillas hubieran ignorado mi presencia.

Los varios minutos de proceder y caminar por la puerta del Ala izquierda y hacia la Casa Blanca me proporcionó un poco de tiempo para reflexionar en mis acciones. Me estaban afectando ahora en mi vida profesional así como privada. ¿Qué representan esas visitas a la Casa Blanca para mí y mi familia? Algunos eventos parecen fuera de mi control. La había completado lo que Finch quería. Había declarara do mi vigoroso desinterés en la política, mis planes de regresar a California para conseguir mi posición de superintendente y mi reacción a toda consideración por la posición en el Comité del Gabinete. El mismo Finch me había asegurado que eso "no estaba en los naipes". Así ¿qué quería él ahora?

En su Oficina, Finch me agradeció de nuevo por el reporte. Con su proceder de abogado, fue directo a su propósito de llamarme al Ala Oeste y ofrecerme la posición de jefe. No lo recuerdo repitiendo ningunos por que los por donde es. Solo hizo una simple petición. Yo reaccioné lentamente y consternado deliberé por un rato prolongado, luchando con las implicaciones de la oferta para mi familia y para mí. Eso trastornaría la escala de mi carrera que tenía en el campo de la educación: en seguida superintendente y después catedrático de la Universidad. Esto me colocaría en el caldero de los partidos políticos, compitiendo con intereses éticos y raciales, una campaña presidencial y grandes expectaciones por lograr las aspiraciones de los derechos civiles. Extrañamente no puedo precisar la fecha que Finch me ofreció para esta posición. La verdad era que no me gustaba la oferta. Yo le había advertido en febrero sobre mi gran desinterés en los altos niveles políticos.

Finalmente, respondí al Consejero Finch que aceptaría la posición bajo condiciones. Su rostro mostró su desagrado por mi propuesta, pero me pidió explicarme. Lo hice, mis condiciones fueron: (1) Una oficina permanente en la Casa Blanca (EOB); (2) Un tangible respaldo de los líderes chicanos en la forma de Cartas y telegramas a la Casa Blanca; (3) El reconocimiento de mi poder de contrato y despedir en el Comité del Gabinete

Según lo mejor que puedo recordar ahora, trasmití este respaldo racional de mis condiciones:

1. Una oficina en la Casa Blanca (EOB) inmediatamente colocaría a los méxico-estadounidenses a la par con los negros. Robert Brown, que estaba a cargo de todos los asuntos relacionados con los negros, ya tenía su oficina en la EOB.
2. Además, el roce de los hombros y el diario contacto cara a cara en los vestíbulos del poder mejoraría el avance de la agenda por los derechos civiles de los desconocidos méxico-unidenses.
3. La necesidad de conocer el poder de los que se mueven en la Casa Blanca debían saber que yo había guardado mis valías como un conocido y respetado líder de los derechos civiles tenía que ser reconocido de armas tomar.
4. El personal en el Comité del Gabinete eran leales. Yo debía tener mi equipo leal. Esta es una regla en Washington. Yo despediría sin miramientos por quien había sido el "rabí" políticamente poderoso de esa persona.

"Usted debe estar bromeando", reacciono Finch inmediatamente. No hay manera de que logremos esas condiciones". Se me despidió en forma abrupta y con desdén. Así que no era el chico popular, pero me sentí liberado, podía seguir con mi plan de regresar a California.

¡Pero no deberías saberlo! Dos semanas después, se me llamó una vez más y una vez más se me ofreció la jefatura. Finch añadió, casi paternalmente, que eran aceptables dos condiciones, pero que una oficina en la

EOB estaba fuera de cuestión. Yo rápidamente rechacé el ofrecimiento. Esta reacción pareció proporcionarle a Finch un sentido de confort. Comentó: "Eso me sienta bien. Nos hemos interesado con su actitud de los derechos civiles, así que olvídelo".

Los sentimientos se manifestaban y la situación se ponía insoportable. "Yo no le llamé; Usted fue el que me llamó", le repliqué. Permanecí inflexible sobre tener una oficina en la EOB. Había llegado a darme cuenta que el personal de la Casa Blanca dividía a la gente en "nosotros" y "ellos". Los "nosotros" era el personal de la Casa Blanca mientras ellos verían a los agregados políticos que se "volvieron noticia" como los de afuera (e.d., aquellos que habían sido capturados por los intereses de las agencias y de gente a la que servían). Dada la naturaleza de esas relaciones, yo sabía que para hacer un trabajo efectivo por el presidente y los americanos hispano parlantes, yo tenía que ser uno de los "nosotros". Algo que no fuera eso disminuiría la estatura y el poder de las jefaturas con el tiempo. Después de todo, el jefe sería un miembro del Gabinete y debería tratar con los oficiales del Gabinete del presidente y ¿qué mejor que en los pasillos de la Casa Blanca?

El Consejero Finch me despidió una vez más. Cualquiera que fuera el futuro para ambos, las cosas no iban a ser cálidas y vagas. Pero yo había determinado mi papel y función en mi posición.

Varias semanas después, mientras vacacionaba en Williamsburg, Virginia, con mi familia, Finch me llamó de nuevo a la Casa Blanca con urgencia. Insistió en reunirnos tan pronto posible. Yo estaba desconcertado ¿Qué habrá pasado? ¿Va a aceptar mi última condición? Volé a Washington en el próximo vuelo disponible interrumpiendo mis vacaciones.

Del aeropuerto tomé un taxi directamente a la entrada del Ala Oeste. Los guardias del Servicio Secreto se habían vuelto muy familiares conmigo y me abrieron paso somera y rápidamente. La recepcionista del Ala Oeste también me conocía muy bien para entonces. La Srita Shelley quien después se casó con Pat Buchanan, fue siempre muy atenta y correcta, sin ninguna muestra de amabilidad. Sus palabras y gestos eran sencillos, nunca pronunció un ¡Hola! O ¿Cómo está Usted? Tampoco me pregunto por qué estaba yo allí esta vez, sino solamente me condujo a la oficina del Consejero Finch.

Como siempre, Finch comenzó la reunión directamente. No se habló sobre mis vacaciones, mi familia viajando sola en Williamsburg, ni nada por el estilo. Simplemente determinó: "Hemos aceptado las tres condiciones". ¿Acepta Usted ahora la jefatura? Por fin me tenían. Había terminado. Antes de que yo respondiera, tronó, cuando el Presidente lo solicite y le pida que usted sirva, no lo rechace. "Ante tal revelación, yo me alegré y humillé". De cualquier modo, yo elegí ese momento para definir mi relación con el Consejero tomando la determinación en forma clara y despacio: "Yo pensaba que usted me habría seleccionado para el trabajo. No tenía idea que el mismo presidente quería que encabezara la agencia". Entonces dije humilde y sencillamente "Acepto". Las tenciones se evaporaron, y el Dr. Grassmuck tomó la foto (Figura 1).

Ese fue el último paso que me llevó a mi nombramiento. El mismo presidente Richard M. Nixon me había elegido para ser su mano derecha en los asuntos relacionados con los méxico-estadounidenses y, posteriormente por extensión, con otros grupos hispanoparlantes.

El presidente quería ahora encontrarse con las necesidades de los hijos de la Diáspora.

Que Sr. Roy O. Day (1900-1986) que comenzó la cadena de los eventos, descanse en paz.

Figura 1. Dr. George Grassmuck me tomó esta fotografía con Robert Finch (derecha) para celebrar mi aceptación del ofrecimiento del Presidente como jefe del Comité del Gabinete. *(Cortesía de la Biblioteca de Richard M. Nixon)*

2. NIXON DIRIGE LOS ASUNTOS HISPANOS

Agosto 5, 1971 El personal de la Casa Blanca había coreografiado el drama del día para un óptimo impacto. Solo ellos conocían los contenidos del programa del día. Todo lo que sabía era que me iba a entrevistar el Presidente. Varias grandes sorpresas se reservan para mí.

Mientras tanto, el presidente Richard M Nixon estaba logrando un sueño que debía haberse formado en su adolescencia cuando vivía en la pobreza con ese grupo de exiliados. Ahora, como presidente, era finalmente capaz de incorporar a los hasta ahora desconocidos, invisibles, olvidados miembros de la Diáspora de 1913-1930 en el Sueño Americano. Aunque la atmósfera en el país especialmente en Washington, era afectada por la continua Guerra de Vietnam en ese tiempo y el presidente estaba bajo una pesada presión de parte de sus críticos tanto de la Izquierda como de la emergente derecha, Nixon, no obstante disfrutó de este momento; este día, él enfocaría toda su atención en la lucha por los Derechos Civiles de los méxico-estadounidenses. En este punto, solo él y yo comprendíamos y apreciábamos lo que estábamos a punto de lograr; pero después de agosto 5 de 1971, el reconocimiento de que la población de los Estados Unidos incluía un grupo variadamente identificado como méxico-estadounidenses, de habla hispana, chicanos, puertorriqueños y cubanos y en menor medida-hispanos-daría inicio. Los méxico-estadounidenses se volverían visibles por vez primera.

En detalle, aquí está lo que sucedió en ese sobrecogedor día.

Al llegar adentro de la Ala Oeste, tuve mi primera gran sorpresa del día cuando saludé a un grupo de personas que me saludaron y me revelaron por qué estaban allí ¡Esas nueve personas iban a ser mis consejeros!

El consejero Robert Finch fue nuestro maestro de ceremonias. En la última parte de 1970, Finch había ya juntado una base de información sobre el status de los esfuerzos y programas del gobierno federal que respaldaban a la población de habla hispana. Con la asistencia de sus ayudantes él supervisó cada detalle de este día histórico.

El consejero Finch condujo a mis consejeros y a mí hasta la Oficina Oval, donde el presidente nos saludó al ser presentados. A los fotógrafos de la prensa de la Casa Blanca se les había permitido sacamos fotos con el Presidente como grupo (Figura 2), y entonces el mismo presidente nos tomó juramento en nuestra nueva oficina: yo como jefe del Comité del Gabinete para las Oportunidades de la gente de habla hispana (CCOSSP); ellos, como mis consejeros presidenciales.

Figura 2. De izquierda a derecha: Los recién nombrado miembros del concilio de consejeros del jefe del CCOSSP: Jorge Tristani, Edgar Buttari, Manuel González, Manuel Giberga, Hilda Hidalgo; a la derecha del presidente Richard M. Nixon: Dr. Henry M. Ramírez, Ted Martínez, Ed Yturría, Eugene Morin e Ignacio Lozano. *(Cortesía de la Biblioteca de Richard M. Nixon)*

Entonces, el consejero Finch condujo a los nueve consejeros a una reunión inicial con los miembros del Gabinete presidencial en el salón de juntas del Gabinete. Yo, sin embargo, permanecí en la Sala Oval, solo con el Presidente. Me dijo que acercara mi silla junto a su escritorio. Era un gran escritorio desprovisto de objetos y se sentó confortablemente a un lado de él. Me sentí afablemente bienvenido. De inmediato me llevé la primera impresión: Con su traje oscuro, el presidente se mostraba en forma y fuerte, con una voz vibrante y enfocada, ojos penetrantes. Habló sin notas, sin dudas y con un gran sentido de confianza en su conocimiento.[18]

---

[18] Lo que aquí escribo proviene de notas contemporáneas, mi memoria refrescada por el teclado adquirido en The Cutting Corporation (Bethesda, Maryland). De la fortunadamente, alguien

Yo me sorprendí mucho de sus profundos conocimientos experimentales de los asuntos y personalidades de los México americanos.

Empezó con largo monólogo sobre la situación de los asuntos de los méxico-estadounidenses y el panorama de los obstáculos que tenían que afrontar. Hizo una síntesis de su experiencia de las luchas de nuestros derechos civiles. Recordó sus contactos con el famoso Leo Carrillo, con el Juez Gerardo y el Juez Velarde de las cortes de Whittier, y con Danny Villanueva, el ex jugador de futbol de los Rams de los Ángeles, del Cardenal McIntyre de los Angeles y otros. Hizo reminiscencia de los días en que los mexicanos eran segregados en las escuelas de Whittier. Mencionó los barrios mexicanos conocidos como Jim Town, Canta Ranas y Pico Vieo. Recordó sus experiencias recogiendo naranjas y metiendo fuego en las "ollas llenas de petroleo" en las huertas en tiempo congelante. Y con una voz llena de carino cómo había llegado a conocer a la gente de primera mano y apreciar sus valores, duro trabajo, sus nexos familiares y su religión católica. Hablo en forma general de los mexicanos blancos, describiendo los como gente

---

borró parte de la conversación que tuvimos el Presidente y yo. (Cassettes 6, 7, 8, y 9). Las decisiones borradas fueron sobre estos tópicos: los prejuicios en el Sudoeste contra los mexicanos como lograr que los México-americanos voten por el Presidente Nixon en mayor número; cómo a nuestros estudios en la Comisión de los Derechos Civiles habían probado que el status socio económico de los padres era tanto la causa como el afecto de las buenas notas de los estudiantes y cómo yo iba a lograr la "guardia palaciega" de Nixon vía su valet. (Lo último debió de estar en los cassettes, pero el audio es tan malo, que es difícil entenderlo).

diferente a quien no se les confiaba. Aquí le faltaba el lexicó indicado: eran criollos..

Richard M. Nixon es el único presidente de los Estados Unidos nacido y criado en California y con mexicanos. Años más tarde yo, quería saber más sobre cómo había llegado él a tener tal cercanía con los mexicanos, así que entreviste a su hermano, Eddie, muchas veces y leí su libro *"Los Nixon", retrato de una familia."* Fue entonces cuando me di cuenta cuán cercanos habían estado él y su familia a los barrios mexicanos. Después de que su padre no tuvo éxito en los negocios de los cítricos en Yorba Linda la familia Nixon estableció una pequeña tiendita de abarrotes con una estación de gasolina enfrente de la avenida santa Gertrudis y el Boulevard Whittier en la no incorporada parte del Whittier, en la no incorporada parte del Condado de los Ángeles, casi adyacente a la línea divisoria del condado de Orange. Sus negocios entregaban mercancía a ranchos vecinos Murphy y Leffinwell, donde residían y trabajaban las familias mexicanas de La Diaspora. Richard Nixon piscaba naranjas y verduras (tomates, pepinos, etc.) en los campos con los miembros de esas familias y asistía también a la escuela en Whittier con pocos de ellos. Todavía hay gente viviendo en el área de Whittier que son los nietos de los mexicanos que conocieran a Richard Nixon cuando él trabajaba en la tienda y recordaban historias de él que les daba crédito a los mexicanos pobres.

Yo conozco muy bien esa área, aunque ha cambiado amucho desde los 1940 cuando la familia Nixon vivía allí. En 1958, mi esposa y yo compramos un terreno para una nueva casa que había sido parte del rancho Leffinwell en la intersección de la Avenida Santa Gertrudis y la Ruta Leffinwell. Toda el área formalmente comprendida por el rancho Murphy y el rancho Leffinwell llegaron a ser parte de Whitter Este.

Regresamos al día de Agosto de 1971. Al continuar el Presidente su monólogo se lamentaba que los mexicanos no cabildearan por sus derechos. Hizo la usual referencia de la efectividad de los negros en su cabildeo. La crucial importancia que le dio a esta actividad me sorprendió completamente y me agarró desprovisto para reaccionar o pensar sobre ello. Me animó a darle prioridad a este punto en el Comité del Gabinete y añadió: "Ellos deben levantar tantas llamas cuanto puedan". Sobre esto comencé a dar vueltas a mi imaginación. Ciertamente, él se refiere a calidad en la comunidad, no a mi papel y función de nominado presidencial de alto nivel, que pronto sería confirmado por el Senado. Pero comencé a sentir que él no iba a enrolarse en una discusión. Él iba a ser el comandante, el jefe.

"Le he ordenado a Bob Finch el trabajo de conducir el rebaño *(riding herd)* en los asuntos méxico-estadounidenses de esta administración," continuó. "El Comité del Gabinete presidencial sobre las oportunidades de los Hiapanoparlantes ahora es responsabilidad de Bob". Entonces dio lista de las áreas que la Comisión del Gabinete debería proseguir: trabajos, discriminación educación bilingüe, nominaciones gubernamentales, administración de la justicia y cabildeo. Quería estar informado de los avances y de las acciones de el Comite.y recibir reportes continuamente. Prometió pleno respaldo al personal y comprehensiva cooperación de los miembros de su Gabinete.

El presidente no mencionó a ningún otro grupo hispano durante nuestro encuentro en la Oficina Oval. Hizo notar que su orientación a las necesidades de los méxico-estadounidenses se derivaba de su interacción con ellos en California, de sus años pasados en Yorba Linda a los posteriores en Whitter. Él y su esposa, Pat, habían asistido a la preparatoria de Whitter y anotó que Pet había enseñado cursos de negocios allí. Añadió: "De hecho ellos estaba allí donde también usted enseño". El dio una sensación general de los muchachos que había conocido en la escuela de los barrios de la ciudad de *Jim Town* en Whittier,, de *Canta Ranas* en Los Nietos, de *Rancho Murphy* en el Este de Whitter, y aún Pico Viejo en Pico Rivera (que estaba mas lejos).

Me maravillé cuando repasaba sus relevantes contactos con la comunidad mexicana, precisamente cuánta gente había en mi vida que podían corresponder con su conocimiento personal y la experiencia de los de mi comunidad. Supe que él y Pat habían pasado su luna de miel en Acapulco, México. Muy pocas parejas anglos del Sur de california hacían eso por esos días. Casi nadie, pues los anglos no nos conocían. Ellos vivian sus vidas aparte de nosotros. Eramos dos sociedades.

Después profundizo en el área de la discriminación. En sus días como un pobre muchacho blanco en Yorba Linda piscaba tomates, calabacitas y naranjas junto con los mexicanos. Habló particularmente de su experiencia en piscar naranjas en el Rancho Murphy en Whittier. Anos después,yo conocí el Rancho Murphy bien. El alcalde de Whittier, Jack Mele, era mi amigo. Me pedio el favor de ayudarle a distribuir a las familias mexicanas que vivían allí para que los que arpegiaban el terreno pudieran desalojar la tierra para la construcción de un sofisticado campo de golf y lujosas residencias a lo largo de las callecitas del golf. Estaba fascinado de escuchar a Nixon hablar de su trabajo en el Rancho Murphy en sus días pasados como trabajador de cítricos en el rancho. Conocí a algunos anglos que habían hecho ese tipo de trabajo de bajo nivel, sucio y desagradable. Su discusión reflejaba una profunda conciencia de la discriminación que los méxico-estadounidenses soportaban.

Continuando estos comentarios, se sentó hacía atrás miró al plafón y puso sus dedos alrededor de sus quijadas, y se puso elocuente: "Nosotros en el sureste hemos construido un muro invisible de discriminación y hemos impedido a los mexicanos de las oportunidades que ofrece este gran país". Continuó comparando el muro de discriminación del sureste, con la gran muralla china. Al tocar este tópico, tronó. "Será nuestro trabajo el de derribar ese muro de discriminación". (En retrospectiva China debió también estar en su mente, puesto que después de este día, anunció su visita a China).

Durante nuestro tiempo en la Oficina Oval, el programador del Presidente, Stephen B. Bull, entró para recordarle que estaba retrasado y que los oficiales de Gabinete habían estado esperando por cierto tiempo (como lo estaba cierto embajador). El Dr. Grassmuck me había preparado para estar solo algunos pocos minutos con el Presidente, pero ya nos habíamos pasado al parecer veinte minutos y sin embargo no había terminado.

El Presidente estaba disfrutando nuestra reunión. Parecía patear hacia atrás visiblemente, chutando por olvidar su programa. Comenzó por meditar su campaña pasada en California y como habían participado los méxico-estadounidenses. En el trascurso de revisar nombres y eventos, repetía una pregunta que los Republicanos con frecuencia repetían: ¿Por qué los méxico-estadounidenses son Democratas?[19] No son

---

[19] Un año después, en 1972, siendo gobernador Ronald Reagan destiné mucho tiempo al mismo tema durante mi visita a su oficina de su armamento. Menciono a muchos americanos con apellido

liberales, son conservadores en su estilo de vida. Esto desconcertaba al Presidente.

El presidente entonces dio un giro a un tópico relacionado en modo indiferente que parecía darle un interés incidental. Se lamentaba que todo lo que había obtenido de los mexicanos fue cinco por ciento de su voto. Luego acercó su sillón más cerca y con voz más fuerte repitió la frase. Esta vez le parecía importante. Repetía: "cinco por ciento" es todo lo que obtuve. No entiendo por qué un número tan bajo. No es por falta de esfuerzo. He participado el Dieciséis de Septiembre en los desfiles del Este de los Ángeles, montando en caballo en los desfiles del cinco de mayo, he usado sombreros y sarapes, asistido a fiestas comiendo tacos, enchiladas y tamales. Esta vez quiero el quince por ciento del voto mexicano. Quiero hacer un buen trabajo en los derechos civiles por los méxico-estadounidenses. Quiero ayudarte a hacer un buen trabajo, para que podamos alcanzar ese objetivo. "Me preguntó qué pensaba acerca de eso y si yo pensaba que la meta del quince por ciento era viable."

En mi entusiasmo por impresionarlo y agradarlo, le aseguré que podíamos lograrlo. De hecho, sugerí modestamente que el objetivo no sería quince ¡sino

---

hispano que compaginaban perfectamente con este modelo. Habló admirablemente del Senado estatal Rubén Ayala de San Bernardino. El gobernador Reagan llegó a conocer a Rubén muy de cerca y exclamo "No sé por qué Rubén es un Demócrata". Traté de explicarle, pero estoy seguro que no siguió mi razonamiento. Reagan fue uno del Medio Oeste de una pequeña ciudad y sus tradiciones y conocimientos estaban basados en su pasado europeo. Aunque vivía en California, tuvo un contacto muy limitado con los méxico-estadounidenses, pero ambos vivían en mundos separados. Se conocían unos a otros pero no se entendían.

veinticinco por ciento! Yo sabía que los méxico-estadounidenses eran conservadores, y yo me sentía seguro que responderían aquellos a quienes abordáramos con respeto y comprensión. Seguramente responderían a las iniciativas presidenciales y a los esfuerzos que fueran auténticamente sustanciales y transformadores

Sonrío y dio una fuerte carcajada de lo profundo del corazón, se sentó hacia atrás en su amplio, confortable sillón ejecutivo de piel negro, se dio vuelta y lo empujó hacia adelante cerca de mí. Pontificó ¡Usted es un profesor de latín, sin experiencia política y me dice veinticinco por ciento! No sabe lo que está diciendo. Yo soy el político. ¿Cómo lograremos ese nivel?

En eso, metí mi mano en la bolsa de mi camisa, saqué una nítita, concisa tarjeta de tres por cinco, y se la di. La leyó atentamente. Hubiera deseado tener una copia de esa tarjeta. La mañana antes de partir de mi oficina hacia a la Casa Blanca para los eventos de este dia importantísimo. Nunca la tuve de regreso, pero había escrito en ella cinco frases que representaban mi visión para el nuevo trabajo que iban más o menos como sigue:

1. Tener reuniones gubernamentales de alto nivel en los centros regionales federales para promover esos objetivos a nivel local.

2. Contar los apellidos hispano-americanos según su empleo y contratar/conceder participación

3. Nominar a 100 hispanos a posiciones de grado superior (e.d., posiciones sobre a Gs 15)

4. Adoptar y reforzar a un programa sistemático para conceder empleo federal a americanos con apellido hispano.

5. Incluirnos en las actividades de la Casa Blanca para crear una conciencia nacional de las condiciones de los méxico-estadounidenses.

Orgullosamente reiteraba que el presidente obtendría el veinticinco por ciento del voto de los méxico-estadounidenses si llegara a implementar y reforzar estos objetivos. "El buen servicio tiene sus propias recompensas", le dije. Recuerdo establecerlo con mucha convicción. Sabía que los méxico-estadounidenses sabían responder para alcanzar estos objetivos y encontrar al Presidente más "simpatético" podría decir que le gustó esta palabra. Examinó la tarjeta de nuevo y apretó un botón. Alguien llegó a la Oficina Oval. El Presidente le entregó la tarjeta y ordeno: "De esta a (tal y cual)". (No entendí el nombre claramente, pero sonaba como Hlderman). "Haga que la lea, y dígale que quiero que se hagan estas cosas". Le remarcó al funcionario que yo había dicho que obtendría el veinticinco por ciento del voto de los méxico-estadounidenses si él asumía esas acciones, después añadió con agradables palabras al estilo Naval (él acostumbraba usarlas en nuestra entrevista y también en una anterior reunión del Gabinete). "Bien háganlo" (doggonit)-y así "vamos a hacerlos".

¡La historia muestra que el Presidente Nixon reabrió de hecho sobre el treinta por ciento de los votos de los méxico-estadounidenses en la próxima elección! El comité de reelección del Presidente reunió voluminosos reportes que describían cómo los votaron los méxico-estadounidenses en 1972. Uno de ellos fue una encuesta de salida hecha en el área de Boyle-Heights del Este de Los Ángeles y otra se hizo en San Antonio. Yo no pude obtener copias de esos reportes (aunque una vez tuve algunos), pero los leí. Entre los muchos artículos de periódico que circulaban por ese tiempo, pude obtener uno del Washington Post: "De acuerdo con un análisis del CBS, el Presidente Nixon recibió 49 por ciento del voto de los de habla hispana en Texas y Florida y el 31 por ciento del voto de hispano-parlantes nacionalmente."[20]

Así, el profesor de latín sin experiencia política después de todo tenía razón, y después el Presidente reconoció mi trabajo en su favor.

El Presidente me dio un consejo antes de concluir la reunión. Se acercó a mí y me susurró que me sería casi imposible informarle del progreso de los objetivos que había delineado en la tarjeta a causa del sistema de "los guardias de palacio". Me aconsejó usar la avenida de su valet personal, Manolo Sánchez. A través del Sr. Manolo Sánchez, sería capaz de proporcionarle información sobre cómo lo estábamos haciendo. ¿Usted conoce a Manolo?

"Sí", afirmé.

¡Bien, entonces contáctelo y dígale lo que yo quiero hacer!

---

[20] Tony Castro, "Los chicanos de Texas votaron GOP; Nueva La Raza unida obtuvo 6%", *Washington Post*, 13 noviembre 1972.

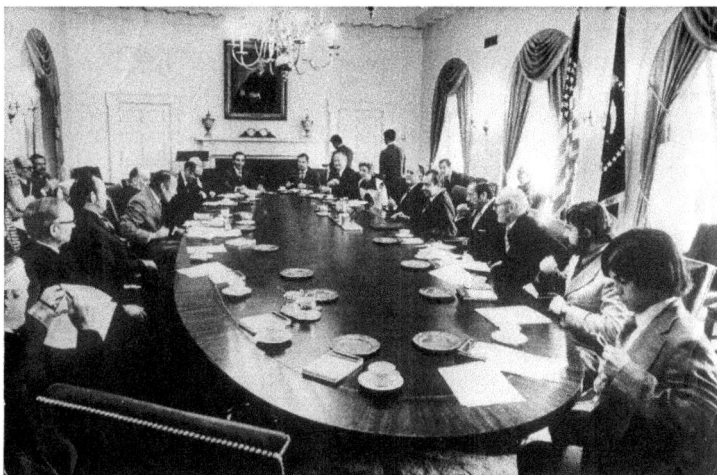

Figura 3. Primera reunión de miembros del Gabinete presidencial con CCOSSP. Ellos son de izquierda a derecha: Secretario del Department of Housing and Urban Development, George Romney; Secretario del Department of Agriculture, Clifford N. Hardin; Secretario asistente del Tesoro, Charis Walker; Consejero al presidente, Robert H. Finch; Consejero General Jurídico, John Mitchell; Secretario del Department of Labor, James D. Hodgson; jefe de la Civil Service Commission, Robert Hampton; director de la Office of Economic Opportunity, Phillip V. Sánchez; asistente especial al presidente, Fred Malek; Subsecretario del Department of Housing, Education and Welfare (HEW), John Veneman; Secretario asistente of HEW, Patricia Reilly Hitt; jefe del CCOSSP, Dr. Henry M. Ramírez; President Richard M. Nixon; director ejecutivo del CCOSSP, Antonio Rodríguez; administrador de la Small Business Administration, Thomas Kleppe; asistente especial al jefe del Equal Employment Opportunity Commission, John Oldecker; y estudiante becario, Louie Cespedes. Sentados a la izquierda están miembros del Consejo Consultivo al CCOSSP; Edgar Buttari y Ted Martínez están visibles. Sentados cerca de las ventanas: director de Spanish Speaking Programs, Civil Service Commission, Fernando E. C. de Baca; y asistente a Sr. Finch, George Grassmuck. *(Cortesía de la Biblioteca de Richard M. Nixon)*

Después de este importante (y para mi emocional) intercambio, el Presidente me tomó por el brazo y me acompañó hasta el salón del Gabinete para la primera reunión del Comité del Gabinete para Opportunidades para los Hispanoparlantes (CCOSSP). ¡Estaba asombrado! El salón estaba lleno con los oficiales del Gabinete, junto con mis recién nombrados consejeros presidenciales, el consejero Finch y el personal. Para mi sorpresa el Presidente me llevó a mi asiento, viendo personalmente que estuviera colocado a su derecha. (Figura 3).

El consejero Robert Finch abrió por vez primera la reunión del Comité del Gabinete Presidencial. La ley que estableció al Comité obligaba tener juntas sobre oportunidades para los Hispanoparlantes con los miembros del Gabinete y La Casa Blanca. .El Presidente le pidió al Sr. Finch que dirigiera algunas palabras en relación con la organización y el progreso del Comité del Gabinete en beneficio de los miembros presentes. Entonces el Consejero Finch agradeció a los departamentos por sus reportes sobre el status de sus respectivos alcances a la gente de habla hispana. Dijo que el nombre del juego era sobre graduar la actividad federal por los hispanoparlantes en todas las áreas.

En seguida, el Presidente se dirigió al comité. Su voz era muy seria, distinta de su compostura relajada minutos antes en la Oficina Ovalada. Las minutas de esta reunión del Gabinete están en mi colección privada pero aquí hay una trascripción de las palabras del presidente:

Yo he dicho antes ante esta misma mesa del Gabinete- que no ha habido un suficiente seguimiento por medio de nuestros esfuerzos por los americanos de habla hispana. No ha habido una suficiente presión por medio de los medios, del Congreso y de las comunidades de habla hispana mismas comparadas con las presiones ejercidas por otros grupos minoritarios. En el gobierno solo esos grupos que levantan llamas y amenazas, "Ustedes o hacen algo o nosotros inflaremos el espacio" para llamar la atención. Esto ha sido particularmente cierto durante los sesentas y los setentas. Déjenme ser muy cándido sobre esto. No estoy sugiriendo que cualquier grupo que no ha tenido una igual oportunidad sea revoltoso. No sugerimos que individuos bajo ninguna circunstancia den vueltas y sean muchachos buenos y no se quejen. La realidad política es que ya sean tratados con el Congreso o las agencias federales debemos hacer un gran esfuerzo por rectificar nuestro record.

El Presidente entonces se volvió a mí y comentó que ambos habríamos comenzado desde abajo en el área de Whittier. Hizo alusión a sus días trabajando en los huertos de California, y que él y yo hacíamos bromas sobre quién era el mejor colector de naranja. Yo dije que había colectado cien cajones de naranja por día. El Presidente bromeo: "A usted no le costea trabajar en el Gobierno!" Todos se rieron.

El Presidente se puso muy serio de nuevo y sin humor permeaba el salón mientras continuaba:

Lo que ha pasado aquí es esto: los mexicanos-americanos, puertorriqueños, etc son un importante factor en el impulso de nuestra economía total y considerando lo que pueden hacer, ellos no están haciendo su mejor movimiento en relación con otros grupos.

Esto va a cambiar. Esto puede cambiar si los miembros del Gabinete dejan a un lado su falta de interes. Yo no quiero que esta administración responda a aquellos que solo desgarran el lugar y aprietan los punos. Justamente sucede que en tiempos recientes hemos tenido unas experiencias muy perturbadoras en los Ángeles y otros lugares.

Estoy hablando ahora a la comunidad méxico-estadounidense; porque cuando vivía en Whittier tuve unos nexos muy estrechos con este grupo. Estaban centrados en la familia, gente que obedece la ley. Aunque necesitan atención., la rueda no ha rechinado mucho. Esto tiene que cambiar. Lo debemos a todos los grupos de la sociedad para ver que todos tengan una igual oportunidad, especialmente aquellos que han sido gente que guarda la ley.

Ustedes no han tenido un cabildeo efectivo. Yo le dije a Henry que necesitan cabildear. Lo deberían tener, pero no debemos esperar hasta que se agote el cabildeo. En términos de trabajo, debemos urgir a las agencias el llenar sus cupos de empleo con gente de habla hispana. Tenemos que buscar aperturas-debemos salir y encontrar buenos huecos y llenarlos. Debemos encontrar a los solicitantes-no solicitan porque piensan que no hay esperanza.

Lo que yo quiero es llegar a todos aquellos que no son parte del gobierno y urjirles a todos los grupos minoritarios mujeres, negros, méxico-estadounidenses que usen sus capacidades y que las perfeccionen. No estamos proporcionando oportunidades como un favor para ustedes. Tenemos que conservar estos Estados Unidos competitivos. Nos estamos valorando por encima de los mercados del mundo. Hace veintiún años éramos los primeros en todo-hoy el mundo ha cambiado completamente. Nuestros anteriores enemigos son ahora nuestros mayores competidores en el libre mercado. Los jugadores son nuevos-Europa occidental, Japón, China, La Unión Soviética y potencialmente América Latina y África.

Dentro de veinticinco años a partir de ahora, quien se siente en esta silla estará representado al segundo o tercer país más fuerte a no ser que desarrollemos todos nuestros recursos. Debemos desarrollar nuestros recursos humanos. Yo desearía para cada americano en este país, cualquiera que sea su pasado, que tenga la misma oportunidad de desarrollar sus capacidades. El gobierno debe asumir esta responsabilidad. Un negocio privado no se mueve tan rápido para desarrollar oportunidades. Debemos proporcionar oportunidades no disponibles al presente donde haya una gran necesidad para nuevos talentos.

Los méxico-estadounidenses no tiene esta oportunidad por ahora. Esto va a cambiar o la gente en las oficinas de personal, en cada departamento va a cambiar.

Al llegar a este punto en la reunión, el Presidente se mostró agitado y enojado ante la falta de progreso de la Comisión de Servicio Civil por promover y perfeccionar el empleo de los méxico-estadounidenses. Hizo notar en detalle cómo había ordenado a la Comisión a adoptar el "Programa de 16 Puntos" desarrollados por el Comité del Gabinete con el único propósito de impulsar el empleo de los hispanoparlantes en el gobierno federal. Se le había informado que el "Programa de los 16 Puntos" estaba agendado, pero había sido verdaderamente alucinado al saber que nada absolutamente había sido cumplido. Elevó su voz y señaló a Robert Hampton, jefe de la Comisión de Servicio Civil que estaba sentado al final de la gran mesa oval. El Presidente le leyó acto de disturbio y le advirtió que si el Programa de los 16 Puntos no se adaptaba en adelante en adelante el Presidente tenía que remplazar a Hampton. No es necesario decir que después de esto se tomó una acción.

Entonces el Presidente concluyó:

No hay que esperar hasta que la rueda se rompa o que algo suceda en Los Ángeles. Proporcionen oportunidad hasta que no haya una cintilla de sugerencia de que no solo no somos discriminatorios sino que estamos haciendo movimientos positivos para rectificar la situación. Cada uno tiene una mejor oportunidad en este país para alcanzar un cambio equitativo. En el gobierno, tenemos siempre una más grande oportunidad.

Quiero que Bob le dé seguimiento y Henry también. Es la única forma de trabajar en el futuro. Quiero reportes trimestrales de ambos concernientes al progreso de cada agencia y también sus fallas.

Y el Presidente abandonó la sala.

Para la gente acostumbrada al fuerte liderazgo del Presidente Nixon, estas eran palabras duras aunque no usuales. Él había sido siempre preciso y directo al tratar con los miembros de su personal más cercano y sus consejeros. Esta reunión mostró claramente que el Presidente Nixon tenía una profunda y real preocupación por los problemas y el progreso de los méxico-estadounidenses. Nadie puede sugerir que le estaba haciendo al teatro con el público o la prensa ese día porque no estaban presentes allí. La reunión era privada y no hay necesidad para histrionismos cuando uno habla a ayudantes y consejeros confidenciales. El encanto se queda para la fila de recepción. En la sala del Gabinete tú lo cuentas como es.

Al concluir la reunión del Comité del Gabinete, no obstante, Roberto Finch me llevó a la sala de prensa de la Casa Blanca. No podía creerlo. Desde el escenario reconocí a reporteros sentados en la fila de enfrente-Sarah McClendon, Sam Donaldson y otros frecuentemente vistos en las noticias de la tarde. Sí, Finch me expuso a una conferencia de prensa de la Casa Blanca. La publicidad para el nuevo chamaco en el conjunto fue intensa particularmente en los medios de español de los Estados Unidos, América Latina y España.

Entonces me uní a mi pequeña familia que había sido saludada por el Presidente mientras caminaba del Ala Oeste a su oficina de trabajo en el EOB. Para concluir el día lleno de sorpresas, tuve mi primera reunión con mis consejeros presidenciales.

Finalmente el Presidente Nixon tenía sus patitos formados. Él estaba ahora logrando que la gente correcta llevara a cabo el cambio para los de habla hispana, algo que él había anhelado lograr desde el primer día de su presidencia.

En lo que a mí respecta estaba inspirado con una profunda admiración. En los momentos de soledad después de estas reuniones inaugurales, analizaba su significado y profundas implicaciones, procesando mental y emocionalmente mis observaciones sobre el mismo presidente, analizando el resurgimiento de este nuevo grupo americano y cómo el Presidente había ordenado a su personal asegurar iguales oportunidades para los méxico-estadounidenses. En el gobierno que estaba justamente ahora descubriendo la existencia de este nuevo grupo que gritaba por justicia, reconocimiento e inclusión en la *Res Publica* (esto es latín), el presidente había puesto el poder de la incumbencia a nuestra disposición. Debíamos usarlo con profunda prudencia y enérgica firmeza. Ahora nos habíamos convertido en emisarios oficiales de la visión del Presidente Nixon de incluir a los méxico-estadounidenses y otros latinos en la gran corriente de la vida en los Estados Unidos.

Para mí era ahora el tiempo de tomar decisiones y acción. Ya no era más alguien de a fuera; era alguien que debía actuar, un hacedor. Por este tiempo la Casa Blanca estaba en función de la re elección, así cada una de mis acciones sería evaluada contra el impacto de la re elección. Sí, yo mismo sopesaba mis propios logros y cumplimientos en relación con qué tanto avanzaba la mejor causa mejora de condiciones de vida para la gente de habla hispana.

3. NIXON ORDENA AL DEPARTAMENTO DEL CENSO: CUENTEN A LOS MÉXICO-AMERICANOS

Hay un axioma en el gobierno: "Para contar, hay que ser contado". Antes de 1970, sin embargo, los méxico-estadounidenses no eran contados. Aún era más era ignorado o visto por encima, por consiguiente no "contábamos" en la política. ¿Cómo sucedió que Nixon ordenara que los méxico-estadounidenses fueran incluidos por vez primera en el censo de Estados Unidos de 1970? Este capítulo desenfrena el aguijón de los eventos que conducen a ese mandato presidencial.

El primer esfuerzo de contar a los mexicanos de entre la población de hecho tuvo lugar en el censo de 1930. Este censo contó a los mexicanos nacidos al sur de los Estados Unidos en la frontera con México como perteneciendo a la "raza mexicana". Todo niño méxico-estadounidense nacido en los Estados Unidos de padres que hubieran nacido al Sur de la frontera era también contado como parte de la "raza mexicana".[21]

Sin embargo, este intento fue problemático. Recordar de la Part.I que un totalmente nuevo y diferente grupo de mexicanos, llamados mestizos, se formó después de la conquista de México como resultado de la unión entre mujeres nativas indigenas y hombres europeos. Sus rasgos eran distintos de los mexicanos nativos y de los europeos. Es responsable suponer que los oficiales del gobierno del Buró del Censo del Departamento de Comercio de los Estados Unidos trataron de manera ardua de catalogar a este grupo de gente. Ellos formularon un cuestionario designado a los mestizos como una raza separada, la "raza mexicana". Más aún, la mayoría de los mestizos en los Estados Unidos por ese tiempo eran refugiados que vivían aislados en la pobreza e incapaces de contestar las preguntas del censo en inglés. Es muy probable que el conteo del censo oficial de 1,422.533 de gente de la "raza mexicana" fue muy inexacto.

Además, el gobierno mexicano objetó la designación del uso de "raza mexicana". Este hecho me causa risa-después de que toda la clase gobernante en México eran europeos descendientes de letrados, terratenientes conquistadores, que buscaban ganar la tierra y las riquezas. Evidentemente entre ellos se había minimizado el hecho de que la mayoría de los demás ciudadanos de México eran o mexicanos nativos o mestizos.

Por los 1930, los dominantes letrados y la clase terrateniente en México eran de sangre pura y ellos lo sabían. Eran necesarios los certificados de matrimonio para identificar la pureza de la sangre de cada contrayente

---

[21] El censo de 1930, Census Burean, Department of Commerce, Washington, DC.

para el contrato matrimonial. Sangre mezclada o sangre pura. De ahí que los mexicanos europeos sabían que ellos mismos eran de la raza blanca, aun varios siglos después de la Conquista. Más aún, ellos constituían el gobierno, el mando militar, etc.

En una actitud que agradó al gobierno mexicano, el gobierno de los Estados Unidos dejó de designar a los mexicanos como raza.

El censo de 1940 no contó para nada el número de los mexicanos viviendo en los Estados Unidos ni a sus hijos. En su lugar, el censo de 1940 incluyó a personas de origen o descendencia mexicanos con la racial designación de "blanco", aunque muchos eran indios o mestizos de piel canela, y solo unos cuantos de decendencia europea. Como resultados, porque los méxico-estadounidenses eran contados en la categoría de blancos, no separadamente, se convirtieron en los "americanos olvidados, el pueblo olvidado y la minoría invisible".

Mientras tanto, otros eventos estaban ocurriendo en el país cuando los negros comenzaron a exigir sus derechos civiles. Nosotros méxico-estadounidenses, no obstante, no participamos en el oleaje para asegurar nuestros derechos civiles junto con ellos. Porque no éramos contados ¡no existíamos! Ser contados se convirtió en una necesidad absoluta.

En 1957, el Presidente Eisenhower estableció la Comisión de los Derechos Civiles de los Estados Unidos, dándole autoridad para conducir la investigación, documentar la discriminación y realizar audiencias públicas con el poder de exigir testimonio bajo pena (Subpoena). Los comisionados delegaban autoridad a su personal para realizar estudios, escribir reportes, adquirir testimonios y conducir audiencias sobre discriminación en la educación, vivienda, votación administración de justicia, empleo, bancos, etc. Contra la población negra. La información reunía prácticas de discriminación que se hacían públicas y se sometían al Presidente y al Congreso.

Como resultado de esta extensiva y exhaustiva documentación de extensa discriminación contra los negros, el Acta de Derecho Civil de 1964 fue promulgada, lo que mejoró la habilidad del gobierno de reforzar los Derechos Civiles. Anterior a esto, la Comisión podía solamente estudiar el problema de discriminación. Ahora cada agencia del gobierno podría tener personal y recursos, y nuevas oficinas fueron creadas para los derechos civiles, igual oportunidad de empleo, cumplimiento de los contratos federales, el servicio en las relaciones comunitarias, la desegregación y el derecho de votar. Además, el Congreso aumentó el presupuesto federal para reforzar los derechos civiles.

El gobierno federal había estado reuniendo datos sobre los Blancos y Negros por casi dos siglos desde el primer censo en 1790. Y, a causa del trabajo de la Comisión, había extendido también datos sobre discriminación contra los negros en todo aspecto de la vida en Estados Unidos y en la mayoría de las áreas geográficas.

En 1964, el Presidente Johnson inauguró la Gran Sociedad. El presupuesto federal fue incrementado gradualmente para financiar la "Guerra contra la Pobreza". La distribución de los fondos para los muy pobres se convirtió en primordial interés, y los fondos comenzaron a fluir en toda clase de organizaciones locales recientemente formadas para luchar contra la pobreza. Oficialmente Washington conoció mucho de las condiciones y posiciones de los negros americanos. Los datos mostraron grandes disparidades entre ellos y los americanos europeos, así que muchos de los esfuerzos de la Guerra contra la Pobreza fueron dirigidos a erradicar la pobreza entre los negros.

Sin embargo, Washington estaba ignorando a otro grupo muy pobre: los méxico-estadounidenses. Este grupo no contaba, porque no era contado. Era, de hecho, invisible ya que el censo había decidido que los méxico-estadounidenses pertenecían a la raza blanca. Además, la mayoría de esta "invisible minoría" no varía en Washington o New York, que eran los centros de los medios nacionales, sino en esa bastante lejana región llamada el Suroeste. De esta forma, los medios no miraban su existencia, cuando la notaban, ni si quiera tenían un nombre consistente para el grupo. Unos los llamaban latinos o hispanos o mexicanos y otros aún les llamaban chicanos.

Los descendientes del 1.4 millón de mexicanos contados en 1930 eran ahora ciudadanos de Estados Unidos, más aún eran veteranos de guerras extranjeras. Eran con mucho, méxico-estadounidenses. Pero, en este tiempo, la discriminación contra los méxico-estadounidenses les hacía permanecer pasivos. Incipientes murmullos de protesta eran audibles. Protestas estudiantiles habían ocurrido en el sur de California y pronto reventarían en Texas y Colorado. Los grupos habían protestado. Contra la Comisión de Igualdad del empleo por excluir a los méxico-estadounidenses. Los chicanos habían protestado en Noviembre de 1967 desfilando frente al Hotel Shoreham en Washington. Nosotros chicanos, justamente gente ordinaria, estábamos comenzando a tener conocimiento nacional de nuestra existencia.

Afortunadamente, una agencia tuvo la voluntad y responsabilidad de averiguar sobre este pequeño grupo conocido de americanos. En 1968 la Comisión de los Estados Unidos en Derechos Civiles estableció que la División de Estudios Mexicano-Americanos determinara y documentara la discriminación contra este grupo de gente. La Comisión contrató, a mí un chicano de California, para que fuera jefe de esta nueva división. Jamás se me dijo por qué la Comisión estableció la División de los Estudios Mexicano-Americanos y yo jamás pregunté qué discusiones y decisiones llevaran a su creación, pero debía haber sido incluida en la petición del presupuesto de la Comisión después de los hallazgos de un nuevo campo abierto en la oficina de Los Ángeles causó una agitación en Washington. El liderazgo de la Comisión había sido previamente totalmente desconocedora de los méxico-estadounidenses como lo había sido Washington oficialmente. Pero esto cambiaría. Pero una vez que la Comisión nos encontró, no seríamos más desconocidos.

Alguna vez en los meros comienzos de 1968, la Comisión decidió conducir investigaciones sobre la discriminación contra los méxico-estadounidenses. La División de los Estudios Mexicano-Americanos comenzó sus estudios a mediados de 1968 enfocándose en discriminación en educación. El personal de la Comisión comenzó las investigaciones visitando y entrevistando a los líderes cívicos de la comunidad al Sur de Texas, desde El Paso hasta Brownsville. Los comisionados y el personal aprendieron mucho sobre la discriminación sistemática en educación, empleo, administración de la justicia y vivienda. El recorrido fue exitoso por la extensiva investigación y entrevistas. Esta exploración inicial culminó en una larga semana de audiencias en San Antonio; el reporte de esta audiencia abarcó más de 1000 páginas.

Cuando tomé la posición como jefe de la División de Estudios Mexicanos-Americanos en 1968, deje mi querido amado trabajo enseñando Julio César, Virgilio, Horacio, los filósofos y dramaturgos griegos. Había siempre disfrutado asociar sus pensamientos en las humanidades y el curso de la historia de Europa desde la antigüedad hasta el presente. Para mi nuevo puesto recibí una descripción de mi trabajo y se me dijo lo leyera cuidadosamente había estado enseñado latín, español, literatura americana y humanidades. Fui coach de beisbol y tenis. Ahora, todo de repente, tenía la sobrecogedora responsabilidad de un científico social y de un investigador del que se esperaba hiciera estudios nacionales.

El director del personal William Taylor, me instruyo someter un plan de acción para ser considerada por los Comisionados. Me di cuenta de que la misión de la Comisión era el documentar la discriminación y el negar la igual protección de la ley. Desde la experiencia de mi propia vida, era muy consciente de cómo los méxico-estadounidenses eran discriminados, especialmente en el área de la educación. La tarea hacia adelante era aparentemente tan grande que no podía siquiera imaginar si yo iba a ser capaz de regirla. Como dice el refrán. "En tierra de ciegos, el tuerto es rey".

Conceptualice y designé la investigación para ver qué repercutía en la educación de los estudiantes méxico-estadounidenses desde los grados primeros al doce. Se me dio un presupuesto y la autorización de contratar personal. Inmediatamente entré en acción para reclutar el personal más adecuado y más conocedor; yo busqué a jóvenes, inteligentes graduados de la Universidad cum laude con los antecedentes y el conocimiento personal de los sujetos en la materia. Juntos formulamos cuestionarios para superintendentes, directores y maestros en asuntos que afectaran a los estudiantes méxico-estadounidenses. El gobierno de los Estados Unidos, no tenía, sin embargo, normas para identificar visiblemente a los méxico-estadounidenses. La única vez que hubo identificado a los mexicanos fue en 1930 y eso con una simple pregunta: ¿Dónde nació usted?

Nuestra primera orden del negocio fue crear un identificador: ¿Quién era un estudiante méxico-estadounidense? Definamos a los estudiantes que eran nuestro objetivo como: "personas consideradas en la escuela o comunidad que fueran originarios de México o de Centro América, Cuba, Puerto Rico, América Latina o e habla hispana. Hicimos notar también que a este grupo se le refiere también como: mexicano, hispanoamericanos o latinoamericanos, el uso local varía ampliamente", y que para el propósito del cuestionario, los términos: "méxico-estadounidense y de apellido español americano fuera usado inter cambiablemente". Incluirnos esta definición en la investigación metodológica en el Estudio de la Educación de los méxico-estadounidenses como parte de las instituciones para determinar los grupos étnicos y raciales. Donde quiera que se pidieran los datos étnicos y raciales, las instrucciones visuales sugeridas significan identificación; los individuos no debían ser señalados o cuestionados sobre su linaje racial o étnico de cualquier forma.

Los cuestionarios eran enviados a los educadores en Arizona California, Colorado, Nuevo México y Texas durante la primavera de 1969, con instrucciones para su regreso para Mayo 9. La tasa de respuesta fue muy alta. Estuvimos profundamente sorprendidos y dimos la bienvenida a este resultado. No sé por qué fue tan alto, pero tal vez sirvió nuestro protocolo. Mi jefe, Eunice

Grier, y yo visitamos a cada superintendente de las escuelas en los cinco estados del estudió. Explicamos el propósito del estudio, sus hipótesis, su metodología y programa y sus posibles beneficios. Les pedimos que escribieran una carta personal a cada una de las escuelas de la superintendencia para encomendar su participación. Aproximadamente 99 por ciento de las formas del distrito y 95 por ciento de las formas de las escuelas fueron regresadas. Arizona tuvo un índice de respuesta de 100 por ciento otros estados no respondieron: Houston Independent School District (estaba involucrado en una denuncia penal por ese tiempo); Silver City District en Nuevo México; el distrito de Lucía Mar y Ringsbiry, California y North Conejos, Colorado.

Es altamente significativo que casi todos los miles de cuestionarios fueron regresados. El estudio puede ser considerado ahora como un censo de los estudiantes en el Suroeste en 1969. Esta fue la primera vez en la historia que tantos méxico-estadounidenses (1.4 millón de estudiantes de los grados primero al doceavo) fueron contados. La División de los Estudios Mexicano-Americanos de los Estados Unidos de la Comisión de los Derechos Civiles había llevado a cabo lo que ninguna otra entidad en el gobierno federal los había hecho. ¡Los méxico-estadounidenses ya no eran más una invisible minoría! En 1930, unos 40 años antes, los méxico-estadounidenses fueron contados por vez primera. En este Estudio de Educación Mexicano-Americanos, los méxico-estadounidenses fueron científicamente contados de nuevo. Aunque solo un fragmento del grupo, ya que el estudio solo consideró a los estudiantes del primer al duodécimo grado y solo en cinco estados.

En otro paso más adelante me encontré con León Panetta director del Departamento de los Estados

Unidos, de Salud, Educación y Bienestar de la Oficina de los Derechos Humanos, para discutir cómo esta oficina podría usar mi identificador sobre quién es méxico-estadounidense. Entonces él lo usó para contar a los méxico-estadounidenses en todas las escuelas de primaria y secundaria en Estados Unidos.

Pero un posterior paso gigante para cambiar a los méxico-estadounidenses de ser invisibles tenía que venir.

Una elección nacional había producido a un presidente que era de California. El sabía quiénes eran los méxico-estadounidenses. Había crecido en medio de ellos y había ido a la escuela con ellos. Había trabajado como un pobre anglo con ellos recolectando cosechas en los campos y huertas. Donde los méxico-estadounidenses eran un grupo invisible para la mayoría de los europeo-americanos que verían en la mayoría parte del país (e.d., en el Sur, Medio oeste y, por supuesto, en el Noreste desde Maine hasta la línea del Masón-Dixon). Los méxico-estadounidenses en el Sureste eran muy bien conocidos por el Presidente Nixon como compañeros americanos.

Recordar de la Parte Segunda, Capitulo primero que Martín Castillo, diputado director de la Comisión de Derechos Civiles de Estados Unidos, había adoptado mi oficina también como su oficina. Como resultado, tuve la primera oportunidad de tutorear al "máximo mexicano de Washington, el Honorable Martín Castillo". Castillo se reportó al presidente Nixon. Tenía conexiones. Así que decidí que se aproximara al Presidente con una acción altamente urgente y necesitada: Cuente a los mexicanos en el censo de 1970.

El más grande obstáculo y batalla en lograr que los méxico-estadounidenses fueran contados esperaba en el Buró del censo. Por ese tiempo, el Buró había ya finalizado las formas del censo de 1970, y, por supuesto los oficiales del Buró no tenían planes para contar a los méxico-estadounidenses. ¡Nada nuevo en ello! No nos habían contado cuarenta años. Así que ¿por qué comenzar ahora? Poco conocían ellos hasta qué punto las cosas habían cambiado.

Ahora teníamos a un presidente que conocía y apreciaba a los méxico-estadounidenses. Capitalizando este hecho, les di energía a mis aliados y urgí a Martín Castillo que tomara el liderazgo para que fuéramos contados. ¡Ahora era el tiempo para la acción! Con los avances en los derechos civiles para las minorías y habiendo gastado millones de dólares en la Guerra contra la pobreza, ya no podíamos esperar más en convertirnos en participantes visibles en la comunidad nacional. Pero solo la acción presidencial cambiaría los planes del Buró. Martín comprendió y entró en acción para lograr que el Presidente ordenara al Buró del Censo que nos contaron.

La historia ahora reporta: el Presidente Nixon terminó la práctica del olvido. En 1969, aunque el Buró del Censo ya había impreso los cuestionarios para el censo de 1970, el Presidente, no obstante, le ordenó al Buró contar a los méxico-estadounidenses y lo hicieron. Como resultado, cerca de nueve millones de americanos de origen mexicano o sus descendientes (así como nuestros compañeros de origen hispanoparlante o descendientes), se volvieron "visibles". Así Nixon terminó que le aplicaran a los méxico-estadounidenses el axioma: "Si ustedes no son contados, no cuentan".

4. NIXON ORDENA LLEGAR A LOS MÉXICO-AMERICANOS

Para preparar las entrevistas de trabajo, desarrollé el hábito de escribir lo que haría en el nuevo trabajo. Antes en 1964 cuando era entrevistado para un cargo en mi posición de docente en la preparatoria de Whitier, California, el director Seabron Nolín me preguntó cómo iba a ayudar a los estudiantes a mejorar su educación. Como anticipación de esta interrogación, yo había escrito un plan detallado durante el verano antes de empezar el año escolar para cambios fundamentales en la forma en que debería manejarse una preparatoria. El plan se llamaba empezar un club original, con el nombre de Nuevos Horizontes. Una vez que obtuve el trabajo, revisé los expedientes de los alumnos, predominantemente mexicanos y seleccioné 100 no adelantados pero estudiantes con gran potencial para este esfuerzo extra curricular para mejorar sus resultados académicos. Era necesario medir el mejoramiento en la educación de los estudiantes seleccionados para saber si mi nueva posición tenía éxito. La visión que había delineado durante el verano incluía la medición de cinco resultados de la educación antes y después del programa (lectura, asistencia diaria a la escuela, buenas calificaciones, participación en actividades extracurriculares y la graduación). Los resultados mostraron que el programa Nuevos Horizontes era altamente exitoso y beneficiaba en gran manera a los estudiantes. Todas las siete escuelas de las preparatorias en el Distrito de Whittier Unión lo habían incorporado a sus escuelas y el 16 de Septiembre de 2014 en el cincuenta aniversario del programa se celebró con fanfarria desde los legisladores del estado de California, los alcaldes locales y los oficiales de las mesas directivas.

De igual modo, a principios de 1968, William Taylor director ejecutivo de la Comisión de Estados Unidos de los Derechos Civiles, me preguntó que me proponía hacer como jefe de la División de los Estudios Mexicano-Americanos. Yo contesté: "Yo sé cómo las escuelas en el Sur de California discriminan a los chicanos. Necesitamos documentar si esa situación también existe en el resto del suroeste y hacer recomendaciones al Congreso y al Presidente como hacer cambiar esto con las leyes disponibles o nuevas".

Entonces, en el momento crítico de mi reunión con el presidente Nixon en la Oficina Oval, estaba listo cuando me preguntó cómo pensaba que él podría obtener el quience por ciento del voto de los méxico-estadounidenses. El hizo señas golpeando con sus manos y levantó sus ojos en busca de una respuesta. Recordar la Parte II capítulo 2 en que yo le había entregado una tarjetita index con cinco ideas escritas a máquina. Los cinco temas de acción en esa tarjeta index sintetizaban mi visión de lo que haría como jefe del Comité del Gabinete sobre las Oportunidades para la gente de habla hispana (CCOSS) pero solo que él lo ordenara. Y lo hizo. El Presidente Nixon dio órdenes de ejecutar mis cinco visiones. ¡Que maravilla! ¡Estupendo! Que yo uno de los de abajo pudiera influenciar las initiativas de un presidente.

Uno de los asuntos de las cinco visiones en la tarjeta fue sobre las conferencias regionales. ¿Por qué conferencias regional?

Es mi mezcla de experiencias, estudios y viajes me dieron un fundamento para conceptualizar mis objetivos y metodologías para trasformar las actividades, en este caso trasformar a la nación para incluir a la gente de habla hispana en su corriente dominante a nivel local. En la Oficina Oval había enfatizado el hecho de que el Gobierno de Estados Unidos tiende a asumir los hábitos y carácter de las regiones en que funciona.

Así, para alcanzar a los cubanos, puertorriqueños de tierra firme y méxico-estadounidenses, teníamos que visitarlos donde ellos viven, habría que hacer cambios a nivel local. Un gobierno que procede amigablemente los alcanza y no hace a la gente venir a Washington por alivio.

El Presidente Nixon estaba trabajando sobre la misma idea, quería que los servicios del gobierno estuvieran disponibles a nivel local, así reorganizó las mayores agencias federales en oficinas regionales para acercar más al gobierno en lugar del distante Washington, D.C. En enero de 1971, dirigió a los directores federales regionales (o representantes) a las mayores agencias para que se volvieran estas en Consejos Federales Regionales. Posteriormente en febrero de 1972, por la orden Ejecutiva 11647, el Presidente Nixon incluyó más agencias y más adelante definió la autoridad que se les daba a los diez Consejos Federales Regionales. A los directores regionales se les delegaron autoridad para emplear y contratar los servicios y productos. En su lugar, los diez Consejos Federales Regionales fueron subdivididos en Oficinas Federales Distritales, y a éstas, también se les delegó autoridad para emplear y hacer contratos para servicios y productos.

En la tarjeta index que le había entregado al Presidente Nixon, le había escrito que tendríamos reuniones de alto nivel del gobierno en los centros regionales federales (conferencias regionales) para promover nuestros objetivos a nivel local. Ahora era el momento oportuno para realizar cambios cerca de donde vivía la gente. Ahora era el momento histórico para que el gobierno federal pudiera llegar a las comunidades de habla hispana donde vivían en el sudoeste, medio oeste, noreste y sureste. Los hispano-parlantes ya no permanecerían más como un grupo olvidado. El Presidente Nixon verbalizó su propia visión en la reunión privada que tuvo conmigo y también en la primera reunión de la CCOSSP y pronunció claramente los resultados que quería. Nos dio órdenes para proceder y autoridad por medio de su Consejero, Robert Finch. ¿Qué tan cercanos podíamos estar del poder real?

Pero había un gran obstáculo que había que remover para que las conferencias regionales pudieran planearse y comenzar: era la promesa presidencial de una conferencia de la Casa Blanca sobre los asuntos de los méxico-estadounidenses. Durante su campaña electoral, Richard Nixon prometió sostener tal conferencia y no había cumplido. En la Casa Blanca no sabía cómo cumplir. Yo recomendé que la conferencia de la Casa Blanca fuere reemplazada por conferencias regionales. El Dr. George

Grassmuck asistente del consejero presidencial Robert Finch, Tony Rodríguez (director ejecutivo del CCOSSP), y yo nos reunimos en Agosto 18 de 1971. Quedamos de acuerdo en que las conferencias regionales tomaran el lugar de la Conferencia de la Casa Blanca que el Presidente Nixon había prometido en su primera campaña para la elección presidencial. La mayoría de las promesas de la campaña presidencial de menor importancia son pronto olvidadas. Esta promesa tenía un uso latente como negativo en una campaña de reelección. Pero la idea de reuniones regionales del gobierno de Estados Unidos cerca del hogar era mejor, sobrepasando con mucho en importancia a la conferencia de la Casa Blanca. Mi recomendación de Conferencias Regionales con impetus presidencial gano el día.

Otro obstáculo fue vencer los estereotipos negativos. Cuando me encontré con gente del gobierno con quien yo y mi personal trabajamos, ellos me dieron la distinta impresión que ellos aún nos veían través de los lentes de los estereotipos de Hollywood. Hollywood había inventado una casta de personajes mexicanos que demostraban la ineptitud de vida inferior ropa decrepita, pobre dicción desagradable y semblante moreno. Los personajes eran desalineados, feos, chimuelos e iletrados. Eran asaltantes, campesinos, amorosos latínos inclinados al sexo, o dictadores que escupían involuntariamente. Estaban pobremente armados, torpes matones, que jineteaban para la batalla en reacios mulas y burros. Y, oh sí, no podían usar armas con tino certero. Solo los europeos americanos como John Wayne podían atravesar a dos de ellos con una sola bala.

Aún el personal del presidente era todavía desconocedor de los asuntos de la gente de habla hispana. La verdad es que no eran diferentes en sus actitudes hacía

nosotros, como el personal que había estado bajo
Kennedy o Johnson. Supe por conversaciones en mi
oficina con Matin Castillo cómo justamente encontró lo
mal informado que estaba el personal de la Casa Blanca.

Encontré un memorandum en la sección de los
materiales de Nixon en los Archivos Nacionales sobre los
programas de la gente de habla hispana, con fecha
Octubre 17 de 1970. Fue escrito por el Dr. George
Grassmuck, profesor de la Universidad de Michigan, en
residencia en la Casa Blanca, y asistente del Consejero
Finch, dirigido al asistente especial de la Casa Blanca
sobre asuntos de los negros, Robert Brown.[22] ¿Qué?
¿Robert Brown era responsable de los americanos-negros,
y aun así estaba recibiendo memos sobre programas para
los méxico-estadounidenses? Los contenidos exponían la
mentalidad regresiva en la Casa Blanca que existían antes
que el presidente Nixon, quien de forma vehemente hizo
saber que él quería que los méxico-estadounidenses
compartieron en el bienestar de este país, antes de que yo
presentara mis cinco visiones.

Aunque la tarea parecía casi insuperable, yo estaba
firmemente arraigado en mi visión de trasformar al país
que nos incluyera. El presidente había hablado, y el
partido leal demandaba adherirse a su política. Él había
bromeado que sería nuestro trabajo, suyo y mío, de
destruir el muro invisible de discriminación que los
americanos europeos habían levantado en el sudoeste
contra los méxico-estadounidenses. Yo me sentía
optimista. Solo el Presidente me podía despedir si yo
arremetiera esta ardua tarea. ¡Y sí que era ardua! Yo sabía

---

[22] Robert H. Finch a Robert Brown, memorándum, 17 octubre 1970.
"Administration Programs for Spanish-Speaking Peoples (P599)".
National Archives, Adelphi, MD, FO 12958-4-3-08.

el sacrificio personal que demandaba de un visionario en relación con mis anteriores esfuerzos para transformar el sistema educativo en el Distrito de las preparatorias de Whittier. Era una cuesta arriba con pocas mesetas (Con frecuencia sentía que el Bolero de Ravel hubiera sido un buen acompañamiento para mis cruzadas). El Presidente me había preguntado qué tanto tiempo pasaría o se necesitaría para hacer los cambios necesarios. Yo le había respondido: "Una generación"

Pero paso a paso, fuimos progresando. El plan para las primeras reuniones del Concilio Regional para la gente de habla hispana rápido tuvo una alta prioridad. Como un paso inicial, temprano en mi titularidad como jefe, revisé y exploré la necesidad esencial para obtener datos étnicos. Le recordé a mi personal que Washington solo nos conocía como miembros de la raza blanca. La Casa Blanca, el Congreso, la prensa, el grupo de expertos y fundaciones no nos conocían como méxico-estadounidenses. Le aconseje a mi personal que nos estábamos embarcando a un viaje completamente nuevo. Íbamos a obligar a la burocracia a contar cuántos de nosotros éramos empleados por el gobierno porque el Presidente ordenó que el conteo fuera hecho por la etnicidad, no por el color, bajo nuestra autoridad. Advertí a mi personal que los secretarios asistentes tenían que levantar la lumbre, y les urgí que usaran tácticas pasadas, pero les dije que procedieran y no se preocuparan, que estarían respaldados. Los secretarios asistentes prendieron fuego pero mi personal realizó el trabajo.

Mi personal y yo diseñamos dos proyectos. El primero: "el proyecto Azul" que fue creado para los cuarteles federales en Washington, para éste instruí a mi personal preparar cuestionarios que pidieran un conteo étnico y racional de todos los empleados en cada agencia, así como un conteo de todos los contratos concedidos por raza y etnicidad. También tenía que desarrollar planes de acción con programas, metas y objetivos para asegurar que el nuevo grupo étnico reconocido consiguiera trabajos y recursos federales en igualdad con otros. Se requerían también reportes cada tres meses.

Junto con el Proyecto Azul estaba el "Proyecto Alfa", desarrollado para las oficinas regionales. Este fue el esfuerzo más comprensivo que jamás se haya iniciado a un nivel local para evaluar lo que se había realizado para los de habla hispana. Cuando los representantes del Presidente visitaban una región, cada director regional (RD) debía presentar los hallazgos y programas como preparación para lanzar las visitas y reportes. A los directores regionales (RDS) se les instruyó para:

1. Comunicar efectivamente la genuina preocupación del Presidente a los oficiales de la federación y a los líderes de la comunidad regional.

2. Desarrollar planes de acción con objetivos y programas para asegurar la participación de los de habla hispana en cada uno de los programas de empleo de región, el cumplimiento de los contratos y su procuración.

3. Adquirir dinero discrecional para fondos de programas con alta visibilidad e impacto en las comunidades de habla hispana.

4. Manejar colección de datos, recuperación y análisis para una evaluación comprehensiva de la

entrega de los servicios a los americanos de habla hispana.

Con el desarrollo de equipos de trabajo, programas, metas y objetivos anticiparíamos que nosotros significativamente influenciaríamos al gobierno federal para que asistiera a los de habla hispana durante los próximo cinco años.

Mi visión era que teníamos que contar la participación de hispanoparlantes en todas las funciones que el gobierno federal regulaba (trenes y aviones, los bancos, y etc.). Por supuesto, el asunto entero de determinar quién era la persona de habla hispana, un americano de apellido hispano, un chicano, un méxico-estadounidense, el puertorriqueño del territorio continental, cubano, latino, latino-americano, centro-americano, hispano, o hispánico era un rompecabezas. Parecía prudente aceptar que la gente responsable encontraría desventajas en el conteo.

La llegada de las computadoras ayudó en gran modo, los datos estadísticos relativos a los méxico-estadounidenses y otros americanos de habla hispana comenzaron a crecer haciendo a los desconocidos, conocidos. Hay que recordar que en los censos antes del censo de 1970, los méxico-estadounidenses eran contados como blancos. Esto significa que a diferencia de los negros, que podían probar su discriminación con los resultados del censo que mostraban desigualdad a lo largo de todos los campos de la vida, los de habla hispana que no existía en los datos antes de 1970, no podían. Nadie tenía datos sobre las desigualdades en nuestras vidas, como lo expliqué en el capítulo anterior.

Como jefe de la CCOSSP, extendí los datos exponencialmente de la gente de habla hispana. A todas las agencias federales se les requiero contar a los méxico-estadounidenses, los puertorriqueños del territorio continental, cubanos y otros latinos por su etnicidad y por el valor en dólares de los contratos emitidos y de las subvenciones expedidas. El conteo por etnicidad en el gobierno federal comenzó en sus oficinas regionales.

La presencia de méxico-estadounidenses, puertorriqueños del territorio continental, cubanos y otros latinos en el ejército también fueron computarizados. A partir de allí habría una circunstancia favorable para saber, por ejemplo, cuántos méxico-estadounidenses coroneles y capitanes estaban en servició activo y listos para ser promovidos a general o almirantes y cuántos habían sido promovidos.

De hecho, yo hice esta misma pregunta cuando descubrí que muchos negros habían sido elevados al rango general. Robert Brown especial asistente en la Casa Blanca para asuntos de los negros, se había gloriado con orgullo que en el primer término de Presidente Nixon se había incrementado el número de áfrico-americano general y almirante de dos a catorce. Así que cuando la respuesta a mi pregunta se convirtió en cero, me quejé con el Presidente. Su respuesta fue rápida: "Ve y haz uno".

Llamé a la conexión militar de la Casa Blanca y le informé de la orden del Presidente. Le dije: "Queremos el mejor coronel que ahora este en servicio". Encontraron al Coronel Richard Cavazos, y rápido se convirtió en el primer general méxico-estadounidense.

Varios años después, en un viaje de negocios a la Ciudad de México en 1976, visité a mi amigo, el Embajador Joe Jova. Encontré a un general de una estrella en el pasillo fuera de la oficina de Joe. El general me dio un abrazo fuerte, sincero, al mismo tiempo que derramaba algunas lágrimas en mí hombro. Cuando lo miré en forma interrogadora, él orgullosamente apunto a su estrella y dijo: "Gracias, yo soy al que escogieron". Se retiró como general de cuatro estrellas. El Pentágono pudo promover a negros en el primer término presidencial porque conocían el nombre de los coroneles y capitanes áfrico-americanos clasificados. Ahora podían hacer lo mismo con los méxico-estadounidenses.

Una vez que comenzó el conteo, gente de otras áreas del gobierno también comenzaron a poner interés en la minoría antes desconocida. Por ejemplo, en mayo de 1972, recibí un memo de un oficial de la Casa Blanca, Tony Me Donald. El memo contenía una lista de los militares, los soldados hispanoparlantes a quienes se les había conferido la medalla más alta en honor por su valentía en guerra, La Medalla. El Departamento de los Asuntos de los Veteranos de Estados Unidos había indagado sobre los apellidos y se hizo una lista de veintiséis de apellido español que habían recibido la Medalla de Honor. Once habían combatido en la "II Guerra Mundial", siete eran de la Guerra de Corea y ocho habían servido en Vietnam. ¡Qué gran descubrimiento! Si el lugar de residencia define el origen étnico, entonces cinco eran puertorriqueños y de los otros veinte, uno méxico-estadounidense. Once de ellos habían muerto entre los años de 1943-1945; es altamente probable que habían nacido en México y eran ilegales. Qué bueno que su ultra-bravo patriotismo había sido conocido y honrado.[23]

Mientras tanto, el Consejero Finch estaba reclutando un grupo de funcionarios de alto nivel para planear e implementar visitas a seis de los diez Consejeros

---

[23] Tony McDonald a Henry Ramirez, memorándum, 12 mayo 1972, "Spanish Speaking Medal of Honor Winners".

Regionales Federales. Los seis Consejos regionales elegidos todos estaban colocados cerca de poblaciones de habla hispana: Nueva York, Atlanta, Chicago; Dallas, Denver y San Francisco. El presidente Nixon ya había asignado a Finch su querido amigo y ex lugarteniente gobernador de California y ex secretario del Departamento de Estados Unidos de Salud, Educación y Bienestar (HEW) en su puesto de Consejero encargado de todos los asuntos que afectaban a los hispanoparlantes. Fue un instrumento particularmente clave para reorientar a las oficinas regionales con el fine de contar e incluir a los de habla hispana.

El equipo que Finch organizó incluía representantes de alto nivel del Gabinete y personal de la Oficina de Gerencia y Presupuesto de todo el Gobierno, Office of Management and Budget (OMB). Finch también incluyo a Frank C. Carlucci, director de la poderosa agencia, OMB. Frank Carlucci organizó y dirigió a los directores regionales para avanzar el énfasis especial del Presidente en los programas para los hispanoparlantes, emitió memorándums para los respectivos jefes de los consejos regionales federales designados, encargándoles que cumplieran con la implementación de los programas regionales de los hispanoparlantes. Las agencias individuales respondieron con propuestas de proyectos para los fondos y reportaron cómo habían utilizado el consejo de los representantes de las diversas comunidades de habla hispana de los estados que recibían servicios de las oficinas regionales redactando planes finales de acción. Carlucci era el jefe poderoso de estas initiativas.

La coordinadora de todos los Consejos Federales Regionales fue la cercana amiga del Presidente y aliada política desde su primera campaña, Patricia Reilly Hitt, Secretaria asistente del HEW. En Washington, sin embargo, los meros títulos no reflejan el poder real que el de aquellos que está conectado a las fuentes que pueden ejercer dónde y cuándo es necesario. La Secretaria Asistente Patricia Hitt estaba ciertamente bien conectada a un admirable centro de poder e influencia. Estaba muy cercana a sus mentores, Finch y Nixon. De hecho, como originaria de Whittier, California, ella y su esposo pertenecían al pequeño círculo que lanzó la carrera política de Nixon. Ella si sostenía voz fuerte en todo.

Figura 4. Consejero Finch, Secretario asistente Patricia Hitt, jefe del Comité Henry M. Ramírez y otros recibieron una orientación sobre el procedimiento par a las presentaciones del director regional de la agencia sobre cómo debían implementar las órdenes del Presidente. *(Colección personal de Henry M Ramírez)*

Los directores generales se reunieron con el Consejero Finch, secretarios asistentes, y conmigo para reportar su progreso en relación con los metas y objetivos puestos por el Presidente (Figura 4). Fue muy gratificante observar que sus datos sobre los contratos y el personal incluyo también al personal con apellido hispano. ¡Que progreso! Por fin en el 1971 fuimos contados en los niveles regional y local por vez primera. Por vez primera en la historia, el gobierno federal estaba enfocándose en este nuevo y emergente grupo de americanos, de apellido español. Las oficinas regionales podían ahora usar datos demográficos sobre las poblaciones de apellido hispano en los estados que ellos servían al analizar los resultados del censo de 1970. Las agencias también ahora sabían dónde vivía este nuevo grupo y cuántos eran, así podrían entregar programas cuando se necesitara.

La primera junta de la conferencia regional tuvo lugar en Chicago en octubre 14 y 15 de 1971. Pude haber elegido San Francisco, Dallas, Denver, Atlanta, o Nueva York, pero mi primera elección fue el medio oeste.

Mi motivo fue dirigirme a los mexicanos que vivían en el Medio Oeste, que no solo todavía eran invisibles sino también muy desconocidos. Difícilmente se sabía que existieran, ¡Ni siquiera habían tenido la experiencia de ser olvidados! Pero más de un millón de americanos con apellido hispano vivían en Illinois, Indiana, Michigan Minnesota, Ohio, Wisconsin, Nebraska, y Kansas (estados servidos por las oficinas de la Región V). Los puertorriqueños vivían en el norte de Chicago. Los méxico-estadounidenses estaban esparcidos en lugares rurales, urbanos y suburbanos.

Es preciso saber que en el 1914 hasta 1930 había desorden, ausencia de ley, y sangrienta persecución religiosa en México. Muchos mexicanos inocentes y desafortunados sufrieron bajo las estrategias marxistas la guerra del gobierno y su ejército contra la Iglesia católica y el asesinato de sus fieles. Familias jóvenes dejaron sus primitivas y rurales condiciones de vida (primeramente de los estados de Guanajuato, Michoacán, Zacatecas, Aguascalientes, Durango, Jalisco y Querétaro en el centro de México, un área conocida como el Bajío) para asentarse no solo en el suroeste de Estados Unidos sino también en Chicago y en el oeste medio.

El historiador José Rojas Garcidueñas, quien había crecido con mis padres en Salamanca, Guanajuato, fue testigo del éxodo de los refugiados en la ciudad. En su libro *"Salamanca, recuerdos de mi tierra guanajuatense"*, él escribió: Los pobres refugiados se fueron a California o al oeste medio. La clase media y los profesionales huyeron a San Antonio Texas o lugares semejantes en los Estados Unidos o a la ciudad de México. La gente pudiente y terrateniente se fueron a Europa.[24]

Esos pobres refugiados, el escribió, solían ser indigentes, iletrados, campesinos mestizos sin tierra; por ese tiempo, muchos de ellos eran parejas jóvenes recién casados con niños pequeños. Para ellos los vagones del tren de carga con frecuencia les proveían su escape hacía el norte. Las vías del tren eran usadas por los revolucionarios para trasportar caballos, armas y material de guerra de los Estados Unidos a las secciones guerreras del país, incluyendo el Bajío. En su regreso a los Estados Unidos por más implementos, los trenes se paraban para cargar agua para sus máquinas de vapor, y los pobres refugiados se subían a bordo de los vagones de carga vacíos para su viaje hacia el norte. Por supuesto unos pocos refugiados que podían pagar su boleto viajaban en vagones de pasajeros, pero los campesinos mestizos no tenían dinero.

Cruzar a los Estados Unidos no era gran problema, y una vez allí los pobres mexicanos exiliados encontraban contratadores en las ciudades de la frontera tratando de

---

[24] José Rojas Garcidueñas: Salamanca, recuerdos de mi tierra guanajuatense (México, Editorial Porrua, S.A. 1982), p. 13.

atraerlos diligentemente a la floreciente industria de los cítricos en California o a los prósperos Grandes Lagos. Agentes de trabajo procesaban decenas de miles de trabajadores y los colocaban en trenes con dinero para viajar a sus nuevos trabajos. Las familias se separaban ya que algunos de sus miembros escogían el medio oeste en lugar del oeste. Personalmente conocí a familias en Pomona, California, cuyos primos y tíos se había separado después de cruzar la frontera. Los trenes Topeka y Santa Fe trasportaban trabajadores de El Paso, Texas a Emporia, Kansas y, desde ahí, los trabajadores, decidían: California, Chicago o algún otro lugar.

Pero desde la perspectiva del CCOSSP en 1971, nos dimos cuenta que estábamos tratando con los hijos de esos refugiados mexicanos de la Diaspora Mexicana. Ellos habían nacido en la generación de la Primera Guerra Mundial y muchos sirvieron en la Segunda Guerra Mundial. Ahora tenían una edad promedio, educada, bilingüe, casados, con sus propias familias y demandaban ser incluidos en el Sueño Americano. Mientras que sus padres mestizos refugiados habían nacido y crecido en una sociedad feudal-es decir, en haciendas o rancherías donde los mayordomos y dueños era criollos (leal a su "Madre Patria, espana); Los veteranos de las guerras regresaban y continuaban su educación pagado con becas del "Gl Bill". La educación les consiguio vivir en una sociedad capitalista. El español se había convertido en su segunda lengua. Yo soy un ejemplo al haber perdido la fluidez en español. Tuve que pasar el verano de 1951 en México tratando de adquirir la fluidez y la destreza de hablar y entender el español. Sabia bien como leerlo y escribirlo.

Al planear la Conferencia regional de Chicago me di cuenta que no tenía un conocimiento personal de quién era quién entre los líderes hispanos del medio oeste, así que contrate a Roy Fuentes, uno del medio oeste desde hacía tiempo. Roy era un educador de Michigan involucrado en el movimiento de los derechos civiles. En el medio oeste él conocía a los líderes méxico-estadounidenses y organizadores de la comunidad de forma personal. Se convirtió en nuestro embajador para y de las comunidades méxico-estadounidenses del medio oeste. La comunidad puertorriqueña estaba representada por un muy bien reconocido ministro con quien yo había trabajado en anteriores eventos, pero cuyo nombre no recuerdo ahora.

A principios de Sep. 1971, en preparación para la reunión de la conferencia regional de Chicago, agencias, miembros de la CCOSSP enviaron a personal entrenando a Chicago para enseñar a los miembros de las organizaciones comunitarias como solicitar las subvenciones del gobierno y cómo llevar a cabo los contratos federales y conocer las regulaciones.

Justamente antes de la reunión emitimos un comunicado de prensa con fecha 12 de Octubre de 1971: "El jefe del Comité y los Oficiales de la Casa Blanca se reunieron en Chicago con los líderes de la comunidad de habla hispana de seis estados", se subtituló "Una delegación de Washington presenta demandas de los líderes de la Comunidad a los Directores Regionales de 7 agencias federales", mientras uno de sus extractos hacía notar. El Sr. Ramírez ha enfatizado que él y el Consejero Finch arreglaron el viaje a petición del Presidente para discutir los problemas del gobierno federal para aliviar y eliminar los problemas de los de habla hispana.

A pesar de nuestros mejores esfuerzos y planes, sin embargo, el viaje a Chicago se encontró con un inicio rocoso: la tarde anterior a la conferencia regional, los líderes de la comunidad fueron invitados a reunirse con representantes personales del Presidente Nixon para discutir sus preocupaciones. La reunión fue por vez primera algo que como esto no había sucedido en Chicago. Desafortunadamente, los líderes llegaron un poco achispados y beligerantes. Desatendiendo el interés y el propósito de la reunión, usaron lenguaje rudo, algunos ademanes negativos y un comportamiento inaceptable. Después se me dijo que habían sido leales "al" alcalde.

Ese alcalde de Chicago, Daley, tenía mucha fama. Se le hacía su voluntad en todo. Era muy corrupto.

No obstante, una reunión productiva de cierta duración tuvo lugar al día siguiente con todos los directores de la agencia federal, miembros del Consejo Regional Federal. Los reportes de cada agencia mostraron que estaban incluyendo a méxico-estadounidenses, puertorriqueños y alcanzando los servicios del gobierno. Después esa misma tarde el Consejo Federal Regional fue anfitrión de una gran recepción a la que asistían muchos y fue muy buena.

Por encima de todo la Conferencia Regional de Chicago fue altamente exitosa (Figura 5). Gracias al trabajo diligente del gobierno que concedió y contrató especialistas que había obtenido por vez primera y mostró a los grupos comunitarios cómo solicitar las concesiones relacionadas con la educación, la capacitación, vivienda y más, cerca de 75 millones fueron donados a las organizaciones de habla hispana que nunca habían participado antes en los programas gubernamentales.

Figura 5. Una pequeña parte de la multitud de méxico-estadounidenses y líderes puertorriqueños del continente en la primera conferencia regional en Chicago de once agencias federales apareó el Consejero Finch en la esquina. *(Colección personal de Henry M. Ramírez)*

Posteriores beneficios y resultados de nuestra conferencia regional manifestaron por sí mismos a su tiempo por medio de profundas sistemáticas mejoras. Algunas mejoras se realizaron al contar por vez primera cómo mucho dinero fue concedido en contratos y concesiones a los méxico-estadounidenses y puertorriqueños. Precisamente como algo significativo, el número de méxico-estadounidenses y puertorriqueños empleados en las agencias federales regionales se estableció por vez primera y fue de una gran importancia que los méxico-estadounidenses y puertorriqueños del medio oeste fueran incluidos en los servicios próximos del gobierno federal. Que un Presidente Republicano estuviera dirigiendo el show era, para mí, absolutamente irrelevante.

A pesar de nuestro éxito, sin embargo, la Conferencia en Chicago me mostro como los medios de comunicaciones trabajaban concernientes al Presidente Nixon. Chicago era una central ciudad de los medios. Operaba bajo la regla de hierro del gran jefe Demócrata el Alcalde Richard J. Daley. Mientras que los medios hispanos asumían su trabajo de una forma muy positiva e informativa, los medios en inglés manifestaban su tradicionalmente liberal e inclinación pro Demócrata. Buscaban ángulos y fraseología para prestar información con prejuicios a su público.

Yo di una entrevista de media hora en español a la TV "Diga amigo", que estuvo muy bien. En contraste en Octubre 14 de 1971 ABC Eyewitness News puso al aire este reporte por Fahey Flynn: "Un Comité de los Estados Unidos del Departamento de Salud, Educación y Bienestar visitó esta tarde una casa de asentamiento de la gente pobre en Chicago de la comunidad de habla hispana... pero hubo una cierta resistencia impidiendo permitir el cubrir las noticias. Frank Agraz reporta: La Casa Aztlán fue uno de los lugares visitados hoy por el Consejero Presidencial Robert Finch, el Dr. Henry Valmedes jefe del Comité del Gabinete sobre Oportunidades para los de habla hispana" y el recientemente nombrado director regional de HEW, Richard Friedman. Aun cuando las emisiones de la prensa monitorearon la visita a Chicago, existió una inexplicable vacilación de permitir al Canal Siete News filmar la vista panorámica. La directora de casa Aztlan, Molly Cabildo, aunque feliz de mostrar el edificio de tres pisos iluminado y pintado, jamás se presentó para preguntar por qué el grupo estaba allí y nadie se lo dijo a ella. El tour y algunas reuniones de esta noche con líderes de la comunidad latino-americanos fueron descritas por una emisión de noticias como la primera de una serie de Conferencias en siete ciudades para conocer al gobierno federal con los problemas de los quince millones de residentes en la nación de habla hispana. Esta resistencia al permitir a los medios de comunicación reportar, daba la apariencia de que el gobierno federal quería hacer su tarea en privado con la segunda minoría más grande de la nación. Si al menos todo mundo los dejara solos.[25]

Permítame clarificar al Sr. Flynn, un profesional entrenado en oratoria, que tuvo una copia de la emisión de la prensa en sus manos y no pudo leer el nombre "Ramírez" correctamente. Sino que lo pronunció "Valmedes".

Entonces identificó a los líderes de la comunidad como "latinoamericanos". Pero él trabajaba en Chicago ¿No sabía que eran méxico-estadounidenses y puertorriqueños? Y sobre todo, para un liberal, es de rigor terminar su reporte no con un hecho, sino con una opinión editorial.

En contraste con los medios de televisión, la mayoría de los periódicos de esta región con seis estados reportaron la conferencia de una manera franca, sin verbos hirientes o emocionales, adjetivos y adverbios. El periódico, El Informador, que daba el servicio a los méxico-estadounidenses, escribió un extensa y comprensiva e informativa historia. La línea de apertura en el artículo 1ee: "Once agencias del gobierno federal se reunieron con el propósito de ejecutar las órdenes del Presidente Nixon relativas a los americanos de habla

---

[25] Fahey Flynn, WLS-TV. Chicago IL; 14 octubre 1971, 10pm Radio TV Reports, Inc.

hispana".[26] El editor de El Informador, Charlie Gómez, no era un títere del alcalde Daley.

Por otro lado, el periódico dirigido a los lectores, Puerto Riquenos, el Puertorriqueño usó palabras negativas, anti-mexicanas y humorísticas. La línea que encabezaba era: "El Presidente Nixon Busca Votos."[27] Estas son noticias duras. En una democracia, el trabajo número uno de todo político es conseguir votos. La repetición de esta realidad básica no proveyó información o educación política a una población hambrienta de ello ni ofreció ninguna visión contenida en el artículo asociado. Qué perdida para el pueblo por la arrogante satisfacción de los colegas del alcalde Daley.

De igual manera El Chicago Sun-Times también dio un extenso reporte dando su liberal redacción europea-americana un estereotipo de revoltosos e infantiles méxico-estadounidenses y puertorriqueños. Su reporte descubrió el más importante y sobresaliente aspecto de la conferencia regional que sería como una sesión tormentosa de los oficiales de Estados Unidos y los latinos. El trabajo de los medios de este género mostró que no conocen quiénes somos nosotros, pero mi comprensión de los medios de habla inglesa fue creciendo en forma rápida.

El viaje a la reunión de información a las entrañas de Chicago me enseñó que no iba a conseguir un muy justo y objetivo trato de los medios en mis esfuerzos por educar e informar a los americanos de apellido hispano sobre el interés del gobierno federal de la nueva era Nixon de

---

[26] "Henry M. Ramírez estará en Chicago el día 14 de Octubre", *El Informador*, 17 octubre 1971.

[27] Fernando J. Fernandez, "Presidente Nixon BUSCA VOTOS," *El puertorriqueño*. 7-13 octubre 1971.

derribar los muros de discriminación. Al contrario, seguirán el ejemplo de tiempo atrás de la reportera de la Casa Blanca Sarah McClendon usaran falsos testigos. Jugarían el juego de abogar por el lado de la historia: el liberalismo como fue definido por Nietzche.

Al escribir estas líneas, mi retrospección en la primera conferencia regional provoca opiniones, pensamientos, observaciones y conclusiones. Durante mis tres años de trabajo en la Comisión de los Estados Unidos de los derechos civiles entré en contacto con varias personas involucradas en el área de derechos civiles. Aún no sabía hasta qué punto a los mexicanos de la Diáspora se habían asentado en el medio oeste más aún no había entendido la inculturación llevada a cabo por los hijos de los méxico-estadounidenses, quienes eran ahora veteranos de la segunda guerra mundial con sus propios hijos. No tenía estudios sobre sus situaciones políticas, práctica religiosa, su educación, sus logros, y sus modelos de empleo.

El hecho es, yo era ingenuo. Usted podría preguntarse si yo tenía la percepción de que nosotros "los grandes mandamases de Washington" íbamos a enseñar a los mexicanos del medio oeste y ponerlos al corriente.

Bien ¡No! Yo honestamente quería compartir de los buenos resultados que el Presidente Nixon quería para nosotros. Verdaderamente esperaba encontrar una calurosa acogida en Chicago. ¡Pero esto no fue así! Yo no había contado con el posible involucramiento del alcalde de Chicago y su total control de todo lo que estaba en torno a él. Yo supe en la carrera presidencial de Kennedy y Nixon en 1960 que el alcalde Daley se había robado la elección por fraude en el condado Cook donde está la ciudad de Chicago. Nuestra conferencia regional en Chicago tuvo lugar simplemente diez años después.

Una acción que realicé después de mi llegada a Washington fue comenzar una carta periódico mensual para contraatacar la desinformación de los medios no confiables y estar seguros de que el mensaje de Nixon se trasmitía. La carta- periódico se llamó *HOY* y estaba bajo la dirección de su editor, E.B. Duarte, de Brownsville, Texas. Una lista de 20.000 gentes recibían las copias mensualmente, incluyendo a congresistas, senadores, oficiales clave del gobierno, los que mueven los hilos en Washington, y las figuras líderes de la comunidad en el mundo de habla hispana. *Hoy* presentaba los logros de la administración, no promesas para la gente de habla hispana con simples declaraciones, frases, sin color o inclinados a la emoción, adverbios y adjetivos

Además de mi lección subita sobre cómo funcionan los medios ¿Cuáles serían otras lecciones de la primera conferencia regional? Las agencias federales que servían a los seis estados de la Región V empezaron a juntar datos sobre empleo y contratos bajo la categoría de la gente de habla hispana. Los puertorriqueños del continente y los méxico-estadounidenses ya no serían más descontados y desconocidos. Nunca más la Región V de Latinos descargaría sus frustraciones sobre su convicción de que Washington los había ignorado. Y lo que es importantísimo, es que esta fue la primera vez que un presidente se hubiera realmente dirigido y personalmente tomar medidas para resolver los problemas regionales y mejorar las condiciones de la gente de habla hispana, habitantes del medio oeste. El presidente Richard M Nixon fue el primero, y lo hizo a través de dos amigos personales, Bob Finch y Pat Hitt y yo su chicano asistente.

Inmediatamente después de la conferencia de Chicago, Finch se dirigió a la Ciudad de New York en nombre del Presidente y de la CCOSSP, donde tuvo lugar la próxima conferencia regional en Diciembre 9 1971 (Figura 6). Esta reunión estuvo cerrada al público y se condujo a modo de una conferencia gubernamental de muy alto nivel. Su énfasis estuvo casi completamente sobre qué planes las varias agencias regionales se implementarían para los puertorriqueños del continente.

Figura 6. Conferencia regional en New York City, 9 deciembre de 1971. *(Colección personal de Henry M. Ramírez)*

Frank J. Groschelle, jefe del Consejo Regional Federal para la Región IV (con base en Atlanta, Georgia) envió al Consejero Finch una copia del plan de acción para su región en Marzo 22, 1972. En su carta, hacía notar que el Consejo de la Región IV había escrito al consejo de los representantes de las comunidades de habla hispana en Miami y Tampa bosquejando este plan final de acción. Groschelle también escribió a otro miembro del equipo presidencial, Frank C. Carlucci quien presidía el Grupo de subsecretarios para las operaciones Regionales en la Oficina Ejecutiva del Presidente en la OMB, informándole los proyectos identificados para los fondos.

El Consejero Finch personalmente lanzó el trabajo a seguir con cartas instructivas para los directores regionales sobre cómo debían ellos continuar la implementación de los planes de acción presentados en las conferencias regionales. En un tiempo muy breve, la visión presentada por el Presidente Nixon en Agosto de 1971 fue actualizada.[28] Los presidentes Kennedy y Johnson hicieron buenos discursos y acorralaron a los méxico-estadounidenses pero no pusieron en práctica, sus famosos discursos. Con el Presidente Nixon, los esfuerzos por incluir a los méxico-estadounidenses y los puertorriqueños del Continente y otros americanos de apellido hispano en la gran corriente de la vida americana en todos los niveles del gobierno federal estaban prediciendo el futuro. Hay un dicho popular mexicano: "Hechos no dichos". Y el presidente Nixon cumplió con hechos

Washington tiene otros dichos: "El personal es la política". El próximo paso se concentró en los nombramientos del personal de los de habla hispana como directores regionales federales de las agencias. La primera altamente visible evidencia de los cambios, además del trabajo interno de reunir datos, estarían muy bien publicitados los nombramientos de latinos a poderosas posiciones: los directores de las seis oficinas regionales y de distrito.

---

[28] Materiales Presidenciales de Nixon, "Accomplishments of CCOSS", National Archives, Adelphi, MD. FO 12958-4-3-08.

5. NIXON NOMBRA HISPANOS A OFICINAS DE ALTO NIVEL

Las conferencias regionales discutidas en el último capítulo fueron una de las cinco visiones que presenté en una nota en una tarjeta al Presidente Nixon en la Oficina Oval en agosto de 1971. Otra de las visiones en esa tarjeta pedía el nombramiento de 100 méxico-estadounidenses para posiciones ejecutivas en su administración. Mi concepto para esta visión se basaba en las prácticas de las grandes corporaciones. Estas designan a algunos miembros del directorio para que ayuden a conducirlos, así que; ¿por qué no traer nuevos "miembros al directorio" para que ayudaran a conducir el gobierno federal? Nosotros chicanos habíamos servido en el ejército como oficiales de alto rango. Poseíamos negocios exitosos. Estábamos sobresaliendo en las ciencias, alta educación en el gobierno local y estatal y en administración corporativa. Estábamos listos para ser incluidos en el gobierno federal para tomar decisiones. El presidente Nixon aceptó este deseo. Él prometió incluirnos en el proceso de tomar decisiones y en los rangos de los trabajadores del gobierno. Ya que él tenía el control directo de asignar ejecutivos de alto nivel en el gobierno, hizo que esto sucediera y fue altamente exitoso. Así es como esto se llevó a cabo.

En la primer reunión del Comité del Gabinete sobre Oportunidades para el pueblo de habla hispana (CCOSSP) en agosto 5 de 1971 el Presidente Nixon ordenó un reclutamiento a nivel nacional para atraer a más americanos de habla hispana a posiciones del gobierno para tomar decisiones. Ordenó a cabezas del departamento el abrir trabajos altos para méxico-estadounidenses y acciones para llevar a cabo su dirección que comenzaría poco tiempo después de la primera reunión del Gabinete (El conocimiento del Presidente sobre los mexicanos surgió en primer lugar del conocimiento que tuvo de ellos en su juventud. Pero porque también las condiciones de los puertorriqueños y cubanos estaban creciendo en conocimiento en 1971, el CCOSSP por esta razón también los incluía).

El Consejero Finch había también reorganizado la oficina del personal presidencial, A Fred Malek se le encargó. Bajo su encargo a Bárbara Franklin se le dio la misión de identificar los trabajos de alto nivel, mientras que a William "Mo" Marumoto el de reclutar a los de habla hispana. Con el Consejero Finch de esta forma se le estaba proporcionando el personal a la Casa Blanca en "Su" grupo. Washington finalmente "lo obtendría". El procedimiento de la búsqueda ejecutiva para identificar, reclutar, y designar americanos de apellido hispano a posiciones de alto nivel ejecutivo se volvió un movimiento ajetreado.

William Marumoto programó reuniones semanales en su oficina de la Casa Blanca para revisar las vacantes de alto nivel y ver si podrían remplazarse con talentos ejecutivos de habla hispana. Reunió a cuatro personas para participar en el proceso: a mí, el jefe de la CCOSSP; Carlos Conde el de la Oficina de Comunicaciones de la Casa Blanca, Tony Rodríguez, antes director ejecutivo de la CCOSSP, sobre préstamo de su empleo en el Departamento de Estado y Alex Armendáriz, del personal del comité de la reelección presidencial.

Conde fue asignado para asistir a Herb Klein, el director de la Oficina de Comunicación de la Casa Blanca. Su trabajo era altamente importante: informar a la población de habla Hispana de las acciones presidenciales y asegurarles que sus necesidades iban a ser cumplidas en empleo, subsidios, y contratos. En cuanto a Tony Rodríguez decidimos que él sería capaz de investigar las prospectivas de los candidatos de alto nivel de una localidad privada y segura con acceso limitado. Así, Marumoto asignó una oficina para Tony Rodríguez y su secretario en edificio separado, el Nuevo Edificio de la Oficina Ejecutiva (La gente del Edificio de la Nueva Oficina Ejecutiva podía gozar el privilegio de decir que trabajaba en la "Casa Blanca" y podría usar el papel membretado de la Casa Blanca para fines de reclutamiento, era impresionante).

La búsqueda ejecutiva a nivel nacional de la Casa Blanca había causado antes una tal emoción en los corazones y la mente de los méxico-estadounidenses los puertorriqueños del oriente, los cubanos y otros latinos. Hombres y mujeres habían sido llamados y recomendados, sus currículos aceptados y muchos habían sido entrevistados en la Casa Blanca.

Para mí, esta experiencia fue incomparable y única. Era un observador de la historia en el tomar decisiones aun cuando era un participante vital. En mis frecuentes viajes alrededor del país, era rodeado por personas con su curricular o por los recomendados por sus amigos. En la Casa Blanca, los cinco de nosotros involucrados en implementar la búsqueda ejecutiva de la Casa Blanca para los hispanos éramos llamados "la Mafia Brown" (Yo era llamado el "Padrino").

También conducía a un pequeño grupo de hispanos que se reunían de vez en cuando con un pequeño grupo de negros encabezados por Robert J. Brown, asistente especial de la Casa Blanca para asuntos de los negros.

En un "Bar" de la Calle 14, estudiábamos una lista de posiciones de alto nivel que la Oficina de Personal de la Casa Blanca estaba trabajando en ello y había sido marcado para "minorías". Discutimos amigablemente quiénes iban para los Browns (los de piel canela) y quién a los negros. Nuestros acuerdos también significaban que nuestros candidatos recibían nuestro mutuo respaldo.

Los resultados soñados de nuestro trabajo, siguiendo las órdenes del presidente Nixon, dentro de poco tiempo, en cinco meses, se realizaron. El primer informe con fecha de enero 7, 1972 hizo saber que el presidente había hecho veintiséis nombramientos presidenciales de Hispanoparlantes. Las órdenes y deseos presidenciales se realizaron.[29]

De un adicional significado fue el hecho de que las conferencias regionales también estaban dando fruto. ¡Seis personas de apellido hispano fueron nombradas

---

[29] Oficina de la Casa Blanca de Personal Presidencial, "Spanish Surnamed, Presidential and Supergrade Appointees under the Nixon Administration as of January 7, 1972". National Archives.

como directores regionales por vez primera en la historia! El Consejero Finch y Fred Malek eran informados con reportes mensuales. Escasamente diez meses de que se habían emitido las órdenes presidenciales para la búsqueda ejecutiva de los hispanos, un reporte notable que Nixon había hecho treinta y tres nominaciones presidenciales súper a la fecha, y esto aparece que tendremos más en cuestión de semanas.[30] Remarcablemente, para Noviembre siguiente, el número había crecido a la cifra historia de cincuenta y cuatro. También entraron en el récord un número igualmente alto de nominados a las cuatro comisiones y comités de consejeros.[31] La Figura 7 muestra algunos de ellos.

---

[30] Oficina de la Casa Blanca del Personal Presidencial, "High-level Spanish Speaking Appointnents, June 20, 1972". National Archives.

[31] Oficina de la Casa Blanca del Personal Presidencial, "Spanish Surnarned Presidential Supergrade and Key Appointees Under the Nixon Administration as of November 1972". National Archives.

Figura 7. Fotografía de 27 octubre 1972 de personas nombradas por el presidente en el Cabinet Room con el Presidente Richard M. Nixon. Desde izquierda a la derecha de las agujas del reloj: William "Mo" Marumoto, asistente especial al presidente; Carlos Villareal, administrador de Urban Mass Transportation; Ray Telles, comisionado de la Equal Employment Opportunity Commission; Joseph Jova, embajador a la Organización de los Estados Americanos; Louis Nuñez, director adjunto de la Comisión de Derechos Civiles (Commission on Civil Rights); Bert Gallegos, director general juridico de la Office of Economic Opportunity (OEO); Carlos Conde, asistente de la Casa Blanca; Antonio (Tony) Rodríguez, prestado del Departmento del Estado; Rudy Montejano, comisionado de la Interstate Commerce Commission; Dr. Henry M. Ramirez, jefe, CCOSSP; el Presidente; Romana Bañuelos, Tesorera de los EU; Phillip Sanchez, director de la OEO; y Senador Robert Dole. *(Cortesía de la biblioteca de Richard M. Nixon)*

Uno de los nombrados para la Comisión de Derechos Civiles de Estados Unidos fue del distinguido abogado Manuel Ruíz. Para la prensa hubo otro nominado presidencial y recibió muy poca aceptación. Un mestizo mexicano nacido en Mazatlán, Ruiz, fue el primer latino graduado de la Universidad de Southern California en la Escuela de Leyes en 1930 y se le consideró el "Decano de Abogados de California" de los abogados méxico-estadounidenses. Fue autor de numerosas obras, incluyendo *Mexican-American Legal Heritage in the Southwest*, y fue uno de los fundadores de la Asociación Política México-Americana (MAPA). El comisionado Ruíz fue muy bien conocido desde los 1930 como activista de los derechos civiles para los méxico-estadounidenses.

Sin embargo, Manuel Ruíz no fue el primer méxico-estadounidense comisionado. El primero fue el Dr. Héctor García, un doctor médico de Corpus Christi, nombrado para la Comisión de Derechos Civiles por el Presidente Lyndom Johnson (y en contraste con el nombramiento de Ruíz este acto fue monitoreado altamente en los medios como de gran significado para los méxico-estadounidenses). Pero, el hecho de que el primer comisionado méxico-estadounidense, Héctor García, no desplegó el interés en la Comisión de los mismos méxico-estadounidenses de la División de Estudios me desilusionó tanto a mí como a mi personal de chicanos y chicanas en gran forma; precisamente por ese tiempo, nosotros y la División de Estudios Mexicano-Americanos estaban diseñado nuestro vasto estudio sobre prácticas de la educación en el suroeste. Él jamás pidió ninguna clase de reportes y jamás visitó nuestro colmenar. Él jamás conoció mi nombre y ni siquiera supo de mi existencia y yo era el que diseñaba el Estudio de Educación de los Mexicano-Americanos. Así que imagínense cómo reaccioné cuando fui interpelado por la oficina del director ejecutivo de la Comisión de los Derechos Civiles (quien era al mismo tiempo un abogado) e instruyó, junto con varios otros empleados, "poner el toque" sobre la gente que había recibido contratos de la

Comisión para pagar al partido del Dr. García, ya que su término como comisionado había expirado.

Sin embargo, algunos años después, cuando la Casa Blanca de Reagan me pidió, junto con Henry Zúñiga de El Paso, Texas, y Alejandro Armendáriz de Washington, D.C., una lista de tres méxico-estadounidenses para ser considerados para la Medalla presidencial de Honor, salió el nombre del Dr. García. Henry Zúñiga votó fuertemente por el Dr. García y Alex lo secundó. Yo era el único reticente, y por la causa de la unidad, que yo accedí en reconocimiento por su dedicación y trabajo como fundador del Gl Forum, una organización de Veteranos y de derechos civiles. El recibió la medalla.

El Dr. García era un enigma. Era profundamente parcial hasta el punto de ser irracional. Nació en una familia de Criollos Citadinos (españoles) en el norte de México y educado en una sociedad privilegiada que vivía con estrictos criterios de comportamiento en relación a las diferencias de clases. Pero la Revolución de 1910 causó que la extensa familia García abandonara sus tierras y se dirigieran a las ciudades vecinas cruzando el Río Grande. Allí, en Mercedes, Texas, establecieron un negocio de refacciones para servir a los hambrientos, desnudos, pobres y los iletrados mestizos mexicanos que huían de los horrores de la Revolución Mexicana. El joven Héctor asistía a la Universidad de Texas en Austin durante la depresión y llegó a ser un doctor médico en 1940. No encontró discriminación. Era, después de todo, un americano europeo. No parecía diferente de sus compañeros europeos americanos y de sociedad universitaria. Su única sobresaliente diferencia era que hablaba español, tenía un apellido español y había venido de México.

Mi fuente para muchos detalles de la vida del Dr. García, fue Mo García, quien era mi asistente personal y confidente durante mi ocupación como jefe de investigaciones de discriminación contra los chicanos (los méxico-estadounidenses) en la Comisión de Derechos Civiles.

El Dr. García y Mo eran primos; sus padres eran hermanos. En México, esos hermanos habían asistido a un Colegio de Maestros en el tiempo en que la filosofía del positivismo científico estaba barriendo a México, la ideología francesa que inspiró la Revolución Mexicana en 1910. Esa filosofía atea dice que la Razón es la única fuerza valiosa que conduce a la humanidad y que la religión católica es el instrumento del atraso humano. Pienso que el sistema cartesiano de epistemología conquistó en México los cerebros de los rebeldes intelectuales y de las clases educadas. Mo García creció en una ciudad distinta. Se volvió un agnóstico.

Hay una viva similitud entre la vida del Dr. García y la de sus contemporáneos, Henry B. González, un congresista Demócrata de Texas. La familia González también, fue educada como criollos citadinos del norte de México que habían venido a Texas. Un artículo de National Journal de Jonathan Cottin con citas de González claramente muestra cómo ferozmente se oponía a los logros de Nixon por los méxico-estadounidenses.

Cottin primero escribió: El Presidente Nixon ha ordenado un reclutamiento nacional encaminado a traer más mexicanos-americanos a las posiciones políticas del gobierno. El Sr. Nixon dirigió las cabezas del departamento a abrir altos trabajos para los americanos de habla hispana durante una reunión del 5 de Agosto del Comité del Gobierno sobre Oportunidades para gente de habla hispana. "Utilizó un lenguaje muy firme," recordó Henry M Ramírez, jefe del Comité. "Se lo dijo con palabras fuertes."

Pero después el Sr. Cottin balanceó su buen reportaje sobre los esfuerzos de Nixon con estas afirmaciones: "El Representante Henry B. González (D. Texas) dice que el Sr. Nixon solo ha continuado programas diseñados para ayudar a los méxico-estadounidenses iniciados por los presidentes Kennedy y Johnson". "No pienso que los haya mejorado," dijo González. "El presidente ha hecho cosas para conseguir los encabezados," añadió González. "Pero las nominaciones, han sido político *hacks* careciendo de todo reconocimiento o influencia."[32]

Yo quedo convencido de que ni Henry B. González ni Héctor García pudieron librarse de su sentido europeo de superioridad sobre los mexicanos mestizos que el Presidente Nixon y yo estabamos llevando a altos niveles de posiciones en el Gobierno Federal. Por supuesto, eran además profundos partidarios Demócratas, y así cegados.

Si, en 1972 fue un reto y un tiempo de reconocer difícil para los políticos Demócratas méxico-estadounidenses. Sus esperanzas y anhelos se habían desvanecido bajo Kennedy y Johnson. El Presidente Richard Nixon llegó a la comunidad méxico-estadounidense con inesperado "jamás por primera vez".

[32] Jonathan Cottin, "Republicans woo Mexican Americans". *National Journal;* 25 septiembre 1971.

6. NIXON ORDENA OPORTUNIDADES DE IGUAL EMPLEO

Con emoción y profunda urgencia, el Presidente Nixon me dijo de hombre a hombre que quería que las oficinas de su Gabinete incluyeran a méxico-estadounidenses en el gobierno federal como yo lo había descrito. Nosotros en el Comité sobre Oportunidades del Gabinete para gente de habla hispana (CCOSSP) nos pusiéramos a cumplir ese objetivo.

Este no fue un nuevo deseo de Nixon. Inmediatamente después de la Segunda Guerra Mundial, entonces el Congresista Nixon y sus cohortes empezaron a incluir méxico-estadounidenses en el gobierno de California. Comenzando en los 1950, un congresista visionario llamado Pat Hillings persuadió a Nixon y a su amigo, Robert Finch, que el Partido Republicano en California comenzaron un serio alcance de jóvenes méxico-estadounidenses, que fueron urbanos y

155

sofisticados ex Gls. Dos personas metían las manos en el liderazgo: Stu Spencer y Robert Finch.

Estos dos hombres tenían familiaridad de primera mano con méxico-estadounidenses. Un originario de Phoenix e hijo de un legislador de Arizona, Finch, se graduó de la Universidad Occidental en Eagle Rock, California, que se ubica en el centro de los Ángeles y Rose Bowl en Pasadena. En virtud de su educación y temprana madurez, llegó a conocer a los méxico-estadounidenses contemporáneos. En 1966, fue elegido gobernador lugarteniente de California con el mismo boleto que llevó a Ronald Reagan a la gubernatura.

Stu Spencer fue educado en Alhambra, California y fue a la escuela con jóvenes mexicanos del Este de los Ángeles, a quienes conocía como "chicanos". Posteriormente Spencer asistió a las Universidades en su yarda trasera: Colegio de Este de los Ángeles y la Universidad Estatal de California. En Los Ángeles Spencer fue uno de los primeros, si no el primero de los muy exitosos manejadores y consultores de la campaña política en California. Su compañía gozaba de sobresaliente éxito y se volvió famoso al manejar la campaña presidencial de Nixon en 1968 y 1972, así como a dos campañas para la gubernatura de Ronald Reagan. Spencer también se volvió muy bien conocido por supervisar ambas campañas presidenciales de Reagan en 1980 y 1984. Trabajo muy estrechamente con Denny Carpenter, también de California del Sur y quien fue el jefe del Partido Republicano de California en los sesentas.

Denny Carpenter conocía a los mexicanos muy bien. Como agente del FBI, había sido destinado a la Ciudad de México por diez años y se había casado con una mexicana. Como jefe del Partido Republicano de California, Carpenter, empleo y entreno a hombres jóvenes, como David González, un exalumno mío, para proporcionar cuartos de hospitalidad en las conferencias organizacionales, reuniones y convenciones para méxico-estadounidenses. Estos hombres, ya siendo miembros del Partido Republicano se comunicaban en esas tertulias con los nacientes y sobresalientes voces de jóvenes activistas chicanos que habían regresado de la Segunda Guerra Mundial, de la guerra de Corea y vivían en los barrios, logrando los beneficios de su educación financiada con las becas de la famosa subvención federal (becas), llamada *"Beneficios del GI."* Este beneficio pagaba los costos de educación en las Universidades para los veteranos de las guerras. Con estas becas los hijos de los padres de la Diaspora pudieron recibir títulos universitarios y entrar en los rangos de la clase media y a una sociedad capitalista. Hay que notar que muchos chicanos con sus becas del GI Programa matricularon y se graduaron de México City College ubicada en esos tiempos en la carretera Mexico-Toluca.

Para entender el significado nacional de este GOP de Nixon alcanzando a los jóvenes chicanos, uno debe comparar la historia de la apertura del Demócrata Kennedy hacia el mismo sector de jóvenes chicanos. ¿La elección de Kennedy en 1960 causó un resurgimiento de nombramientos en Washington para ayudar a formar su gobierno? La respuesta es ¡No! ¿Despertó Kennedy una conciencia nacional de la presencia de este invisible grupo étnico llamado méxico-estadounidenses? Un gran, rotundo, *no, nada*, es la respuesta. Cierto, la celebración de su elección entre estos jóvenes ex GI's (los veteranos de guerras en el exterior) era descrita como "a gritos y sombrerazos". Pero después, los méxico-estadounidenses que habían sido profundamente involucrados con el "Vivan los clubs de Kennedy" de su campaña presidencial permanecían en círculos redondos preguntándose unos a otros, ¿Ahora qué? Aprendieron la respuesta: nada, nada paso.

El grupo de Kennedy y los seguidores de sus medios en Nueva York enfocaron su atención y esfuerzos en su lugar en méxico-estadounidenses que trabajaban en las áreas rurales y de las granjas, logrando el muy laudable objetivo de la sindicalización con César Chávez. Después, la trágica muerte del Presidente Kennedy en 1963 propició la elevación de Lyndon Johnson a la presidencia. Su incumbencia en completar el término de Kennedy vio grandes cambios con la promulgación de las leyes de los derechos civiles en 1964. Estas leyes mejoraron la suerte de los negros casi inmediatamente, pero no de los méxico-estadounidenses. Se quedaron en los bancos de atrás a orar y esperar en silencio un futuro premiado, pero…nunca se realizó con los demócratas.

Los movimientos de los derechos civiles de los méxico-estadounidenses de los 1960 eran conocidos por estos términos: *la Causa* o *el Movimiento*. Eran difusos y desenfocados.

La Liga de los Ciudadanos Latinoamericanos Unidos (LULAC) fue fundada en 1929 en Laredo, Texas. Los fundadores, eran Criollos prominentes que habían recibido educación universitaria por sus padres adinerados. Eran de la clase cómoda (abogados, jueces, hombres de negocios) y no habían sufrido las injusticias de la Diáspora. Sin embargo, eran conscientes que las hordas de mestizos que cruzaban la frontera a los Estados Unidos, durante la Diáspora de 1910-1930 debían aprender inglés y emprendían su enseñanza sobre cómo llegar a ser "ciudadanos latinoamericanos". En esta Liga no se usaban términos como Mestizo o mexicano. El termino aceptable en su sociedad era "Latino." En 1965, el liderazgo cambió la dirección de la liga para enfocase en la negación de los derechos civiles de los méxico-estadounidenses. Ese mismo año la liga eligió su primer presidente mestizo. Al Hernández, quien fue un abogado méxico-estadounidense.

Otra organización, el Foro Gl Americano, había sido establecida por la causa específica de luchar contra la discriminación de los ex Gls americanos. A medida que iban estabililandose en otras regiones de los Estados Unidos fueron establecidos capítulos adicionales de la organización, el *Gl Forum*.

Una tercera organización, la Asociación Política México-americana (MAPA) se formó en California. Los abogados y activistas méxico-estadounidenses trataron con este grupo incrementar la participación por méxico-estadounidenses en el proceso político de California.

Organizaciones como estas tenían la educación y el empleo como altas prioridades, pero el hecho de que los méxico-estadounidenses eran aún clasificados como blancos eran un gran obstáculo para mejorar la situación laboral. En 1966 la Universidad de California en los Ángeles emitió su primer gran reporte en su proyecto de estudió sobre los méxico-estadounidenses, pero no incluyó información sobre el empleo de los méxico-estadounidenses (solo la bibliografía del proyecto era de más de 100 páginas de grande. La lista de referencia demuestra la disparatada nomenclatura de personas de origen mexicano: hispanoparlantes, de apellido hispano, mexicanos, méxico-estadounidenses y latinoamericanos).

En paréntesis se debe escribir un ensayo sobre cuales términos definen quien es quien. Criollos, Indigenas, Mestizos. Jose Vasconcelos representa en lo que se escribe la falta de definir quien es quien. El Titulo de su libro usa este nombre: Ulises Criollo y en su libro describe a los habitantes como indios. Nunca escribe sus verdaderos nombres: Nahuas, Purépechas, Otomíes, etc. Además, nunca usa la palabra mestizo o mestizaje. ¡Oh, no!

Después de ganar la elección para su primer término en 1964, el Presidente Johnson continúo proveyendo escaso reconocimiento de los jóvenes agitados y demandantes chicanos del oeste. Los méxico-estadounidenses en Colorado, bajo Corky González, comenzaron a actuar. En Nuevo México, Reyes Tijerina empezó a retar a los terratenientes y propietarios.

Por 1966, los problemas sobre el empleo de los méxico-estadounidenses se estaban aclarando y los méxico-estadounidenses comenzaban a emular el éxito de los negros llamado la atención a su demanda. Phil Montez, un psicólogo que había nacido y crecido en Watts, una ciudad a unos cuantos kilómetros de los Ángeles, California, había sido justo recientemente contratado por la Comisión de Estados Unidos de los derechos civiles y asignado como director de su Western Field Office en los Ángeles. Casi como parte de su trabajo se convirtió en el agente para el desarrollo de organizaciones y eventos para avanzar la conciencia de los derechos humanos en las Comunidades Chicanas. Su oficina se convirtió en un colmenero del sudoeste para coordinar a la gente, las organizaciones y eventos enfocados en el asunto de las desigualdades en el empleo en el gobierno federal.

Cada tercer sábado, Phil Montez y yo, junto con otros diez chicanos, nos reunimos en el restaurant Swalley's en el Boulevard Olympic en el este de los Ángeles para discutir cómo podríamos avanzar los derechos civiles de los chicanos. Organizamos un plan para confrontar la recién establecida Comisión de Iguales Oportunidades de empleo (EEOC) en su audiencia de Marzo de 1966, en Albuquerque, Nuevo México, para designar una huelga. Escogimos a Phil Montez para encabezar la protesta y a Armando Rodríguez, un educador, como su orador.

La protesta fue para quejarse de que la EEOC no tenía miembros méxico-estadounidenses. Charles Erickson, ex reportero de los Ángeles Times y uno de los doce chicanos en Swalley's, sacó información en la prensa para que las noticias de la confrontación pudieran deslindarse ampliamente. También invitamos a miembros de otras organizaciones, LULAC y la asociación política de las organizaciones de Hispanoparlantes (PASSO). Con su presencia, la confrontación incluía un más amplio espectro de miembros activos de los derechos civiles. La confrontación clamaba por los derechos civiles de la comunidad que un grupo llamado chicanos quería un lugar en la mesa de los derechos civiles. Esto alertó a la nación y en particular al Partido Demócrata.

En respuesta, el Dr. Héctor García, un profundamente partidario Demócrata y amigo cercano del Presidente Lyndon Johnson trabajó febrilmente en sus conexiones con la Casa Blanca para conseguir que Johnson hiciera algo por la comunidad méxico-estadounidense.

Lo hizo eventualmente en Junio 9, 1967 (bien pasado un año de la confrontación de Alburquerque), el Presidente Johnson nombró a Vicente Ximénes como un comisionado de la EEOC. Ximénes nació y fue educado en la pequeña y alejada Ciudad Floresville, Texas donde su padre había trabajado en la hacienda del gran terrateniente de la región, John Connolly.

Johnson también nombró un año después en 1968, a su amigo el Dr. García como comisionado de la Comisión de Estados Unidos sobre derechos civiles. Así, como el

Presidente Johnson estaba saliendo de la Casa Blanca, los esperanzados leales méxico-estadounidenses Demócratas habían logrado dos nombramientos en la arena de los derechos civiles. ¡Por encima de los más de 3000 nominaciones que un presidente solía hacer por esos años, uno que creció en medio de millones de mexicanos y méxico-estadounidenses, finalmente hizo dos ¡Y los méxico-estadounidenses que eran Demócratas entonces alardeaban la hazaña. ¡Aún lo hacen hoy en día!

En el mismo día nombró a Vicente Ximenes comisionado de la EEOC, el Presidente Johnson también autorizó una nueva organización, el Comité de Inter-Agencias sobre Asuntos Mexicano-Americanos. Estaba compuesta de las cabezas de cinco agencias: La secretaría del Trabajo, la secretaría de Salud, Educación y Bienestar (HEW); la secretaría de Vivienda y Derechos Humanos (HUD); la secretaría de Agricultura; y el director de la oficina de Oportunidades Económicas. Su propósito era asegurar que los programas federales estuvieron llegando a los méxico-estadounidenses y proveerles la asistencia que necesitaban. En la Casa Blanca en la ceremonia que creaba la nueva agencia, el Presidente Johnson nombró a Vicente Ximenes a dos posiciones: jefe de la recién creada del Comité Inter-Agencias y comisionado de la EEOC.

Junio 9 de 1967 fue un día bandera. En un día, el Presidente Johnson creó un comité, tomó juramento a un comisionado de la EEOC, nombró jefe de Comité a nivel Gabinete. Sin embargo, el Comité Inter-Agencia sobre los Asuntos Mexicano-Americanos tenía un bajo presupuesto y jamás se logró. Su jefe más tarde se lamentaría de que jamás podría llegar a los miembros del Comité del Gabinete, pero en su lugar tenía que confiar en contactos con burócratas de bajo nivel.

Los eventos pronto demostraron un contraste muy claro entre el Presidente Nixon y su equipo al compararlo con Kennedy y Johnson y los suyos. Los hechos históricos muestran que con Nixon, los méxico-estadounidenses progresaron, por el contrario con Kennedy y Johnson permanecieron invisibles con la inesperada elección de "ese, Nixon". Los méxico-estadounidenses Demócratas entraron en shock. Vino nuestro turno y estábamos listos.

El Presidente Richard M. Nixon iba a hacer a los méxico-estadounidenses conocidos y visibles como participantes reales. Su amigo y miembro de su Gabinete, Robert Finch, como secretario de HEW reunió una turba de talentos méxico-estadounidenses de California y los colocó en lugares claves del HEW, por ejemplo. Uno podía decir que Robert Finch llevó a cabo una "invasión" de talentos méxico-estadounidenses a Washington que como tales jamás habían sido vistos antes. Estos jóvenes profesionales méxico-estadounidenses traídos por Finch eran en su mayoría Demócratas a quienes los liberales Demócratas les habían lavado el cerebro en alta educación. Pero querían hacer la diferencia al sacar adelante "*La Causa*". No tomó mucho tiempo el curarlos de inmadurez política, y todos ellos eventualmente se registraron Republicanos. Una excepción sobresale. Coloqué a Henry Cisneros en el programa de los camaradas de la Casa Blanca. El primer méxico-estadounidense que jamás estuvo en ese prestigiado grupo. Sin embargo el rehusó registrarse Republicano porque quería ser alcalde de San. Antonio en el futuro (lo que logró en 1981).

Al facilitar la llegada de ansiosos jóvenes abogados, Ph.D's., y otros profesionistas a unas 3000 millas de distancia para ocupar las posiciones ejecutivas del gobierno, no pasamos por alto la urgencia del empleo de los méxico-estadounidenses en las posiciones medias y más bajo del gobierno. Pero había un mayor obstáculo. Las aplicaciones del Acta de 1964 de los Derechos Civiles no conocían a los méxico-estadounidenses. Las acciones de la Comisión de los Derechos Civiles de contarnos en el empleo del gobierno no comenzaron sino hasta cuatro años después, en 1968. Más aún, las leyes de 1964 establecían una nueva agencia a cargo de la minoría en el empleo. La EEOC-Era responsable de supervisar y reforzar la prohibición de discriminación en el empleo. A cada agencia federal se le requería establecer una oficina para administrar las leyes de los derechos civiles y la EEOC vigilaría cada división de personal de la agencia. La enmienda catorce sería ahora reforzada, pero ¿nos incluiría? ¡No! Esas oficinas se enfocaban en reclutar, entrenar, solo de emplear a los negros.

La necesidad para una "paralela" EEOC para méxico-estadounidenses era evidente. Así, en 1970 la CCOSP bosquejó sus nuevas, maravillosas, y elegantes iniciativas de incrementar el empleo gubernamental para la gente hispanoparlante. Había, por supuesto algunos topes de velocidad; después de todo, apenas habíamos sido contados y los análisis de los datos apenas comenzaron a finales de 1970.

Uno de esos topes de velocidad fue la Comisión de Estados Unidos de Servicios Sociales (CSC). La CSC funcionaba para aumentar el empleo de los afro-americanos en el servicio social del gobierno federal. Antes de la administración de Nixon, los méxico-estadounidenses no estaban incluidos en el servicio civil, solo en el militar. Para vencer esto tres personas en el Comité del Gabinete formularon el "programa de los 16 Puntos": Martín Castillo (quien era entonces el jefe del

CCOSSP); John Bareno, director ejecutivo del CCOSSP; y Mercí Hernández, director del personal del CCOSSP. Lo mejor que puedo reconstruir la historia de este programa a partir de la evidencia,[33] Marcí Hernández había desarrollado una guía para entrever en la igualdad de oportunidad de empleo, cuando trabajaba en la Fuerza Aérea de los Estados Unidos, probablemente en los 1960. En 1969 y 1970, Mercí Hernández e Irving Kator director asistente ejecutivo de las CSC, desarrollaron una lista de acciones para reclutar profesionistas hispanoparlantes para posiciones federales. Esta lista se convirtió en la base para el "Programa de los 16 Puntos". En esencia, se convirtió en una iniciativa paralela de las reglas de la EEOC para méxico-estadounidenses, que para ese tiempo se aplicaba solo para negros. Desafortunadamente, la iniciativa permaneció dormida y sin uso. Existía justo otro programa federal en los libros. Por ese tiempo, como jefe de la Comisión de los Derechos Civiles de los Estados Unidos en la División de Estudios Mexicano-Americanos, yo debía estar muy consciente de esta iniciativa y programa, pero todo lo que yo sabía sobre esto era que se llamaba el "Programa de los 16 Puntos". Lo que posteriormente bloqueó su aplicación fue el hecho de que el líder, Martin Castillo, de la CCOSSP se fue en Noviembre de 1970 y regreso a su bufete en Los Angeles, California. La CCOPPS careció de liderazgo y dirección durante nueve meses antes de mí reunión en la Oficina Oval con el presidente.

En la reunión del Comité del Gabinete en agosto 5, 1971, el presidente Nixon expresó profunda frustración por la falla de su gobierno de incrementar el empleo a los

---

[33] John T. Bareno, "Enhancing Affirmative Action History", *La Luz*, diciembre-enero 1980.

hispanoparlantes. Apretó su puño y tensó sus músculos faciales al remarcar: Hace un año, yo anuncié el Programa de los 16 Puntos para asistir a los ciudadanos hispanoparlantes interesados en empleo federal y ustedes han estado con muchos rodeos.

En nuestras reuniones ese día el Presidente Nixon exhibió la actitud de un guerrero que finalmente consiguió lo que quería. Esta iba a ser su segunda oportunidad de colocar a su administración en la vía correcta para el avance del pueblo que había conocido desde temprana edad-un pueblo que había sido ignorado, visto por debajo y abandonado. El Presidente había proclamado fuerte y claramente que él quería que nosotros méxico-estadounidenses aún olvidados e ignorados fuéramos incluidos en la gran creciente de la vida americana. Su objetivo era sencillo y su expectación clara: "¡Consíganlo!".

Con el ímpetu fuerte del Presidente, comenzó la implementación genuina. En Agosto de 1971, la CCOSSP se puso en marcha para conseguir que todo el gobierno de los Estados Unidos contara a los americanos de apellido hispano en su empleo. Revitalizamos los esfuerzos para incrementar el empleo de los americanos hispanoparlantes en el Gobierno vía el programa de los 16 Puntos y también ordenado al EEOC incluirnos en su ejecución de su labor. Todo este esfuerzo fue como música bonita para me, líder del movimiento de los derechos civiles de los chicanos. Consideraba que los hijos de la Diáspora mexicana de 1913-1930 tenían el derecho constitucional de ser incluidos en todo nuestro gobierno. Después de todo muchos de ellos eran veteranos de guerra.

Como Jefe del Gabinete, solo el Presidente Nixon podía hacer que sus oficiales cooperaron conmigo, el jefe de CCOSSP. Yo estaba en un nivel más bajo que el de ellos, pero su respaldo tuvo el efecto de anivelarnos. En la reunión del 5 de Agosto, añadió de modo significativo: "Si alguno de ustedes no coopera con Henry, el será capaz de despedirlos". Me di cuenta que a este Presidente realmente sí que le importábamos nosotros, los chicanos..

¿Y lo creerían ustedes? George Romney, Secretario del HUD, rehusó cooperar conmigo para asignar méxico-estadounidenses a posiciones de la Oficina del Distrito de Los Ángeles y la Oficina Regional de San. Francisco. Durante mi visita a su Oficina de HUD para una foto de oportunidad, me quejé con el Secretario Romney de que no era un jugador del equipo con respecto a las instrucciones del Presidente.

El Secretario Romney respondió: Sé muy bien lo que dijo Nixon, pero yo estoy conduciendo este departamento y haré lo que consideró mejor. Y además, me doy cuenta de lo que dijo sobre despedir a cualquiera de nosotros que no siga sus instrucciones." Mi respuesta fue simple: "Yo reportaré al Presidente y veré que Romney fuera despedido. Lo fue y fue remplazado por Jim Lynn.

Mientras tanto, los principales periódicos de la nación estaban haciendo el alarde de que algo grande estaba sucediendo. Scripps Howard News Service's Seth Kantor reportó en agosto 14, 1971: "La silenciosa minoría tiene voz (Añadió que el Presidente le había dicho al Comité del Gabinete: "Me fallaron, no lo vuelvan a hacer.")[34.] Poco después, Elisie Carpenter de *Washington Post* reveló: "El Comité de la gente de habla hispana finalmente es implementado."[35] Un escritor de *Los Ángeles Herald-*

---

[34] Seth Kantor, "The Silent Minority Has a Voice", Scripps-Howard News Service, 14 agosto 1971.

[35] Elsie Carper, "Spanish-Speaking People's Committees Finally

Examiner anotó: "Nueva Era para los hispanos parlantes."[36] Los medios impresos con el mayor número de lectores méxico-estadounidenses en el país, el *Los Ángeles Times* puso su peso en una historia en profundo por Frank del Olmo.[37] Por ese tiempo Frank del Olmo era el más respetado reportero por escrito sobre activismo chicano y méxico-estadounidense. Su artículo "Los chicanos quieren involucramiento, no separación" apareció en Septiembre 13. El subtítulo decía "Ramírez, nombrado por Nixon busca la Buena Vida para los México-estadounidenses". Frank reportó directo y factualmente con solo un error (que agraciadamente estuvo cerca del fin). El escribió que el comité del Gabinete creado por Lyndon B. Johnson en 1967 como un Comité organizado bajo seis agencias para los asuntos méxico-estadounidenses. No es de admirar que los investigadores académicos hayan repetido el error.

Además, aunque *Los Ángeles Times* había dado con frecuencia un trato hosco de mi jefe, el presidente Nixon, por fin con buen tino diero un martiyaso a la cabeza de la verdad en una editorial que opinaba: "Aquí en el suroeste tenemos una particular responsabilidad para los méxico-estadounidenses y los mexicanos nacionales. Es un grupo que solo recientemente ha sido enlistado por la mayoría anglo. Es un grupo que solo ha comenzado a articular efectivamente sus objetivos, así como su sentido de ultraje ante la discriminación que este pueblo ha sufrido,

---

Implemented", *Washington Post*, 26 agosto 1971.

[36] "New Era for Spanish Speaking", *Los Angeles Herald-Examiner*, 26 septiembre 1971.

[37] Frank del Olmo, "Chicano Wants Involvement, Not Separation", *Los Angeles Times*, 13 septiembre 1971.

es un grupo cuya paciencia comprensiblemente está acusadamente acabandose."[38]

La prensa de habla hispana en los Estados Unidos y fuera era muy elaborada, expansiva y altamente favorable a nuestro trabajo. Los periódicos cubanos de New York y Miami eran efusivos con largas historias. Los diarios méxico-estadounidenses y los semanales escépticos, pero respaldaban.

La gran excepción fue los periódicos de los puertorriqueños del continente, que dedicaron su cubierta a una ruidosa y revoltosa protesta montada en las oficinas del Comité del Gabinete varios días después de que fui nombrado jefe.

El propósito de la protesta era obligarme a nombrar a un puertorriqueño como director del CCOSSP. Días más tarde, los Senadores Charles Percy (Illinois), Abraham Ribicoff (Connecticut) y Jacob Javits (New York) demandaron la misma acción de la Casa Blanca. Yo cumplí. (desde ese día en adelante, las exposiciones de la prensa, radio y T.V. iban a ser un nuevo ingrediente activo en mi vida, me convertíeron en una verdadera figura pública. Vivía en una caja de vidrió hasta 1974, cuando mi familia y yo regresamos al anonimato de nuestra vida en el sur oeste de California). Pudimos gozar de una vida normal

El Programa 16 Puntos llevó a tangible progreso en 1973, nueve años después de la aprobación en 1964 de las leyes de los derechos civiles. Después del famoso rapapolvo en la plática de la Marina en que el comisionado Hampton recibió del mismo Presidente en el primer encuentro del CCOSSP la Comisión de Servicios Civiles de los Estados Unidos llevó a cabo un

---

[38] Editorial, *Los Angeles Times*, 23 agosto 1971.

estudio especial para evaluar el progreso del Programa de los 16 Puntos. Ahora que ellos tenían datos étnicos, tenían un objetivo que estudiar. Como resultado, la agencia de Civil Service recomendó acciones específicas en 1973. El Personal Federal Manual System Letter N° 713-18: decía: Cada agencia debería nombrar a un coordinador para el Programa de los 16 Puntos en relación con el personal del Director de Oportunidad para Igual Empleo.[39] Fue marcado como de alta prioridad. Sin embargo, en la práctica los managers de la agencia del personal lo vieron inconfortable como un esfuerzo del que nosotros tambien queríamos adelantarnos sobre las espaldas de los duros avances logrados por los Negros".

Otro tope en el camino para incrementar el número de los de habla hispana en las posiciones del gobierno fue la completa discriminación. Ciertamente, los hermanos Kennedy no tuvieron muchas experiencias con los mexicanos cuando crecieron en Boston. Lyndon Johnson, por otra parte, creció conociendo a mexicanos pero durante una sociedad cerrada que sistemáticamente los segregaba. En Texas, los mexicanos mestizos de piel canela conocían y sabia su lugar. Solo los mexicanos criollos de piel clara, descendientes de mexicanos europeos y los miembros de clase terrateniente, podían interactuar en igual chutada con los Texanos, descendientes de europeos. Pues era primos con lenguas distintas. Las metodologías de Johnson para obtener votos eran darles cerveza y barbacoa en las fiestas de los ranchos para comprar sus votos y confiaba que habían sido comprados.

Johnson tal vez hubiera deseado ayudar a los méxico-estadounidenses de un modo más significativo, pero fue

---

[39] Federal Personal Manual System Letter N° 713-18, 23 enero 1973.

impedido por el equipo de Washington que heredó. Estaba compuesto por italianos, judíos, alemanes y anglo-americanos quienes sabían casi nada sobre los pisoteados incontados e ignorados méxico-mestizos. Los equipos de Kennedy y Johnson sabían más sobre los Negros pero no sobre los mexicanos. De hecho, cuando Johnson estableció el temporal Comité Inter-Agencia sobre Asuntos Mexicano-Americanos, asignó a un americano-europeo, David North, para que la condujera. Esta fue la manera como se administró a los mexicanos en Texas. Como un ejemplo me quedé pasmado al saber de los cuestionarios de Estudio de Educación de los México-Americanos que era una práctica común en las preparatorias de Texas, ver a los estudiantes europeos-mexicanos ocupar todas las oficinas públicas de los estudiantes, a pesar que los méxico-estadounidenses predominaban con mucho la población estudiantil (arriba del 90 por ciento). La escuela del distrito de Carrizo Springs y la cercanía de Crystal City eran casos de primera. Los europeos-americanos terratenientes en esos distritos escolares no permitían al cuerpo de oficiales estudiantes mexicanos el "tomar posesión" sobre sus descendientes o de ser sus mayordomos en asuntos escolares. De ningún modo. Los mestizos mexicanos tenían que aprender como portarse ante sus colegas de escuela, pues pronto los anglos iban a ser su mayordomos en la vida.

Texas no estaba solo en esto. Alguien en la Casa Blanca me pidió visitar la Preparatoria Patterson en California. Patterson era una región de granjas de durazno y cereza entre Fresno y Sacramento. Los tierratenientes que estaban muy bien relacionados con los politicos habían pedido al Presidente que visitara su ciudad; se me dijo que en su lugar yo fuera como su representante. Mi asistente especial, Mo García y yo fuimos alegremente recibidos por el alcalde, el súper intendente de las escuelas del distrito y el director de la preparatoria, entre otros. Pero gradualmente nuestra razón por estar allí se conoció claramente: Se esperaba que difundiéramos la tensión que embargaba a la comunidad y calmáramos al resbaloso cuerpo de estudiantes de la preparatoria. Los estudiantes méxico-estadounidenses estaban protestando por una injusta elección del cuerpo estudiantil. Ninguno de los méxico-estadounidenses había ganado ninguna posición oficial del alumnado, a pesar de que superaban con mucho a los anglos. Los oficiales de la escuela justificaban los resultados de la elección diciendo que lo así llamado "grados de Ciudadanía" había descalificado a los méxico-estadounidenses. Los oficiales accedieron a nuestra sugerencia de que se repitieran las elecciones y que unos resultados más equitativos darían tranquilidad. Mo y yo manejamos fuera de la cuidad y nos paramos en unos puestos a la orilla de la carretera para comprar bolsas de suculentas cerezas negras, justo recién cosechadas de las huertas de los alrededores. Patterson se tranquilizo a causa de elecciones nuevas y honestas.

Las cosas eran diferentes en la parte media este del país Allí el problema no era la discriminación cuanto la plena ignorancia. En los años de 1968-1971, yo me volví agudamente consciente que los americanos que vivían al este del Río Mississippi no sabían nada de los méxico-estadounidenses. En Bethesda, Maryland, donde mi pequeña familia estaba creciendo libre del problema de la discriminación, la gente no sabía que los méxico-estadounidenses se suponía que eran objeto de discriminación solo lo eran los Negros.

Cuando necesitábamos en la Comisión de los Estados Unidos de los Derechos Civiles, ilustrar los primeros volúmenes del Estudio sobre la Educación de los México-Americanos en 1971, Joe Mancias, personal fotógrafo, de un periódico, fue enviado al sur de California para fotografiar a estudiantes méxico-estadounidenses. Una sola agencia federal tenía un solo depósito de este tipo para fotografías. Después de que el Censo del Buró entregó datos sobre los de apellido hispano hubo una prisa por fotografiar a mexicanos. Con alguna suerte, pudieron haber tomado fotos con letreros que decían: "No se permiten perros, ni mexicanos".

Durante nuestras reuniones frecuentes, Roberto Finch me llamó la atención de que estuviera constantemente consciente que los oficiales de Washington no conocían a los méxico-estadounidenses. Me aconsejaba: "Ten paciencia. La mutua aceptación y el conocimiento se lleva tiempo."

Pero el más voluminoso tope de velocidad que impedía el empleo de los americanos con apellido hispano era la falta de colección de datos por etnicidad. Ni yo ni mi cohorte chicana que nos habíamos conocido en Swalley' en el Este de Los Ángeles a mediado de los 1960 sabíamos que no había modo de que el gobierno federal pudiera ayudar directamente a los ciudadanos méxico-estadounidenses, puesto que no sabía que existiéramos estadísticamente. Las escuelas locales sabían quiénes éramos; nos segregaban. Los bancos locales y los agentes de bienes raíces lo sabían; no nos vendían casas o no nos dejaban comprarlas en áreas "bonitas" de la ciudad. En el sur de Texas, donde las ciudades se dividían por las vías del tren o las autopistas, los "americanos" vivían de un lado y los "mexicanos" del otro. Pero los políticos de Washington estaban mal informados.

Este poco conocimiento vino bien a la Oficina Oval, cuando el Presidente Nixon me pregunto cómo íbamos a ayudar a los méxico-estadounidenses a ganar empleo. Yo sugerí que la EEOC había sometido un plan para impulsar a los negocios a reunir datos por etnicidad en lugar de solo por raza. Le remarqué al Presidente que si podíamos aumentar el empleo y las promociones, ahora negadas por la discriminación, podríamos mejorar los resultados de la educación de los estudiantes méxico-estadounidenses. Le mostré cómo mi estudio en la Comisión de los Estados Unidos sobre los Derechos Civiles había demostrado por vez primera que el nivel socioeconómico de los padres es la mejor predicción del desempeno estudiantil.

Fue mi papel como investigador señor del personal de la Comisión de Estados Unidos de los Derechos Civiles que tenía que revisar la metodología para el estudio propuesto de los esfuerzos del reforzamiento federal de las leyes de los derechos civiles, así que me había convertido en muy familiar con todo lo que el gobierno federal estaba haciendo para asegurar su cumplimiento. El estudio propuesto bajo revisión incluía esfuerzos a favor de los Negros, pero me molestaba que el estudio no incluyera el encontrar cómo los méxico-estadounidenses la estaban pasando. Esto era comprensible, puesto que nosotros apenas éramos contados por el censo y las agencias no estaban colectando datos por etnias. Sin embargo, con el respaldo directo del Presidente Nixon, el Comité del Gabinete fue capaz de empujar a todo el gobierno federal de contar a los méxico-estadounidenses, puertorriqueños y otros empleados de apellido hispano del gobierno y publicar el resultado. Yo sabía que al ser contados, seríamos capaces de describir nuestra situación y podríamos presentar soluciones programáticas para el mejoramiento de la vida del pueblo. Cada uno podría finalmente analizar las desigualdades de empleo en el gobierno federal.

Así, los departamentos federales y las agencias comenzaron a implementar sus conteos étnicos en 1971y comenzaron a usar el término "apellido hispano" en lugar de "méxico-estadounidense". Un ejemplo sobresaliente sobre el nuevo conteo por etnicidad está contenido en marzo de 1973 en un reporte del Departamento de Estados Unidos del trabajo. Tabla tras tabla de los números son presentados en columnas arregladas del modo siguiente:[40]

Total Blancos/Total Negros/Origen hispanos: Total Mexicanos/total Puertorriqueños/otros

Esto representaba un mayor progreso a lo largo de los muchos, muchos años, cuando los números eran presentados en la simplicidad de dos columnas solamente: Total de Blancos y total de Negros.

No fue mucho tiempo después de que el departamento federal y las agencias comenzaron a implementar sus contactos étnicos y entregar los datos que esto provocó una fuerte reacción. En noviembre 30, 1971, la Comisión del Servicio Civil de Estados Unidos entregó datos del empleo del gobierno federal por raza y etnicidad bajo las categorías: "Negros", "Apellido hispano", "Indio americano", "Oriental" y "Todos los demás". Pero cuando el país descubrió que éramos el 6 por ciento de la población y solo 3 por ciento del empleo del gobierno federal, todo el infierno se desató. Naturalmente los Demócratas le fallaron al Presidente por

---

[40] Departamento de Trabajo, "Manpower Report of the Department of Labor to the President and to the Congress", marzo 1973.

la disponibilidad. Pronto más huecos y quejas resonaron, con la reunión y publicación de datos raciales y étnicos en otras áreas del gobierno (tal como vivienda y educación). Los Demócratas comenzaron sus ataques al Programa de 16 Puntos, clamando que era una falta tétrica. Ellos no querían reconocer que primero era absolutamente requerido el entender simplemente una situación antes de que se pudiera tomar una acción para transformarla.

No obstante, se me habían anticipado sus ataques. Yo di pláticas y discursos y entrevistas por radio y TV en las que repetía una y otra vez donde veía la falta. El Presidente Nixon leyó esto en su sumario de noticias de la mañana: "Ramírez, jefe del Comité del Gabinete sobre Oportunidades para la gente de habla hispana, dijo que su grupo no estaba teniendo éxito al emplear hispanoparlantes en bajo nivel federal de trabajos y señalaba a los medievales burócratas de nivel medio como la causa. Es una cosa que el Presidente de una orden, decía Ramírez, y (otra cosa) que sean sus secretarios, agencias capitales e inmediatos lugartenientes que les coordinen."[41] Algunos del personal de la Casa Blanca no estaban contentos. Por ejemplo Ray Hanzlik, un nuevo asistente del Consejero Finch, escribió: "Alguna vez cuando trabajamos para resaltar los logros positivos, no se dice que esos comentarios fueron bien recibidos por aquí."[42] Sus preocupaciones hacían mi trabajo más difícil, pero ¿mi reacción? Vivir y aprender.

El senador John Tunney, un Demócrata de California profirió negativas en un reporte de Noviembre 11, 1971, por *Public-Advacates, Inc.*, titulado *"Empleo del Gobierno*

---

[41] President's News Summary, 8 agosto 1972. National Archives.

[42] Raybum Hanzlik a Henry Ramírez, memorándum, 9 agosto 1972. National Archives.

Federal de México-americanos en California: "Aclassic case of Government Apartheid and False Elitism". La pregunta es, ¿Cómo el Senador Tunney y la organización de *Abogados Públicos* sabían los datos estadísticos sobre los méxico-estadounidenses en California? La respuesta es: no lo sabían porque aún no estaba disponible. Además, cuando el Presidente Nixon había anunciado el Programa de los 16 Puntos el año anterior, fue para reclutar y emplear a méxico-estadounidenses en todo el país no solo en California. El jefe Robert E. Hampton de la Comisión de Servicios Civiles de estados Unidos reaccionó claramente al reporte de *Public Advocates, Inc*: "El reporte es engañoso". En Washington, cuando alguien es acusado de "engañoso", significa que la persona miente. La reputación del jefe Hampton de cinco páginas de los ataques escurridizos contra los esfuerzos del Presidente y el Programa de los 16 Puntos fue devastador.[43]

El jefe Hamptom respondió de nuevo para defender el Programa de los 16 Puntos en Marzo 29, 1972, esta vez por una investigación del Congresista Robert McClory: "Estoy proporcionando los siguientes comentarios en relación al comentario hecho por (congresista Don Edwards, Demócrata de California), concerniente al Programa del Presidente Nixon de los 16 Puntos para proporcionar iguales oportunidades para las personas de apellido hispano. Contrario a las afirmaciones del Congresista Edwards, el Comité del Gabinete sobre Oportunidades para los de habla hispana es altamente considerado. Hoy sin embargo, una falla por parte de algunas personas para reconocer el progreso que se ha

---

[43] Robert E. Hampton al Senador John V. Tunney, "Federal Government Employment of the Mexican American in California", 29 diciembre 1971. National Archives.

hecho por esta administración al trabajo sobre las legítimas aspiraciones del grupo de apellido hispano en el empleo federal.[44]

Es una vergüenza ciertamente cuán completamente ignorante estaba el Congresista Edwards Nació en el Valles Santa Clara de California en 1915. Recibió su grado de Bachillerato y de Leyes de Stanford durante la Depresión y sirvió en la Marina, trabajo por un año en el FBI y más tarde fue presidente de la Valley Title Company. Cuando fue estudiante y miembro del grupo de golf Stanford, yo estaba de rodillas recogiendo ciruelas maduras y compitiendo con las avejas de chaquetas amarillas en el barrio de Edwards cerca de San José, Santa Clara, Campbell y del privado Club de cursos de golf del condado de Saratoga, donde él lanzo las conexiones. Yo vivía con mi madre, cinco hermanos y cinco hermanas en las huertas de chavacanes y cirjuelas de Santa Clara Valley, cuando de mayo a septiembre cortábamos chavacanes y recojiamos cirjuelas desde el amanecer hasta el atardecer de cada día, excepto al domingo, cuando íbamos a misa a San José. El congresista Don Edwards ¿nos conocía a nosotros chicanos y los trabajadores migrantes de estación cuando él estaba en Stanford? ¿O trató de conocernos en su country club, en su iglesia o en la compañía de bienes raíces?

Yo lo dudo mucho. Su comportamiento oficial en Washington claramente demostraba que Edwards no nos conocía.. De hecho, cuando los procedimientos se dieron alrededor de Watergate, este congresista usó su posición de poder para ayudar a destruir el Comité del Gabinete.

---

[44] Robert E. Hampton a Congressman Robert McClory, "Congressman Edwards' Statements on President Nixon's Sixteen-Point Program", 29 marzo 1972. National Archives.

A causa de toda esta presión Alex Armendáriz estuvo acercándose a las oficinas de la campaña presidencial, escribió un memo a Fred Malek, que era el asistente presidencial a cargo del personal de la Casa Blanca, para tener una atención de alto nivel. Aseveró: "La presentación de los americanos de habla hispana en el gobierno federal permanece un asunto de campaña crítica. Nuestros oponentes políticos están convencidos del liderazgo de los hispanoparlantes que las desigualdades de empleo pueden subsanarse por el presidente con un quiebre de pluma, es decir con medidas de una Orden Ejecutiva pidiendo más trabajos para los de habla hispana". Así que, Alex Armendáriz recomendó una declaración ejecutiva llamando por un agresivo reclutamiento de gente de habla hispana en el gobierno.[45]

Esto inició la bola rodante para diseñar un memorándum aceptable presidencial sobre el Programa de los 16 Puntos. Mis esfuerzos se encontraron con un "intente de nuevo".

No fue sino hasta Junio 17, de 1974, que Anne Armostrong, que había remplazado al Consejero Finch, aprobó un esquema aceptable.[46] Sin embargo, dada la situación política de ese tiempo, el memorándum no llegó más lejos. Yo tuve que, salir tres meses después; el presidente pronto renunció.

Los voceros méxico-estadounidenses por el Partido Demócrata y especialmente Raúl Yzaguirre, quien encabezo el Consejo Nacional de la Raza, no entendió

---

[45] Alex Armendariz a Fred Malek, memorándum, 31 agosto 1972, "Spanish-Speaking Federal Employment". National Archives.

[46] Henry M. Ramírez a Anne Armstrong, memorándum, 17 junio 1974, "Presidential Memorandum on Equal Opportunity for Spanish Speaking People". National Archives.

que simplemente era necesario el contar cuántos éramos y dónde vivíamos. Evidentemente, esos méxico-estadounidenses Demócratas estaban convencidos que todo mundo en los Estados Unidos sabían quiénes éramos, simplemente porque ellos mismos lo sabían. Ellos habían perdido el hecho fundamental de que primero teníamos que ser contados oficialmente por *etnicidad*, esto es lo que hizo el Presidente Nixon. Los Demócratas no pueden reconciliarse con esto. Perdieron el barco.

En 1976, el Consejo Nacional de la Raza pública su reporte: "Cinco años después: Una Crítica preliminar del Programa de los 16 Puntos de los hispanoparlantes cinco años después de su creación."[47] Está probablemente juntado polvo en algún lugar, si algunas copias quedan. Fue un patético intento para desacreditar los éxitos del Programa de los 16 Puntos. El Consejo Nacional de la Raza se había convertido en una extensión del Comité Nacional Demócrata, el sindicato United Auto Warkers (UAW), y la Federación Americana del trabajo y las Organizaciones Industriales del Congreso (AFL-CIO). Permanecen hoy en día.

A pesar del negativo punto de vista del Consejo Nacional de la Raza, el muy debatido y difamado Programa de los 16 Puntos fue en realidad exitoso. En Julio 16, 1674, Roy Fuentes, que estaba ahora trabajando como oficial del programa en el CCOSSP y atendiendo el

---

[47] Raúl Yzaguirre, "Employment Tidbits: National Council of La Raza and IMAGE, a national organization of Spanish speaking government employess, released a report entitled 'Cinco Años Despues: A Preliminary Critique of the Sixteen Point Spanish Speaking Program Five Years after Its Creation' ", *Critica* (octubre 1976), p. 7.

progreso hecho en la iniciativa de incrementar el empleo del gobierno federal de la gente de habla hispana, me envió un memo dando una lista de los nombres, teléfonos, agencias y direcciones por arriba de veinte coordinadores de tiempo completo de hispanoparlantes bilingües.[48] El trabajo de estos coordinadores era implementar el Programa de los 16 Puntos (Recordar, siguiendo la recomendación de la Comisión de Servicio Civil de los Estados Unidos del personal federal Manual System Letter N° 713-18 que había especificado que cada agencia federal debería nombrar un coordinador para el Programa de los 16 Puntos).

En el transcurso de un año, Ed Valenzuela, presidente de la recién formada organización *National Image. Inc.* Anunció en su convención 1975 que el número de los coordinadores de habla hispana habían aumentado de unos cincuenta al número record de mil. El aumento del número reportado por Fuentes en 1974 al número dado por Valenzuela solo un año después es ciertamente notable. El Programa de los 16 Puntos había despegado y se había vuelto sistemático.

El legado del Programa de los 16 Puntos, su duración y logros, habían sido reconocidos. Un cuarto de siglo desde su inicio, Manuel Olivares Chairman y jefe oficial ejecutivo de una organización formada para promover a los profesionistas y ejecutivos hispanos en cargos altos del gobierno federal me invitó a un almuerzo histórico en Julio 12 de 1995. Escribió: "Usted Chairman, Ramírez, es uno de los pioneros y visionarios, cuyo liderazgo y consumado profesionalismo dio al programa su dirección y vitalidad, nosotros, en la comunidad hispana, le

---

[48] Roy O. Fuentes a Henry M. Ramírez, memorándum, 26 julio 1974, "List of S/S Program Coordinators". Personal files.

debemos una gran deuda de gratitud. En correspondencia, nos sentiríamos honrados si usted nos hace el honor de aceptar nuestra invitación de ser nuestro invitado especial al almuerzo que conmemora los 25 años de los 16/Point/HEP. La Administración Carter había renombrado al Programa de los 16 Puntos que fuera el Programa de Empleo Hispano.

Una revelación más es necesaria para dar crédito donde la historia lo demanda. En los 1920, una familia mexicana huyó de la Persecución de los Católicos y su amada iglesia en México y vino a residir en El Paso, Texas. Un hijo Carlos Esparza, comenzó desde el fondo de la Comisión del Servicio Social de los Estados Unidos; por 1971 había ascendido a los más altos escalones y llegará a residir en Washington. El conocía las leyes de servicio social, las reglas y regulaciones de memoria. Algo más importante, él sabía cómo hacer cosas correctamente. Él era el muchacho detrás de todas las acciones directas en este capítulo. Otros se llevaron el crédito, porque tenían los títulos y la publicidad. Carlos solo hacia su trabajo. Hoy él es el coordinador el dueño de una corporación multimillonaria en dólares que sirve a necesidades de contratación de las agencias del gobierno, incluidas las renombradas Comisiones de Servicios Civiles de Estados Unidos, ahora conocidas como Oficina del Personal y mantenimiento (OPM).

Por supuesto, el Programa de los 16 Puntos/Programa de Empleo Hispano no duró para siempre. Como Carlos explicó con sus propias palabras en mi libro anterior, *Un Chicano en la Casa Blanca, El Nixon que nadie conocía* (pp. 141-142).

La muerte tocó su tañido para el Programa de Empleo Hispano que empezó bajo el director de

182

OPM, Don Devine, un ultraconservador nombrado por Reagan, que a principio de 1983 abolió la oficina de las noticias de la carta, La Mesa Redonda. Las noticias de la carta eran el instrumento clave para guiar las iniciativas del programa a lo largo del gobierno federal. La desaparición del programa continuó bajo la administración de George H. W. Bush y Bill Clinton. Más golpes se le dieron al Programa durante la administración de George W. Bush cuando varios instrumentos claves para facilitar el contrato de los hispanos terminaron. Eran una certificación bilingüe y el uso de crédito relacionados al trabajo con actividades culturales. Finalmente al término de un corto mandato (Ángel Luevano OMP), que había ejecutado una contratación rápida y no burocrática de subcontratados eruditos se negoció por fuera en 2007. Por casi 25 años este mandato había proporcionado la más productiva avenida para atraer a talentosos hispanos (y otros grupos) al gobierno.

La era de emplear americanos con apellidos hispanos fue un éxito. Poca gente se dio cuenta de que teníamos que competir con nuestros hermanos Negros, que tenían los beneficios directos de cientos de millones de dólares y miles de personas para implementar la legal imposición de la no discriminación y en el empleo, público o privado. En el Comité del Gabinete sabíamos, como también el Presidente, que la Comunidad Negra era la única beneficiaria de las leyes recientes y de la nueva Comisión del empleo. Ellos eran familiares a Washington, D.C., y había sido esclavos. Nosotros habíamos sido conquistados y éramos invisibles y desconocidos. Como resultado, teníamos que inventar e implementar nuestro propio programa de empleo hasta que fuéramos contratados y fuéramos capaces de ser asumidos por la sociedad.

Yo di esta exposición ante el subcomité del Comité de las Operaciones del Gobierno, Casa de los Representantes (Diputados), el 23 de julio 1973:

Lo que el Comité del Gabinete intenta llevar a cabo en último término es institucionalizar los programas, políticos y mecanismos a través de toda la estructura federal para que la inclusión de los de habla hispana se convierta en una automática función del gobierno. Por inclusión significa pan y mantequilla para los hispanoparlantes de los contratos y su procuración y sus derechos de adquirir y recibir una equitativa participación de los fondos del gobierno.[49]

Esto lo decía todo. Esto es lo que el Presidente Nixon quería y había instruido.

---

[49] House Committee on Government Operations, *Opportunities for Spanish Speaking People*, 23 julio 1973, pp. 1-13.

7. NIXON ABRE LAS PUERTAS AL "BROWN CAPITALISMO" (CAPITALISMO MORENO)

Hasta el momento, habíamos contemplado varias acciones que el Comandante en Jefe ordenó que se hicieran para el avance de los méxico-estadounidenses:

- Tenían que ser **contados** en todos los segmentos de la sociedad americana para no ser más invisibles.

- Se les debería de asegurar **igualdad de oportunidades** por las leyes de los derechos civiles de 1964.

- Deberían ser **ejecutivos** de alto nivel en el Gobierno Federal.

- Deberían tener acceso al **empleo federal**.

Este capítulo presentará además otra área de avance bajo Nixon: Los **contratos y subvenciones** del gobierno.

Aquí también, vemos la gran visión del Presidente Nixon en acción como ya se mostró, su visión causó la inclusión de los americanos con apellido hispano en el corpus del gobierno. Se convirtieron en ejecutivos federales del gobierno, consejeros y empleados con gran oportunidad para el desarrollo. Como operadores de grandes decisiones, tenían las riendas ejecutivas de la autoridad. Contrataban a gente y le concedían subvenciones y contratos en números y aumentos substanciales-millones.

La visión de Nixon para dar poder a las minorías primeramente fue articulada en dos pláticas por radio dadas en abril de 1968 bajo el título "Puentes para la dignidad humana". Describió dos puentes que moverían a los Negros de la ayuda social a la dignidad: el puente del éxito de los Negros y el puente del Capitalismo Negro. En su mentalidad de cuáquero, Nixon tenía la noción original de que la gente que pueda llevar sus propios negocios avanza el Modo Americano más rápido y suavemente. Y, cuando la sociedad discrimina contra los débiles, el gobierno puede y debe conducir el camino. Juntando estos dos conceptos, le puso fuerza y cometido en el poder económico de los Negros tan pronto fue electo.

Maurice Stans, Secretario de Nixon de Comercio, habló sobre esto en una conferencia en la Universidad de Hofstra, Nuevo York, que tuvo lugar en Noviembre 18-12-1987. En su discurso, explicó la situación enfrentada por las minorías en ese tiempo:

Antes de 1969, el gobierno federal no tenía programa para ayudar a los miembros de las minorías raciales o étnicas para comenzar un negocio y permanecer en él. La ayuda era posible solo para un solicitante si él o ella calificaban para asistencia dentro de una de las actividades establecidas para la administración de los Pequeños Negocios esta aproximación era inalcanzable para las minorías, que estarían en competencia directa con los usualmente mejor calificados miembros de la mayoría blanca.[50]

Para cambiar esta situación, el presidente Nixon tomó tres pasos para traducir esta visión en acción tan pronto como ocupó la Oficina Oval. Primero, nombró a Hillary Sandoval, una empresaria méxico-americana de El Paso, Texas, como administradora de la Administración de los Pequeños Negocios (SBA). Nixon encargó a Sandoval, junto con el Secretario Stans, encabezar una iniciativa llamada "Capitalismo Negro". Segundo, nombró a Robert J. Brown como asistente especial del Presidente en Asuntos Negros; el trabajo de Brown era ser enlace con la comunidad negra. Y Tercero: después de justamente un poco más de un mes de ser Presidente, firmó una Orden Ejecutiva para establecer el capitalismo Negro el 5 de marzo 1969. Nixon no esperó a que el Congreso argumentará por los acostumbrados dos años antes de que la legislación llegará a su escritorio para ser firmada. Esta fue la Orden Ejecutiva #11458: "prescribiendo arreglos para Desarrollar y coordinar el Programa Nacional para la Empresa de Negocios de las Minorías".

---

[50] Secretary Maurice Stans, "Nixon's Economic Policy toward Minonties", The Sixth Annual Presidential Conference: Richard Nixon. A Retrospective on His Presidency, Hofstra University, 20 noviembre 1987.

Al principio, la visión de Nixon se dirigió
primeramente a los negro-americanos socialmente sin
ventajas y reglas económicamente. Ellos se beneficiaron
inmediatamente. Sin embargo, el Presidente Nixon era
igualmente inflexible sobre el desarrollo de los negocios y
las oportunidades de los Mexicanos y su enfoque original
sobre el Capitalismo Negro se expandió para influenciar
el "Brown Capitalismo" (Capitalismo Moreno), aunque el
alcance al pueblo hispanoparlante se desarrolló más
lentamente y se desarrolló tarde.

Nixon poseía ahora el personal y los medios para
extender el capitalismo a ambos grupos por vez primera
en la historia de los Estados Unidos. Así como Robert
Brown había pagado el peaje por el avance económico de
los negros, así también Hillary Sandoval trabajó
asiduamente como administrador de la SBA para mejorar
el avance económico de los americanos de apellido
hispano. Él y Martín Castillo guiaron a Benjamín
Fernández, un consultor financiero, en sus esfuerzos por
organizar y conducir la Asociación de Desarrollo
Económico Nacional (NEDA). SBA le había otorgado a
NEDA una subvencion oficial de varios millones para
asistir a los que deseaban poseer negocios.

Mientras en Los Ángeles en agosto de 1970, el
Vicepresidente Agnew anunció la formación de NEDA
como una nueva organización nacional para promover el
desarrollo de los negocios entre los diez millones de
ciudadanos de habla hispana de la nación. NEDA fue
fundada por SBA y el Departamento de Comercio de los
Estados Unido. Satisfactoriamente sirvió adecenas de
miles de ciudadanos y los ayudó a ser emprendedores,
desarrollando a hispanos capitalistas, gente de negocios
en casi cerca de treinta áreas urbanas.

Otra iniciativa de negocios iniciada por el Presidente Nixon fue la oficina de Comercio de los Estados Unidos para la Empresa de los Negocios de las minorías. La misión de esta agencia era promover el desarrollo de los negocios minoritarios. Financió organizaciones sin lucro que a su vez proporcionaron servicios administrativos y financieros para crear emprendedores, sirviendo así de puerta de entrada al capitalismo.

Discutí con el Presidente la necesidad de bancos poseídos y operados por méxico-estadounidenses y otros hispanos. Visite a los directores de la Oficina de los Controladores de la Moneda (OCC) y al Federal Home Loan Bank Board, las dos agencias del gobierno que autorizaban (charters) el establecimiento de dos clases de bancos, comerciales o de préstamos facilitando la compra de casas y ahorros. Ambos me animaron a conseguir hispanos interesados en esta área fundamental del capitalismo para organizar y solicitar los "charters" (las autorizaciones). Así que discutí con Benjamín Fernández, presidente de NEDA y economista las oportunidades presentadas por el OCC y el Federal Home Loan Board. Como jefe del NEDA, ayudó a la gente a solicitar los charters bancarios. Por el 31 de diciembre 1972, hispanos poseían diez bancos de préstamos y ahorros, así como diez bancos comerciales.[51]

En 1970, se inició otro programa para generar depósitos para los bancos comerciales recién establecidos por Hispanoparlantes. Ya que el gobierno federal recibe grandes sumas de aportaciones diariamente, en este programa el gobierno también deposito en los bancos de

---

[51] Raymond D. Chávez, Federal Home Loan Bank Board, a Armando P. López, Economic Development Administration (U.S. Department of Commerce), abril 1973. National Archives.

los hispanoparlantes. Por ejemplo, solo en Los Ángeles, la gente hace largas filas para buscar asistencia del Servicio de Inmigración y Naturalización, que por consiguiente colecta grandes sumas de dinero que se debe depositar en algún lugar. Con este programa empezado por la administración de Nixon, los depósitos se pueden hacer en los bancos para minorías.

En ese tiempo el presidente Johnson invento un programa para ayudar a sacar a la gente de la pobreza.

Johnson uso la agencia federal, Oficina de Oportunidad Económica, para distribuir grandes sumas en efectivo a miles de organizaciones sin lucro. Los negros tenían estas organizaciones para ayudar a los pobres. Pero los mexicanos no participaban con varias excepciones porque aun el gobierno no sabía que existíamos. El programa se llamaba La Nueva Guerra a la Pobreza.

Nixon, por su parte brindo en contraste una direccion emprendedora a la Nueva Guerra a la Pobreza, basada en el sistema económico, Capitalism. Hizo una vasta inyección de dinero en efectivo que fuera a las zonas golpeadas por la pobreza para convertir a esos ciudadanos en accionistas de Cooperaciones para el Desarrollo de la Comunidad (CDC) ("Community Development Corporations") Fue el marco sorprendente dado a este programa. Los conceptos que conducían a su implementación llevaron a esa gente que vivía en pobreza a que pudieran disfrutar de ingreso adicional si eran accionistas en las corporaciones locales de desarrollo. Los ciudadanos en pobreza formaron un tercio de la mesa directiva de esas CDC's, y los consultores proporcionaban asistencia técnica a esas nuevas mesas sobre cómo conducir y hacer transacciones comerciales con millones de dólares de moneda de siembra para venturosos negocios.

CDC's fueron establecidos en California, Arizona, Colorado, Texas, Nuevo México y en estos lugares, el Valley Imperial , Oakland, Los Angeles, Fresno, Alburquerque, Phoenix, Denver, El Paso, y San Antonio que estaban igualmente bien endosadas. ¡Cada una recibió una subvención de diez millones de dólares! Algunas de esas CDC's crecieron hasta convertirse en casos poderosos que aún hoy en día están funcionando, por ejemplo, la CDC del Este de Los Ángeles es muy grande. Se conoce con las letras: TELACU.

Jamás pudieron darle crédito a Nixon, pues siguen siendo fieles miembros del partido de los Democratas.

Finalmente, el legado más duradero en ambos capitalismos, Negro y Moreno fue la inclusión de las compras en el gobierno. El Presidente Nixon constituyó completamente nuevos modos para el gobierno para llevar a cabo los negocios con las compañías de los Negros y los Morenos.

La SBA incrementó los préstamos a las firmas minoritarias por cientos de millones de dólares. También administró el tremendamente exitoso Programa 8 (a). Bajo este programa Nixon requirió de cada centro gubernamental de procuración para incrementar las compras federales de las compañías minoritarias que poseían y controlaban desde casi cero hasta cientos de millones de dólares. Tres años después de iniciar el capitalismo negro y moreno, el SBA reportó lo siguiente en marzo de 1972 al Comité del Gabinete sobre Oportunidades de la gente hispanoparlante (CCOSSP): el número de las compañías poseídas por apellidos hispanos en el Programa 8 (a) fue 173. Las firmas poseídas por Negros eran 1,872. Desde el inicio del Programa en 1969, la suma total de contratos en dólares concedidos a las campañas poseídas por los de apellido hispano era $16.059,870 y 118.049,600 a las compañías poseídas por Negros. Es importante notar que antes de la creación de NEDA, ninguna compañía hispana había entrado en el programa 8 (a). Es salvo seguro asumir que el trabajo de NEDA y CCOSSP atrajo a los hombres y mujeres hispanos 8 (a) al mundo de los contratos gubernamentales. En efecto, los hijos de los millones de mexicanos campesinos de la Diaspora y de la vida feudal con Nixon ya empezaban a participar en el mundo capitalista. Lo que fue imposible conocer en El Bajio, ahora se realizó en el Sueño Americano. Hoy día hay personas que son billonarios y muchos que son millonarios a causa de lo que Nixon hizo realidad.

Es un hecho histórico: El Presidente Nixon introdujo al capitalismo a los ciudadanos de apellido hispano. La gente de habla hispana participó en el capitalismo exitosamente y en gran número. Es una lástima que a la prensa latina este fantástico cumplimiento casi le parecería que los escritores de apellido hispano llevaron al socialismo en sus mangas y dejaran al capitalismo en el oprobió.

Por ejemplo, *Los Ángeles Times* contrató a un reportero con un rango alto, Rubén Salazar, en los sesenta. En agosto de 1970, cubrió el lanzamiento de un esfuerzo totalmente nuevo y novedoso. Nixon trato de introducir el capitalismo al barrio. El escribió: "Al final del día, gracias a la gran cobertura que el vicepresidente consigue de los medios noticiosos, toda la nación conoció la formación de la Asociación para el Desarrollo de la Economía Nacional (NEDA)". Entonces tuvo que añadir sarcástica y sádicamente: "En el barrio los chicanos inmediatamente comenzaron a llamar NEDA, NADA que en español significa nada."[52] Yo le pregunto en busca de la verdad: ¿Fue esta frase realmente pronunciada por algún ser humano en el barrio? ¿El Sr. Salazar estaba inventando noticias o realmente estaba reportando los hechos? ¿Estaba ventilando una angustia personal contra el capitalismo? ¿Hubiera preferido que los chicanos crecieran en un marxismo socialista de su lugar de origen, México? ¿No sabía que en el socialismo no exista Santa Claus? Salazar habia sido un reportero en Saigón, donde el cubrió una guerra que los comunistas habían iniciado en Vietnam del Sur. ¿Fue impresionado con lo que observó de las metodologías marxistas e ideología? A Salazar le encantaba el sistema de "fake" noticias.

Recordar que los mestizos mexicanos y los indígenas habían sido sin tierra, sin educación, campesinos sin poder, desde la conquista española. Por generaciones habían vivido bajo un sistema feudal; los terratenientes con todos sus privilegios eran casi todos europeos en este sistema. Los terratenientes no eran chicanos, ellos eran gachupines.

Desde 1910 a 1930, una migración masiva de cerca de dos millones de pobres y campesinos mexicanos tuvo lugar- la Diáspora mexicana. Estos campesinos súbitamente abandonaron sus jacales en los ranchos y haciendas donde por generaciones había laborado para los españoles del Bajio de México y subieron a los box cars hacia el norte, huyendo de sus pequeñas aldeas para las ciudades y granjas de los Estados Unidos, la tierra de los libres. Ellos no sabían nada sobre el capitalismo. Ellos eran obreros que de repente huyeron en busca de paz, trabajo, y seguridad. No eran migrantes pues esperaban

---

[52] Rubén Salazar, "The Mexican-Americans NEDA Much Better School System", *Los Angeles Times*, 28 agosto 1970.

regresar a la única vida que conocía cuando se estableciera la paz y el orden que vivieron bajo Porfirio Diaz. Llegaron a California a piscar la cosecha o trabajar en los campos de remolacha de Colorado y Kansas. Estos mismos se encontraron en Chicago y esparcidos por los Grandes Lagos; pero llegaron a ser los padres de los chicanos por cuyo bienestar yo luché y me esforcé; ellos cuando jóvenes fueron a la guerra en Europa, el Pacífico y aún en la India. Ellos fueron los veteranos de la II Guerra Mundial para quienes el Presidente Nixon hizo del capitalismo una nueva realidad.

8. NIXON ASISTE A MISA EN LA CASA BLANCA

Durante mi reunión en la Oficina Oval el 5 de agosto 1971, el Presidente Nixon me había dicho que los méxico-estadounidenses eran tan observantes de la ley y gente centrada en la familia por su catolicismo. Alabó el liderazgo que el Cardenal James McIntyre, Arzobispo de Los Ángeles, ejercía sobre su rebaño de habla hispana. Fue precisamente en este momento que le recordé el quinto punto de la nota de mi tarjeta tres por cinco: "Inclúyanos en la Casa Blanca actividades para suscitar una consecuencia nacional de las condiciones de los méxico-estadounidenses". Asintió moviendo la cabeza.

Una acción específica que le recomendé para promover ese quinto punto de mi visión fue incluir a los méxico-estadounidenses en el Servicio del Domingo en la Casa Blanca. Puse adelante esa recomendación en el estudió que había hecho para Robert Finch en enero

1971, *"Un Panorama de las perspectivas de la Casa Blanca de los Asuntos de los hispanoparlantes"*.

Poco después de su primera inauguración en 1969, el Presidente Nixon inició la práctica de observar los servicios evangélicos el domingo en la Sala Este de la Casa Blanca. Siendo él un Cuáquero, invitó al Rev. Billy Graham, un Bautista, para oficiar el primer servicio del domingo, seguida por una rotación de diferentes dominaciones religiosas. Hasta este momento no se había tenido ninguna misa católica en toda la historia de la Casa Blanca. Pero este presidente cambió la historia.

Para 3 noviembre de 1971, hubo ajetreo y bullicio. El Presidente había aprobado una misa católica en reconocimiento cultural de la herencia del pueblo hispanoparlante. Fue la primera vez que hubo una misa en español en la Casa Blanca. Se escogió una fecha y el Arzobispo Madeiros sería el que oficiaría. (Aparentemente Carlos Villareal y Robert Finch lo habían escogido en primer lugar, a pesar de mi recomendación del Obispo Flores, un prelado chicano, activista de los derechos humanos.) Se me dijo que presentara una lista de 500 nombre claves de líderes hispanos. Cada uno recibiría un membrete conteniendo una foto de la nueva Tesorera de los Estados Unidos, Romana Bañuelos (la primera mexicana tesorera de los Estados Unidos), sentada junto a un sonriente y relajado Presidente Nixon en la Oficina Oval, junto con un billete de un dólar autografiado por ella. (Con una pequeña nota: ¡La tinta de este billete de dólar firmado, desteñido por el tiempo!) Las invitaciones volaron, causando un torbellino de llamadas telefónicas y planes de viaje de California, New York, Texas y Miami y de otras partes. Fiestas y recepciones para acompañar las festividades de la Casa Blanca fueron arregladas. Algunos de los invitados asistirían también a la reunión del consejo de asesores del CCOSSP al día siguiente después del servicio dominical.

El domingo 14 de Noviembre 1971, el Presidente Richard M. Nixon y su esposa se unieron a la congregación invitada en el primer servicio dominical de la Casa Blanca para gente de habla hispana, una misa celebrada por el Arzobispo Madeiros. El ex presidente Lyndon B. Johnson y su esposa también asistieron. El Sr. Nixon y el Sr. Johnson flanquearon al Arzobispo Madeiros en la fila de la recepción (Figura 8). Los jueces de la Suprema Corte asistieron, como también el Jefe del Personal Adjunto, miembros del Cuerpo diplomático (especialmente de América Latina) y miembros del consejo de habla hispana. Así, las tres ramas del gobierno participaron en la misa celebrada por el Arzobispo Madeiros. Fue algo realmente impresionante e histórico para la Casa Blanca el ser anfitrión de tantos méxico-estadounidenses, puertorriqueños y cubanos. Queríamos participar de nuestra euforia sobre esta primera entusiasta misa al mundo.

Figura 8. Después de la misa en la Casa Blanca, mi esposa, Ester, y yo saludamos al Arzobispo Madeiros en la fila receptora con el Presidente Nixon y el ex-presidente Lyndon B. Johnson. Aunque poco visible en la foto, nuestra hija Carol está a la izquierda de Ester y nuestro hijo Michael está a su derecha. *(Cortesía de la Biblioteca de Richard M. Nixon)*

Para aclarar cuando surgió la idea de una misa en la Casa Blanca, ésta es la cronología. En enero de 1971, recomendé una misa en la Casa Blanca en mi estudio *Un Panorama de las perspectivas de al Casa Blanca de los Asuntos de los hispanoparlantes.* Aunque me falta prueba escrita, en abril de 1971, el Consejero Presidencial Robert Finch inició algo para escoger al Obispo Patrick Flores de San Antonio o al Arzobispo Humberto Madeiros de Boston. Tengo un memorándum informal escrito por un "gg" sin fecha, pero la fecha tiene que ser en julio de 1971. Yo sé que G.G. García lo escribió porque tengo otros documentos firmados por él con estas letras así. G.G.

García, quien trabajaba por ese tiempo en el Comité del Gabinete para las Oportunidades de la gente de habla Hispana (CCOSSP), escribió un memo a su jefe, John Bareno, quien era entonces el director de la CCOSSP, reportando una llamada que recibió de Carlos Villareal. El memo decía:

> Acabo de regresar de un viaje a Texas. Mientras estaba allá, él (Carlos Villareal) habló con el Obispo Patrick Flores. El Obispo Flores se mostró muy agradecido de que Villareal hubiera tomado el tiempo y la molestia de visitarlo.
>
> El Obispo espera pasar gran parte del verano visitando a los trabajadores migrantes donde quiera se encuentren, en los campos. El cree que la Iglesia debe preocuparse por aquellos que no están bien.
>
> El Obispo Flores espera visitar Washington en el Otoño. Cuando lo haga, desearía encontrarse con un grupo de los miembros de los hispanos pasantes de la Administración de Nixon. Estará aquí probablemente en noviembre y espera que se tenga una reunión durante ese tiempo.
>
> Villarreal espera que esto se pueda arreglar y que Bob Finch sea parte de esa reunión.
>
> Mientras tanto parece recomendable seguir adelante con la propuesta que (el Arzobispo) Madieros de Boston sea propuesto para llevar a cabo el servicio en la Casa Blanca el domingo."[53]

Carlos Villareal fue el administrador de la Urban Mass Transportation Administration, una agencia del

---

[53] G. G. García a John Bareno, memorándum, "Telephone call from Carlos Villareal", 6 julio 1971.

Departamento de Estados Unidos de Transporte ahora conocida como Administración Federal de Transito. Él era de Brownsville, Texas, y amigo cercano del Arzobispo Madeiros, que habría sido Obispo de Brownsville desde 1966-1970. El Obispo Flores fue el primer obispo méxico-estadounidense en los Estados Unidos, ordenado en mayo de 1970; fue el obispo auxiliar del Arzobispo Furey de la Arquidiocesis de San Antonio.

Observación: Robert Finch consideró mi recomendación en mi estudio *Un Panorama de las perspectivas de la Casa Blanca de los Asuntos de los hispanoparlantes* de una misa. El asistente de Chuck Colson también consideró mi estudio *Un Panorama* y importantísimo escribió recomendaciones para aprobación presidencial de ciertas acciones, como la misa. Porque esta acción caía en el ámbito de Finch, él discutió la idea con Carlos Villareal. Villareal visitó al Obispo Patrick Flores para entrevistarlo en forma general para determinar su recomendación de Flores o Madeiros. Pero Villareal recomendó a su amigo Madeiros.

Hay que recordar que la selección de un obispo para celebrar la misa en la Casa Blanca empezó con Robert Finch alrededor de abril de 1971. Y luego en octubre de 1971 entraron en este asunto otras personas de la Casa Blanca.

En cierta ocasión en octubre de 1971, un joven abogado llamado Doug Hallett me visitó en mi oficina. Se identifico como del personal de Chuck Colson, director político de la Casa Blanca. Después de asegurarme que su visita sería breve, relató que había sido asignado para revisar mi estudio. Añadió que lo había reformado para distribuirlo al personal de la Casa Blanca con base en "necesidad de conocer" y que había puesto mis recomendaciones para la acción en propuestas para la rama ejecutiva. Una de esas propuestas era la del servicio dominical. Me preguntó qué recomendaría ahora que yo era jefe del CCOSSP. Le respondí que tenía que discutir la materia con mi jefe, Robert Finch. Su reacción fue rápida y firme: "De ahora en adelante -remarcó- Usted le dice a Chuck [Chuck era Charles Colson] a través de mi lo que quiere hacer. Y a Finch usted le dice lo que usted ha hecho". Como para clarificarles nuevas líneas de poder de la Casa Blanca, añadió: "Chuck desayuna casi a diario con el Viejo [Nixon]". Yo comprendí. Ahora tenía un nuevo jefe de la Casa Blanca. Uno era para relatar la historia, el nuevo era para hacerla.

En vista de las nuevas realidades, avisé de forma fuerte que el servicio dominical de la Casa Blanca con cientos de hispanoparlantes invitados era imprescindible. Hallett respondió rápidamente: "Usted oirá de mi muy pronto", y lo hice.

Cuando tomé posesión como jefe del CCOSSP, abogué por seleccionar al Obispo Flores en mi discusión con Robert Finch, precisamente porque fue el primer obispo méxico-estadounidense. El arzobispo Madeiros había emigrado a los Estados Unidos de Portugal como adolescente, el que hablara español fluidamente era algo incidental por el propósito de incluir la cultura méxico-americana vía la Casa Blanca en el servicio del domingo, en una misa.

Miramos hacia los reporteros de los periódicos que informan alentadoramente al público americano de este importante evento. Lástima, las mujeres y hombres que reportan las actividades de la Casa Blanca estimaron que esto no era un acontecimiento. Yo había asumido inocentemente que ellos, al menos ipso facto, informarían al público americano y desarrollarían la conciencia de la presencia nacional de los hispanoparlantes con una cobertura favorable en los periódicos. En lugar de esto, qué sorpresa tan decepcionante fue el ver los artículos del lunes siguiente. La Associated Press (AP) reporta en el *Philadelphia Inquirer*, acompañada con una foto del Presidente Johnson, el Arzobispo Madeiros y el Presidente Nixon, parcialmente recortado con el texto: "Después de una discusión de Iglesia que se tuvo en la Casa Blanca". La AP reporta enfocando a los Johnsons en su reporte:

> El Ex presidente y la Sra. Lyndon B. Johnson regresaron a la Casa Blanca en domingo como huéspedes del Presidente y la Sra. Nixon para servicios de culto y después se unieron a la fila de recepción. Compartieron la recepción de los asistentes, ambos presidentes y el Arzobispo en el Comedor de Estado, mientras las Sras. Nixon y Johnson se saludan en el recientemente amueblado salón Rojo. Entre los 300 invitados había un número de representantes de habla hispana, quienes estaban invitados para una reunión el lunes a un consejo de asesores del Comité del Gabinete para Oportunidades para la gente de habla hispana.[54]

El reportero que escribió esto para informar al público lector en ingles era o estúpido o malicioso. La mayoría de los 500 líderes de habla hispana que fueron invitados fueron capaces de asistir. Por consiguiente, el número de los huéspedes de habla hispana presente era considerablemente más numeroso de 300-era entre 400 y casi 500, por claridad y precisión, el reportero debió haber dado un más preciso conteo del servicio de los asistentes.

---

[54] "Johnsons Visit Nixons", *Philadelphia Inquirer*, 15 noviembre 1971.

Es tan interesante cómo las predisposiciones y prejuicios pueden ser matizados con unas cuentas palabras cuidadosamente colocadas. Más allá de una sombra de duda escribir de esta forma caracterizó a las personas de espíritu mezquino que reportaron que lo que de hecho ellos querían normar era algo de la era Nixon. El reportero de la AP, por cualquier razón indescifrable, precisamente no lo consiguió. Me parece admirable que el reportero aparentemente no aprendió (o le preocupó) que esto era una reunión histórica e.d., que había tantos méxico-estadounidenses, cubanos y puertorriqueños en el servicio dominical de la Casa Blanca.

Por otra parte, el periódico más respetado en español, Diario las Américas (que tenía su centro de operaciones en la Ciudad de New York con circulación en los Estados Unidos y Latinoamérica) cubrió el evento con su propio corresponsal. Traduzco su parágrafo inicial:

La mera presencia del Arzobispo Católico de Boston, Monseñor Humberto Madeiros, así como de la multitud hispana a la Misa oficiada por el distinguido prelado, en la capilla de la Casa Blanca, representa un triunfo moral para la publicación hispanoamericana de los Estados Unidos.[55]

Más adelante, el artículo concluye:

Al final de la misa, el Arzobispo Madeiros concluyó que siendo el primer prelado de habla hispana en oficiar un servicio religioso en la Casa Blanca constituía para él "un muy alto honor y que

---

[55] "Muy Significante Para el Pueblo Hispano de E.U. un Acto en la Casa Blanca". *Diario Las Américas*. 15 noviembre 1971.

veía con gran satisfacción la presencia de tantas personas de habla hispana en el servicio."[56]

La historia cubrió una columna de cuarenta pulgadas y su tono y temor refleja el honesto y auténtico reportaje ¡Qué gran diferencia!

De interés particular es la manera en que el más grande, pero no menos respetado, periódico en español, presentó la historia. *La Opinión* de Los Ángeles, que todavía se imprime, sirve a la más densamente poblada área de hispanoparlantes en Estados Unidos. Tiene una tendencia centro izquierda. Sus páginas están sazonadas con entregas oficiales de la prensa del gobierno mexicano. Para las noticias mundiales se apoya mayormente en traducciones de la United Press International (UPI). Presentó el evento religioso de la Casa Blanca con una foto y una columna de diez pulgadas comenzando en la primera página. La captura de la foto del Sr. Johnson, del Arzobispo Madeiros y del Presidente Nixon dice: "En la Casa Blanca y en el encabezado de la historia se lee: "El Sr. Johnson de visita a la Casa Blanca". La continuación de la columna en la página dos se encabeza simplemente "El Sr. Johnson."[57]

¿Por qué un periódico como *La Opinión* ofusca la realidad del evento? Justamente de su área de circulación solo del Sur de California, más de cincuenta líderes hispano americanos viajaron a Washington para el servicio de la Casa Blanca, yo sé cuántos líderes había allí, porque yo revisé la lista de los invitados y los vi en la Casa Blanca. Sin embargo, *La Opinión* escribió: "Cerca de 100

---

[56] Ibid.

[57] "Mr. Johnson de visita a la Casa Blanca", *La Opinión*, 14 noviembre 1971.

personas de habla hispana asistieron entre otros huéspedes invitados. Los huéspedes de habla hispana estaban en realidad solamente para una junta de un Consejo Consultivo el día lunes". El escritor del artículo en *La Opinion* malamente glosa sobre el hecho de que entre los otros huéspedes había nada más ni nada menos que Jueces de la Suprema Corte, miembros del Congreso, jefes militares y miembros del Cuerpo Diplomático, sino que el escritor también malinterpreta el número de los huéspedes de habla hispana y el por qué ellos estaban allí. En contra del encabezado del relato, el servicio dominical no era para el controversial ex presidente Johnson. Fue la primera vez que una misa fue celebrada en la capilla de la Casa Blanca y asistió mucha gente. Por encima de todo, el evento celebraba la inclusión de la cultura nacional.

Un interesante punto de vista de este relato es cómo *La Opinión* manejó su reportaje de un tan singularmente significativo evento para un predominante grupo católico que ocurrió después de que yo regresé a la vida privada. Su propietario y publicador, Ignacio Lozano, había sido uno de mis consejeros presidenciales en el Comité del Gabinete, y alrededor de 1978, tuvimos un almuerzo a petición mía. Me supongo que tuvo el tiempo de explicar la forzada orientación del ala izquierda de su periódico. Explicó que la que estaba ahora a cargo era su hija y como persona joven tenía algunas nociones idealistas.

Por ese tiempo, *La Opinión* estaba llevando entregas de cable diariamente arrojando una luz favorable sobre los Sindicalistas de Nicaragua. Yo le dije: Usted y yo sabemos que son, comunistas que trabajan con los rusos y los cubanos de Castro. ¿Por qué no los describen acuciosamente como son comunistas, en lugar de las frases que usan sus diarios de izquierda o centro? El alegremente respondió: "Nosotros no sabemos si son comunistas. Nosotros sabemos no obstante, que son de izquierda o de centro". Para mí, esa respuesta me explicó todo lo que yo debía saber sobre lo que ocurrió en ese defectuoso reportaje sobre la primera misa en español en la Casa Blanca.

Una ulterior rareza en los relatos del periódico se reflejó al comparar el reportaje del AP en el *Philadelphia Inquirer* de lado a lado con el del UPI en *La Opinión*. La versión AP dice: "Los Johnson estuvieron en una visita breve a Washington después de haber hecho compras en Charlottesville, VA, para visitar a su hija y su yerno, el Sr., la Sra. Charles S. Robb". Un examen de la afirmación de la UPI muestra ser una traducción muy cercana a la del relato de la AP. De hecho, todo el relato de la UPI parece ser traducido de la AP. Hay una gran diferencia, sin embargo. El relato de la AP dice que había 300 huéspedes, pero la versión de la UPI en *La Opinión* ¡solo menciona 100! Como resultado, el enfoque en los Johnsons, presentados en el *Philadelphia Inquirer* ¡es más pronunciado aún en *La Opinión*! Los católicos méxico-estadounidenses en el Sur de California fueron de verdad mal servidos.

La Opinión termina su versión dando la impresión que "los cerca de cien" invitados hispanoparlantes justo sucedió que eran parte de la multitud en el servicio dominical de la Casa Blanca. Y que entre ellos había algunos representantes de las organizaciones nacionales de habla hispana que justamente sucedió estaban en Washington para asistir a una reunión del consejo de asesores sobre Oportunidades de empleo para hispanoparlantes. El último parágrafo en el de la AP en el *Philadelphia Inquirer* correctamente menciona al Consejo de Asesores como el del Comité del Gabinete para

Oportunidades para la gente de habla hispana, pero *La Opinión* no se digna nombrarlo para nada.

Qué interesante que Ignacio Lozano, el publicador y dueño de La Opinión estuvo conspicuamente ausente el lunes 15 de noviembre de 1971 de la reunión del Consejo de Asesores. ¿Porqué no estuvo él allí? Jamás me lo dijo y yo no se lo pregunté.

9. USO MI POSICIÓN PARA URGIR AL VATICANO EL NOMBRAMIENTO DE OBISPOS HISPANOS

Para avanzar en la conciencia nacional y mejorar las condiciones de la gente de los Mexicanos, yo pensaría que la Iglesia Católica podía y debía jugar un papel vital y trasformador. Sin embargo, no tenía un plan para hacer algo al respecto. No había leído ni investigado sobre la materia, ni lo había discutido con mi personal o había incluído el tópico en mi estudio para el consejero Robert Finch en el otoño de 1971.

No obstante, es cierto que al correr de los años algunas veces me ponía a reflexionar en la importancia de la posición de un obispo. De tiempo en tiempo, me imaginaba de qué modo mi vida hubiera sido diferente si hubiera accedido a los deseos de mi propio Cardenal James McIntyre. Él quería que estudiara teología en el Seminario Mayor en Burgos, España y posiblemente ir a Roma para ulteriores estudios después de mi ordenación.

No acepté la oferta, sin embargo, precisamente debido a la discriminación que soporté de los españoles, mientras era monaquillo y seminarista los conoci. Desde mi temprana niñez, aprendí sobre las relaciones entre los españoles y mestizos y los indígenas mexicanos. Era una relación de superior a inferior. Yo estaba convencido que hubiera sido un completo infierno el soportar la discriminación en el mismo país que era la fuente de esos prejuicios.

Ciertamente, los efectos de la discriminación eran la razón por la que abandoné mis estudios para la ordenación. Yo sabía muy bien que los actos de discriminación eran endémicos a la naturaleza humana. El pecado original fue causa de ello y los católicos no gozaban de inmunidad. Cuando me encaminaba hacia la meta de la ordenación, llegó un momento después del descanso de la comida con un puro en compañía de Mons. Benny Hawkes, canciller de la Arquidiócesis de Los Ángeles y mano derecha del Cardenal. Estábamos tomando nuestro descanso en el Seminario Mayor de San Juan, en Camarillo, California, en la tiendita de los estudiantes.

"Henry", me confió "Sabes qué le pasó al Padre tal y cual, y al Padre tal y cual".

"Si", respondí con un tono prudente, "he conocido a ambos". Eran hombres santos asignados a parroquias mexicanas en el Este de los Ángeles. Ellos iban varios años antes que yo en el Seminario.

Mons. Hawkes continuó: Se involucraron profundamente como líderes de algo nuevo en el Este de los Ángeles. Se convirtieron en líderes públicos de los chicanos contra la discriminación. Se suponía que ellos tenían que decir misas, oír confesiones-¡Usted sabe, ser Sacerdote! No tenemos problemas con los sacerdotes

españoles sobre la discriminación contra los mexicanos.
Ellos no se manifiestan en público. Pero tú eres mexicano
y la gente quiere que tú seas un líder en esa arena. Que
esta sea una palabra para el sabio, Considera en dónde se
encuentran ahora esos dos muchachos: Uno en Chicago y
el otro en New Orleans. Tú tienes que ser un buen
Sacerdote y no involucrarte.

Entonces allí supe que yo tenía que trabajar por salvar
mi alma afuera, en la vida secular. Abandoné mis estudios
y regresé a casa.

Yo había vivido fuera de casa por casi diez años, salvo
para las vacaciones de verano. Los pocos primeros días de
mi regreso fueron completamente devastadores,
desordenados y francamente traumáticos. La gente de mi
parroquia, mi colonia y mi ciudad no sabían cómo
saludarme. Tenían preguntas escritas en sus caras. Mi
párroco el padre Angel Cesar Beta, originario de Valencia,
Espana me reunió en su estudio privado y me regaño
vehementemente por ser tan tonto por haber abandonado
un buen definido y exitoso sendero a la carrera. Todos
mis maestros así como la jerarquía, estridentemente me
recodaron que esperaban que completara mis estudios
con la ordenación al sacerdocio. Trató poderosamente de
hacerme regresar al seminario inmediatamente: ¿No
sabes, bromeaba, que has sido seleccionado para ser el
primer obispo méxico-estadounidense para nuestra
arquidiócesis? Pero esas palabras no tenían impacto en
mí. ¿Cómo sabía el eso? Pensaba. No hacia ni una chispa
de diferencia en mi caso. Mi decisión era definitiva e
irrevocable.

Mi párroco tenía razón por haberme salido. Años
después, en Marzo de 1971, mí ex compañero de clases,
Mons Jack Urban, me llevó a la sala común en la rectoría
de la Iglesia Católica de San Basilio en Los Ángeles

después de cenar. Timothy el Cardenal Manning estaba allí mirando TV. El programa de noticias mostraba la ordenación al episcopado de otro compañero en la Catedral esa mañana (El Padre Juan Arzube), el cardenal se volvió a mí y me dijo: "Doctor esa ordenación se suponía que se te iba a conferir a ti". Hace años yo te había seleccionado. La primera vez que conocí a Timothy Manning fue en 1945, cuando era monseñor y asistente del Arzobispo Cantwell. El entonces me dio un aventón a la escuela fuera del centro en el Este de Los Ángeles. Yo iba en primero de preparatoria y él era un sacerdote joven con un fuerte acento irlandés. Él era lo que llamábamos un "FBI", e.d., un extranjero, nacido en Irlanda. Hubo algo memorable de ese aventón; lo recordaría una y otra vez con frecuencia. Era un hombre muy santo. Fue agradable saber de esa confidencia sobre mí, pero mi vida había tomado un rumbo muy distinto.

No muchos meses después de la conversación en la sala común me convertí en el jefe del Comité del Gabinete para Oportunidades de la gente de habla hispana (CCOSSP) y no muchos meses después de esto, ocurrió un singular y significativo evento en Noviembre de 1971. Invité a dos obispos a cenar en casa, algo que no había hecho antes. El Obispo Juan Arzube y el Obispo Patrik Flores que estaban en Washington para asistir a la reunión anual de la Conferencia de Obispos Católicos (USCCB). Por supuesto, yo no conocía al Obispo Arzube desde que tomábamos clases juntos en el Seminario Mayor de San Juan, y había conocido al Obispo Flores en mis frecuentes viajes a San Antonio. No tenía ninguna razón particular que me presionara para querer pasar una tarde relajada con esos dos hombres notables y santos. Sin embargo, ellos habían expresado el deseo de reunirse conmigo.

No tengo notas escritas de lo que transpiraba esa tarde, así que escribo aquí después de treinta y cinco años después al recordar. Me acuerdo que el Obispo Arzube quería platicar sobre el Padre Ralph Ruíz; por ese tiempo no sabía que el Padre Ruíz había fundado la primera organización de derechos civiles para sacerdotes méxico-estadounidenses llamada *"Padres Asociados para Derechos Religiosos, Educativos y Sociales" (PADRES).*[58] Recuerdo que el Obispo Flores le respondió al Obispo Arzube de manera amplia. Probablemente hablamos de la emergente lucha de los derechos civiles que llamamos "El movimiento".

Ciertamente sé que los obispos no me preguntaron por qué deje el Seminario tan avanzado en mis estudios. Si me hubieran preguntado, no les hubiera revelado que la lucha irónica por los derechos civiles me había hecho confrontar la certeza de que tenía un llamado a definir y articular situaciones de discriminación contra los méxico-estadounidenses públicamente. Los administradores de la Arquidiócesis no eran receptivos a ese tipo de discusiones por ningún medio. Monseñor Hawkes lo había dejado claro, yo no podía ser un líder de los derechos civiles para la comunidad méxico-americana como sacerdote, así que yo había tenido que tomar una decisión.

Esta decisión de dejar el seminario me puso de camino a la carrera que eventualmente me condujo a Washington y después a la posición de jefe de la CCOSSP. Mi reunión con los Obispos posteriormente me removió algunos pensamientos que habían estado dando vueltas en mi mente. Trascurridos los meses, me di cuenta que estaba situado en una posición única para

---

[58] Padre Ralph Ruíz, P.A.D.R.E.S. Our Lady of the Lake University: San Antonio, Texas, 1970.

definir una nueva dirección para abordar las necesidades temporales y espirituales de los hispanoparlantes. Era tiempo para ellos de tener de nuevo pastores de habla hispana, como lo tenían antes de la conquista del suroeste bajo el Presidente James K. Polk, cuando los obispos de habla hispana habían servido el área. Después de que el ejército americano conquistó México, obispos alemanes-americanos e irlandés-americanos eran asignados para tomar posesión. Era ya tiempo de hacer algunas correcciones necesarias.

El 16 de junio 1972 hice esta publicación de prensa en inglés y en español:

El Dr. Henry M. Ramírez, director del Comité del Gabinete Presidencial para las Oportunidades para la gente de habla hispana del Presidente Nixon, piensa que la Iglesia Católica debería actuar rápido para designar más obispos de habla hispana para Norte América. Con diez Obispos de habla hispana, la Iglesia podría tener un gran impacto en la vida de los católicos del Sur Oeste del País", el Dr. Ramírez Añadió: Un gran número de católicos de habla hispana en los Estados Unidos (en un estimado del 25%) viven en esta área. Actualmente, solo hay dos obispos hispano-americanos en la jerarquía católica americana: Juan Arzube, Obispo Auxiliar de Los Ángeles, California y Patrick Flores, Obispo auxiliar de San Antonio, Texas. También está el Arzobispo de habla hispana de Boston, Massachusetts, nativo de las Islas Azores, Portugal.

El Dr. Ramírez, quien estudió para el sacerdocio antes de embarcarse en las carreras de educación y derecho civil, añadió que la Iglesia Católica tiene que reconocer que puede jugar un gran papel en el mejoramiento social de los hispano-parlantes, puesto que ella conoce sus problemas y tiene caminos para promover su solución.

El Dr. Ramírez nació en Walnut, California en una familia de once hijos. Pasó cada verano de su juventud como un trabajador migrante de granja. Cuenta que él y su familia, de tiempo en tiempo, trabajaban como peones, colectando todo lo que se daba en el campo, duraznos y nueces. Después de que se graduó en el Seminario de Saint John en Camarillo, California, el Dr. Ramírez recibió su maestría en educación en 1960 de la Universidad de Loyola en Los Ángeles. "Cuando trabajaba como profesor de la escuela pública y administrador, fui llamado como militante muchas veces por mis colegas, puesto que trataba de hacer cambios sistemáticos en las escuelas basado en mi fe cristiana". El Dr. Ramírez explicó que trabajó para involucrar a los maestros de habla hispana en llegar a la comunidad, para que llegara a ser consciente de las necesidades especiales de la misma. Antes de que llegara a ser director del Comité presidencial, cuyos miembros incluye los secretarios de Agricultura, Comercio, Trabajo, Tesoro, Salud, Educación y Bienestar, entre otros, el Dr. Ramírez estuvo a cargo de la División de los Estudios Mexicano-Americanos de la Comisión de Derechos Civiles. Como jefe del Comité, el Dr. Ramírez es responsable de dirigir el grupo al objetivo de asegurar que los programas federales estén llegando a los de habla hispana y trabajando por su beneficio.

Como católico, el Dr. Ramírez está interesado en lo que la Iglesia Católica está haciendo para mantener la fe cristiana en el pueblo americano. Al reconocer la escasez de sacerdotes de habla hispana, el Dr.

Ramírez añadió que: "Los barrios católicos del Sur Oeste no tienen misas o sermones o confesiones en español...todo es en inglés".

Él también añadió que: el Obispo Patrick Flores, un amigo personal, fue reprimido por su superior, el Arzobispo Furey, un alemán-americano, solamente por dar el sermón en español cuando era párroco. Al ser cuestionado el Obispo Flores, confirmó esta historia en San Antonio, Texas, añadiendo que semejantes incidentes han ocurrido muchas veces porque algunos sacerdotes creían que predicar en español era perjudicial para su congregación.

"Las escuelas católicas", decía, "dan a muchas personas de habla española una educación integral de calidad. De lo contrario, tendrían que asistir a escuelas públicas sin recibir educación cristiana".

El Dr. Ramírez que tiene tres niños asistiendo a escuelas católicas alaba el trabajo de las escuelas católicas.[59]

Cinco meses después que mi oficina distribuyó esta entrega de prensa pidiendo por el nombramiento de al menos diez obispos hispano parlantes, recibí a dos visitantes en las oficinas del Comité del Gabinete en Noviembre 1972. Ada Peña y Paul Sedillo. Ada Peña operaba una agencia de viajes y era la esposa de Eduardo Peña un empleado de alto rango en la *Equal Employment Opportunities Commission* y también miembro de la mesa de regentes de la Universidad Católica de América. Era un

---

[59] Comité del Gabinete para Oportunidades para la gente de habla hispana, "El consejero del Presidente Nixon habla sobre la necesidad que tiene la Iglesia Católica de ordenar más obispos de habla hispana en los E.U. (Press release), 16 junio 1972.

activo católico romano y muy involucrado en los asuntos nacionales de la Liga de Ciudadanos Unidos de Latino Americanos (LULAC). Paul Sedillo era el director nacional de los Asuntos para hispanoparlantes en la USCCB (Conferencia de Obispos Católicos) en Washington.

El propósito de su visita era discutir los efectos de mi misiva de prensa y la necesidad de nominar obispos de habla hispana de México, Puerto Rico, y etnicidad cubana. Enlistaron una serie de razones para la necesidad de liderazgo espiritual y sus efectos concomitantes en la vida diaria. Su razonamiento tenía bastante sentido. Más adelante, Sedillo explicó que su experiencia en el centro de operaciones de la Conferencia Episcopal (USCCB) lo había convencido de que los obispos europeos-americanos y la jerarquía católica eran ingenuos sobre crecimiento del número de los católicos de habla hispana en el país. Añadió que les faltaba experiencia y conocimiento de las características lingüísticas y culturales y de los asuntos temporales que afectaban a la gente hispanoparlante.

Sedillo fue cuidadoso y prudente en sus referencias a estos dedicados y santos varones. En respuesta a mi pregunta de por qué había presentado este asunto a mi oficina, respondieron con excelente justificación. El gobierno de la Iglesia es monárquico, los sacerdotes de parroquia no tienen relevancia en estas materias y el pueblo laico menos. El proceso para nombrar a un obispo involucra muchos pasos y en último término viene del Papa. Primero, el liderazgo de la Iglesia jerárquica en una nación en particular somete una lista de prospectos al representante del Papa (llamado el delegado apostólico o nuncio papal). Los nuncios están, investidos de ambos poderes políticos y eclesiásticos; coloquialmente, son embajadores del Papa. El nuncio después de consultar con la jerarquía de la nación, selecciona un número de candidatos finales, que él envía después al Papa, quien hace la opción final y nombra al nuevo obispo. Antes de Noviembre de 1972, el Delegado apostólico en los Estados Unidos era el Arzobispo Luigi Raimondi. Por el tiempo que Peña y Sedillo me visitaron el Arzobispo Raimondi solo había aprobado un obispo chicano: el obispo auxiliar de San. Antonio, el obispo Patrick Flores. Como resultado de su visita, me entregué a un curso de acción que me llevaría a ver al delegado apostólico. Pero primero lo consulté con el secretario de Estado Henry Kissinger y conseguí su aprobación.

Más tarde ese mes, Ada Peña y yo visitamos la nunciatura (el nombre oficial de la embajada de la Santa Sede, el gobierno soberano del Vaticano), en la Avenida Massachusetts en el vecindario de Washington's Embassy Row. Me acerqué a la reunión con la perspectiva de que yo, el méxico-estadounidense de mayor rango propuesto por una nación soberana, se me confería con el delegado del soberano de la Santa Sede. Esta es una hazaña que ningún laico, sacerdote u obispo puede hacer sin protocolo.

Fuimos escoltados al estudio del muy Reverendo Luigi Raimondi. Fue muy generoso con su tiempo ya que paciente y atentamente escuchó mi presentación de por qué la gente de habla hispana necesitaba pastores biculturales y bilingües. Ambos exploramos el asunto de por qué había solo dos obispos de habla hispana en el sudoeste-uno méxico-estadounidense (el Obispo Flores) el otro un ecuatoriano-estadounidense (el Obispo Arzube) y ambos solo auxiliares. Rebuscamos al comparar cómo la Iglesia había rápidamente establecido una jerarquía indígena en África, pero en los Estados Unidos, los obispos europeo-americanos eran renuentes a someter recomendaciones de sacerdotes hispanoparlantes para ser elevados a obispos. También fue cubierta la situación de la pérdida de almas a manos de las religiones protestantes organizadas.

Rápidamente deduje a partir de los señalamientos y observaciones la dirección del Arzobispo de que él, también, junto con el resto oficial de Washington, era inconsciente de la emergencia de la formalmente no contaba y desconocida población: los méxico-estadounidenses.

La visita terminó con las debidas formalidades pero con unos claros desacuerdos. Ante mi fuerte sugerencia de que animara a la jerarquía americana a someter nombres de sacerdotes méxico-estadounidenses, cubano-estadounidenses y puertorriqueños de entre los cuales seleccionara a diez para enviarlos al Papa Paulo VI, se puso reticente y replicó que el Espíritu Santo daría Obispos hispanoparlantes en su debido tiempo. Ante esta elevación pontificia del trabajo de la Tercera Persona de la Santísima Trinidad, rápidamente exprese mi admiración por la eficacia de la acción del Espíritu Santo en África. ¡La Iglesia en África era administrada a lo largo y a lo ancho por cardenales, arzobispos y obispos negros! Insinué que aquí en los Estados Unidos los obispos irlandeses y alemanes americanos impedían la obra del Espíritu Santo en áreas pobladas por católicos chicanos. Con agradecimiento pero con firmeza declaré que enviaría un cable de la Casa Blanca a su Santidad reportando la reunión y su consiguiente resultado.

Me aseguró que él también, enviaría un cable con su versión.

Varios meses después, en Marzo 5, 1973, el Arzobispo Raimondi fue llamado a Roma y remplazado por el Arzobispo Jean Jadot. Interesante que el Arzobispo Raimondi no me invitara a su fiesta de despedida en la nunciatura, aunque sí invitó a otros ahora famosos chicanos nombrados por el Presidente Nixon.

Poco después de la llegada del Arzobispo Jadot su oficina llamó a la nuestra con un urgente mensaje de reunirnos lo más pronto posible. Su invitación fue cálida y generosa; me pidió traer a mí esposa y mi familia. Nos reunimos en la nunciatura en Noviembre 15, 1973 donde se nos dio un tour de la residencia. Visitamos la bonita capilla y en seguida él y yo pasamos a su estudio. Sus primeras palabras fueron que me había llamado para reunirme con él porque el Papa Paulo VI le había dicho: "Asegúrate de hablar con el Dr. Ramírez e informarle que la Santa Sede procederá a elevar a obispos hispanoparlantes lo más pronto posible. Su excelencia declaró que el Papa estaba enterado de mi correspondencia. ¡Yo me alegré!

Entonces, pidió nombres de mis ex compañeros de seminario que podrían ser considerados para ser elevados. Recomendé al Padre Henry Gómez de Los Ángeles, 1 Padre Gilbert Padilla y Francisco (Paco) Long, ambos de Tucson, Arizona. También recomendé al Obispo auxiliar Patrick Flores, de San Antonio, para que fuera promovido ordinario (e.d., Obispo completamente a cargo de su diócesis). Además, recomendé de forma fuerte que algunos de mis ex compañeros no fueran considerados para ser promovidos, puesto que les faltaba sensibilidad hacia los chicanos. Ellos estaban ya en el *"fast track"*- monseñores que trabajaban en las cancillerías de Arizona y California, pero ninguno de ellos llegó a ser obispo.

Inmediatamente después de esta reunión, envié este cable a su Santidad, Papa Paulo VI:

A nombre de distinguidos laicos católicos de habla hispana de los Estados Unidos queremos informarle de la cordial y productiva conferencia que tuvimos con su Excelencia el Arzobispo Jadot. La reunión con el delegado apostólico tuvo lugar en su oficina en Washington, DC. Discutimos áreas de mutuo interés, resaltando la necesidad de incrementar la presencia de los hispanoparlantes y de apellido hispano en la Iglesia Católica de América. Estuvimos muy atentos a la respuesta de su Excelencia para crear un clima en el cual las necesidades de los hispanoparlantes puedan realizar, particularmente el nombramiento de más clero indígena a la posición de obispos, incluyendo al laicado hispanoparlante en materias apropiadas de la Iglesia. Esperamos continuar este fructuoso diálogo para bien de la Iglesia y sus miembros.

Respetuosamente suyos. Henry Ramírez, *Chairman.*

En sus siete años como delegado apostólico, el Arzobispo Jadot fue responsable de varios nombramientos de clero hispanoamericano:

- El Padre Gilbert Chávez de San Diego, California, fue ordenado obispo auxiliar de San. Diego, California en Junio 21, 1974.
- El Padre Robert Sánchez fue ordenado Arzobispo de Santa Fe, Nuevo México, en Julio 25, 1974
- El Arzobispo Aponte fue elevado a Cardenal de Puerto Rico en 1973.
- El Obispo Patrick Flores fue promovido a Ordinario de la diócesis de El Paso, Texas en 1978 y posteriormente a Arzobispo de la diócesis

de San Antonio.

Después de la ordenación del Arzobispo Sánchez en Santa Fe, el escritor sobre religión John Dart escribió para *Los Ángeles Times*, "Me resultaba claramente vergonzoso que hace cinco años la Iglesia Católica que había aumentado el 25% de membrecía de los católicos de habla hispana en los Estados Unidos pero ni un solo obispo era de origen hispano. El más típico obispo americano llama a Irlanda la casa de sus antepasados."[60]

Los comentadores pudieron haber notado que antes del censo de 1970, nadie en este país sabía cuántos méxico-estadounidenses había. La Casa Blanca no lo sabía, el Congreso ciertamente, no. Además, los responsables en los medios de formar la conciencia pública no lo sabían. En el contexto nacional del "no saber nada" sobre los méxico-estadounidenses, el escritor de religión del "bien-conocido" periódico liberal pudo haber escrito más objetivamente y menos drásticamente. Nadie esta avergonzado. No había razón para estarlo. Sin embargo, había razón para la euforia. La Iglesia iba en la dirección correcta. Los obispos germano-americanos y los irlandeses-americanos, bajo la guía del delegado apostólico, ahora empezarían a reconocer a esos anteriormente no contados católicos. Y, algo más importante la Iglesia Católica europea que había sido trasplantada a los Estados Unidos, ahora comenzaba a emerger con la Iglesia Católica de habla hispana que comenzó en este hemisferio en el Anáhuac en 1931 con las apariciones de la Madre de Dios, Nuestra Señora de Guadalupe.

---

[60] John Dart, "Spanish-Speaking Bishops Gaining in U.S.", *Los Angeles Times*, 27 julio 1974.

En 2009, el *National Catholic Reporter* hizo notar sobre la muerte del Arzobispo Jadot a la edad de 99 años, que Paulo VI fue muy consciente del hecho que el anterior delegado apostólico había estado empeñado en las manos poderosas de los cardenales americanos hacedores de reyes *(kingmaker)*.[61] Pero su delegado apostólico el Arzobispo Jadot "no estaba en el molde" de sus predecesores. El inmediatamente hizo saber a los cardenales de New York, Chicago, Saint Louis, Philadelphia que las cosas serían diferentes.

Durante su misión como delegado apostólico, que duró hasta 1980, él abrió la puerta para elevar a clero hispanoparlante al rango de obispo. Era uno de fuera pero sucesivamente cambió la progresión y la promoción de solo europeos.

El Vaticano había actuado.

---

[61] John A. Dick, "Cleric Who Shaped U.S. 'Pastoral Church' Dead at 99", *National Catholic Reporter*, 21 enero 2009.

10. NIXON QUIERE AMNISTÍA PARA TODOS INDOCUMENTADOS

Tiempo después de la inauguración presidencial de 1973, tal vez en Marzo, estaba en mi oficina haciendo tareas ordinarias cuando la línea privada del teléfono sanó. Esta recibía solamente llamadas de mi esposa y de la Casa Blanca. Mi reacción era siempre feliz cuando mi esposa me llamaba, pero si la llamada venía de la Casa Blanca, la recibía con urgencia y nervioso. Esta vez quien llamaba me informó calmadamente. "Esta es la operadora de la Casa Blanca. Tome la línea para el Consejero Finch. Estará pronto a la línea".

Entonces, con voz suave y grave, se identificó a sí mismo: "Es Bob Finch". Después de que lo reconocí, procedió con monotonía: Estoy en la Fuerza Aérea número uno, sentado junto al Presidente. "Una viva imagen se formó inmediatamente en mi imaginación de los dos reclinados pensativamente en los asientos del pasillo. Estaba tan emocionado que, en contra de mi acostumbrado procedimiento de registrar cada llamada diaria (aún si fuera críticamente), no escribí nada y registré la conversación solo mentalmente. ¡Qué vergüenza! No obstante el balance de la conversación permanece registrado en mi memoria.

Finch continuó, "Acabamos de dejar San Clemente en nuestro viaje a San Francisco". El Presidente estaba reflexionando sobre la alta votación que recibió de los méxico-estadounidenses (justamente unos días antes había recibido una carta personal de agradecimiento firmada y membretada del Presidente con fecha de 1 de Febrero de 1973 por mi ayuda para que se reeligiera). Él está recordando su junta en la Oficina Oval de Agosto de 1971 y específicamente la plática valerosa de ambos sobre la votación de los méxico-estadounidenses. Así que me dijo: Llama a Henry por tres altamente significativas sugerencias, recomendaciones o ideas en las que pueda pensar que, yo, el Presidente puedo y debería hacer para demostrar mi aprecio y gratitud a los méxico-estadounidenses por su sobresaliente e histórica votación por vez primera de casi el 30 por ciento. Quiere hacer algo de tal proporción y magnitud que sea recordado por los méxico-estadounidenses en una manera parecida a su afecto y recuerdo por el Presidente Roosevelt".

¿Cuánto tiempo tengo? Pregunté.

Tómate unos cuantos minutos, respondió el Consejero Finch. Un pensamiento fugaz pasó por mi mente: Tiempo de prisa, Date prisa. El tiempo es severamente limitado. Ordené a todas las células de mi cerebro trabajar en forma súper activa. Como las llantas de un carro deportivo cuando el acelerador está hasta adentro, mi intelecto se puso en acción, derrapando y rechinando enloquecidamente al mismo tiempo que se detiene. Mentalmente traté de repasar algunas necesidades de la comunidad y rápido las puse en escala de importancia basadas en la propia experiencia de mi vida. Pero...

Hasta hoy no sé por qué, pero mis pensamientos corrieron a un garaje en la Calle Novena (*Ninth Street,*) en Pomona, California. Impuse un tranquilo y controlado tenor de voz mientras describía al Presidente mis vivos recuerdos de los viajes al garaje de Elías. Elías era mi viejo tío bachiller. Mi hermano Chalo y yo íbamos allí cada mes para mi corte de pelo. Mi memoria surgio con este recuerdo. Le dije al Presidente: Mi tío Elias comenzaba su constante lamento: que no podía visitar su pueblo en Salamanca en México,y no porque no tuviera medios para hacerlo, sino porque carecía de documentos oficiales: "Pues yo no tengo papeles" era su lamento y luego se quejaba que mi papa si podía viajar, porque el sí tenía papeles. Cuando llegó a este país por El Paso, Texas en 1923, no se necesitaban papeles. Ahora que se había jubilado del Kaiserr Steel Mill, en Fontana California, tenía dinero para viajar pero no podía visitar su lugar de origen y la casa de su adolescencia. Siempre me daba lástima, arrugando mentalmente mis hombros (Teniendo solo trece años era todo lo que podía hacer).

Sin embargo, mi papá Pascual, el hermano mayor de Elías había viajado varias veces a México, visitando a la familia, primos y amigos en varias ciudades. (La Revolución de 1910, la Guerra Civil de 1913 y la Guerra Cristera de 1914-1930 había vaciado a Salamanca y regado su población). Como resultado disfrutaba de un constante cúmulo de correspondencia con gente de México y entretenía al tío Elías y a los otros hermanos, Rosendo y Alfonso, en detalle sobre su visita a su "casa pasada"...mi papá tenía suerte: "Tenía un *border pass*".

Mis recuerdos simplemente se volcaban cuando constataban que situaciones como las de mi tío eran lugar común y podían fácilmente numerarse por cientos de miles cuando trabaje en la rectoría del Sagrado Corazón. Iglesia Católica, de Pomona, California, desde 1944-1953, llenando formas de bautismo, Primeras Comuniones, Confirmaciones, Matrimonios y funerales y algo parecido para miles de familias de todas las ciudades vecinas, personalmente llegué a conocer a cientos de méxico-estadounidenses que tenían las mismas destrozadas aspiraciones: "No tengo papeles". La expresión causaba dolor a mis no cumplidos anhelos, espantados por fugases recuerdos de mi juventud. Para mucha gente, sueños y esperanzas de visitar su lugar de origen se desteñía y desvanecía con el pasar de los años. Me admiraba en voz alta cómo podría mejorar tal situación.

El Consejero Finch me interrumpió y me paró. Me dijo: "El presidente quiere este asunto, no quiere escuchar otras ideas. Él quiere que usted lo precise. Busque consultores que le aconsejen. Busque personal con relaciones congresionales y comience a trabajar en esto. En la Universidad de Connecticut hay un experto que puede ayudarle".

¡Me quedé petrificado! La siguiente frase de Finch me hizo sentarme derecho: El presidente quiere darles amnistía. ¡Muévase! Esta es una orden. Denos un proyecto guía lo más pronto posible. "Nada más así terminó la conversación telefónica".

Por este tiempo, no obstante, los Demócratas, el Washington Post y otros estaban ocupados agitando la olla que se convertiría en lo conocido como la intervención del Watergate. Supe sobre cómo John Dean, consejero del presidente, había impedido checar los expedientes de la oficina del Presidente varios días después de la intervención en las oficinas de campaña del Comité Nacional Demócrata en Junio 17 1972. La presidencia de Nixon claramente se estaba poniendo en peligro. Yo, sin embargo, procedí a hacer lo que se me había ordenado.

En primer lugar, convoque a mi más cercano y fiel personal para compartir con ellos la llamada telefónica de la Fuerza Aérea Uno: mi secretaria personal Mercedes Flores; el escritor de mis discursos y asistente principal, Mo García; mi orador y jefe de información, E.B. Duarte; y mi jefe de relaciones del Congreso, Robert Brochtrup. (Para este libro entrevisté a Mercedes, Mo y E.B todos por separado y en detalle sobre este evento. Puesto que no tenía notas sobre él, necesitaba obtener sus recuerdos; lo remarqué; todos ellos recordaron lo que yo había compartido en mi oficina).

Esa llamada por teléfono con Bob Finch definió una nueva y completamente inesperada dirección para mí, como jefe del Comité del Gabinete para Oportunidades para los mexicanos. No tenía experiencia con el asunto de migración. De hecho en Febrero de 1973 mi copa estaba ya rebosante; no tenía interés en añadir esta área. La elección resultó de casi el treinta por ciento del voto de los méxico-estadounidenses por los Republicanos y puso el pelo de los Demócratas de punta. ¿Cómo pudieron haber perdido casi un tercio del voto mexicano? Ellos iban a venir por mí y estarían buscando sangre. Buscaban la venganza.

Además, la Diaspora de mis padres, hermanos y parientes y amigos tuvo lugar antes de que yo naciera; yo no tenía ninguna experiencia de la Diaspora actual. Estaba curioso y perplejo sobre esto. Sus historias dejaron muchas preguntas. Aunque conversaban con frecuencia sobre esto, surgían algunas pocas respuestas a las preguntas de por qué, cómo, dónde, cuándo y quiénes y las que lo hacían eran problemáticas. No fue sino hasta años después, cuando leí los cuatro volúmenes de la Cristiada de John Meyer que mi curiosidad sobre la inmigración de los 1920 fue saciada parcialmente. Por entonces, había viajado extensamente por México, encontrándome con cientos de gente y leído muchos libros sobre este asunto. Aprendí que México censuraba y controlaba la información y el conocimiento por su propio sistema policíaco secreto trabajando precisamente como la policía secreta de los países comunistas. Llamada la Dirección Federal de Seguridad, este sistema policiaco secreto era fuente de invisible tiranía. El Presidente Fox la desmanteló inmediatamente después que llegó al poder en 2001.

No obstante, bajo las órdenes del Consejero Finch, tenía que añadir otra dimensión a la misión del Comité del Gabinete, que era visto con nueva admiración y respeto y tenía una buena reputación por realizar las cosas. Ahora debíamos enfocarnos en la gente sin papeles (sin documentos oficiales). Hice todo lo que siempre había hecho cuando enfrentaba un nuevo reto: me di el tiempo para adquirir la inteligencia de este nuevo asunto para mí: la inmigración, la migración, los extranjeros ilegales, los trabajadores indocumentados, los que no tenían estado legal y "los trabajadores huéspedes".

Comencé con mi propia vida y mis conexiones con gente sin papeles, retirándome por un tiempo para investigar leer, consultar y recordar eventos experiencias pertinentes. Empecé a entrometer todo. Pensé en la casa de mis padres, que tenía electricidad, gas, agua corriente y un garaje separado y una pequeña cabaña en un acre de un terreno muy sembradle y rico en la Avenida West Grand 1235 en Pomona California. Comprada en 1939 esta propiedad tenía otro futuro: estaba a una cuadra de la Iglesia del Sagrado Corazón que en el principio de los 1930 mi padre pidió construir al Obispo Cantwell.

Antes de 1939 mi familia con sus once hijos e hijas, había vivido en la Calle North Gordon # 105, mi padre había sido empleado de la Corporación de Southeren Pacifie Railroad; como trabajador mantenedor de las vías, había trabajado en las áreas de Long Beach. La Puente, Walnut, Spadra y Pomona, California. El Sr. Ahern fue el superintendente encargado del área del trabajo del ferrocarril en todas esas ciudades. Él y su esposa eran católicos irlandeses muy devotos. Ellos arreglaron para mis padres ocupar su espaciosa "casa ejecutiva" (algo que los ferrocarrileros proveían para los superintendentes en su área) sin renta desde 1929-1939. ¡Qué bendición! La casa tenía varios cuartos y todos los servicios.

El Sr. Ahern también tenía un pequeño negocio (una tiendita) como a tres cuartos de milla. En el barrio que llamaba Celaya, poseía una casa blanca con un edificio separado en la yarda frontal que daba a la esquina de las avenidas Hamilton y Monterrey. Ese edificio era una tienda de abarrotes que vendía a los barrios chicanos. Nuestra abuela vivía en ese barrio, junto con tres de sus hijos, su hija viuda con su hija y el hijo de otro de sus hijos que había muerto en Kansas durante su Diáspora.

Mis recuerdos durante de 1934-1939 son vivos, ricos y agradables. El centro de Pomona estaba solo a algunos metros de nuestra casa. Sus calles y tiendas en la yarda de atrás eran muy recreativas. Hice amigos entre los tenderos y me intrigaba su trabajo. Hice cientos de preguntas como los jóvenes curiosos suelen hacer. Como lo mencioné en la Segunda Parte, capitulo 1 llegué a conocer a Roy O. Day, el editor del diario local, el *Progress Bulletin,* a una edad joven. Para mayo 25 de 1973, aún escribía cartas personales y confidenciales de mí parte a su "Querido amigo el Presidente Richard Nixon".

Sin embargo, en 1939 tuvimos que mudarnos de Gordon Street porque la ciudad de Pomona estaba poniendo nuevas vías para la Unión Pacific Railroad Corporation para ampliar la First Street. Hasta ahora, las vías ocupan la mitad de la calle. Sucedió que la casa de Gordon Street había sido construida entre las vías de las dos compañías de trenes. La Unión Pacific por el lado sur y la Southern Pacific por el lado norte, solo a unos cuantos metros la una de la otra. Mientras vivíamos en esa casa, de alguna forma nos habíamos vuelto inmunes a los ruidos de las locomotoras de vapor rechinando sus ruedas de acero llevando cientos de peso en sus vagones y el cabús. Pero ahora la casa tenía que ser demolida para permitir a las vías del Unión Pacific moverse hacía la First Street.

Mis padres estaban muy contentos y ocupados con nuestra casa nueva en West Grand 1235. Mi padre, a pesar de una inoperable rodilla accidentada, se aseguraba de que trabajáramos cada pulgada cuadrada de su tierra ¿Poseer Tierra? ¡Por vez primera en la vida de mi padre, poseíamos tierra! (en México la gente pobre no podía tener tierra). Alimentábamos puercos, pichones, conejos, pollos y cabras, para quesos, leche, carne, huevo y dinero. Cultivábamos chiles, tomates y gran variedad de vegetales para enlatar, consumir y vender.

Asistíamos a la Iglesia con frecuencia. Mi padre era el director del coro y el presidente de la Sociedad de la Adoración Nocturna local. Yo era monaguillo y, después de los quince años el asistente clerical en la casa parroquial. Llenaba formas y distribuía el boletín casa por casa a los mexicanos en los barrios Celaya y Silao. Llegué a conocer los nombres y las caras de los católicos que asistían a la Iglesia, los que se habían ausentado, algunos de los convertidos al protestantismo, los pocos vendedores al menudeo y el puñado de educados privilegiados hijos de los antiguos terratenientes en México (gachupines, españoles) así como a algunos rabiosos jacobinos, masones anticatólicos.

En 1941 comenzó la Segunda Guerra Mundial. Los muchachos chicanos fueron enlistados. Sus padres se dirigieron a Los Ángeles para deliberar con el cónsul mexicano y lograr la excepción del servicio militar. Ellos señalaban que sus hijos habían nacido en México y eran ciudadanos mexicanos. Eran extranjeros en los Estados Unidos. Pero legales o no eso no importaba. Estaban trabajando en las plantaciones de cítricos recolectando limones, toronjas y naranjas y ahora ellos tenían que ir al ejército.

En 1942 un acuerdo bilateral entre México y los Estados Unidos trajo a otros mexicanos a recoger cítricos. Los vimos asistir a la Iglesia del Sagrado Corazón y haciendo compras en el Centro de Pomona así como asistiendo a las fiestas, celebraciones y bailes. Sus sombreros, zapatos y ropa los hacían sobresalir. Esos nuevos arribados no eran ni inmigrantes ni migrantes. Eran trabajadores contratados trabajando por un tiempo específico, limitado. Al terminar su contrato regresaban a México. Muy frecuentemente, regresaban con otro contrato. Se les llamaba braceros. Al acuerdo se le llamaba Programa Bracero y duró hasta 1964. En ese programa estuvo el papá, Juan Arriaga, del traductor (añadido por él).

Los Estados Unidos se hicieron adictos al trabajo barato, bonito y disponible. Y, como frecuentemente se estipula, las leyes tenían consecuencias inesperadas. Así como los pueblos teutónicos de la Alta Edad Media (400

a 800) aprendieron, dadas las excelentes carreteras
romanos, que los inviernos en España, la Rivera y el Valle
del Río Po eran altamente deseables y emigraban allí para
permanecer, los más de cuatro millones del Programa
Bracero aprendieron que los inviernos de California y
Texas eran bonitos y los dólares todavía más.

A finales de los cuarentas y principio de los
cincuentas, empecé a sentir la presencia de los anteriores
braceros en la Iglesia del Sagrado Corazón. Se habían
movido hacía los barrios y se estaban uniendo a
organizaciones en la Iglesia. Pedían formas para ser
llamados en la rectoría para probar con documentos de la
Iglesia que habían sido bautizados, habían hecho su
Primera Comunión y habían sido Confirmados. Si querían
casarse, también tenían que comprobar con una carta de
la Iglesia en México que no se habían casado
anteriormente. Mi trabajo era ayudarles.

A principio de los sesentas los braceros comenzaron a
regresar a los Estados Unidos con sus familias sin
papeles. De sus días de braceros, conocían personalmente
a los dueños de las caballerizas, los rancheros de flores, de
ganado, etc. Estos dueños estaban deseosos también de
llenar las formas del Departamento del Trabajo de
Estados Unidos de que ellos habían encontrado
trabajadores saludables y confiables para sus trabajos
vacantes. El Departamento del Trabajo rutinariamente
aprovechaba estas peticiones, remitiéndolas al
Departamento de Justicia de los Estados Unidos.
Inmigración y Naturalización (INS) para emitir el Servicio
de las "green cards". Como resultado, millones de
mexicanos se convirtieron en residentes legales de los
Estados Unidos. Los migrantes ilegales se volvieron
inmigrantes. Los semipermanentes se volvieron
permanentes.

Vastos numeros de posibles trabajadores sin papeles continuaron cruzando la frontera a los Estados Unidos. En 1945, el INS implementó, un programa llamado "Espaldas Mojadas" (Operation Wetback) para cachar a cientos de miles de mexicanos que cruzaban los ríos ilegalmente cada año. Su número continuó aún creciendo.

En la Oficina Oval, el Presidente Nixon me preguntó mi opinión sobre qué podía hacer para reducir la afluencia ilegal. Yo le respondí que si en veinticinco años, México finalmente se cansaba de su dictatorial gobierno socialista y se cambiaba al capitalismo, la industria y un reformado sistema judicial, esto podría proporcionar los trabajos que mantendrían a la gente en el país. La respuesta que emitió fue: "Lo veremos en veinticinco años".

Después de varios meses de investigación, describí que mis padres habían emigrado durante los primeros éxodos de México. Mi mamá y papá eran habitantes urbanos que leían mucho y estaban bien informados sobre los asuntos corrientes del tiempo. Abordaron el último tren de noche de Salamanca en 1922 y se convirtieron en parte de la Diáspora.

Nunca antes había sucedido que la gente del Centro de México dejara el único mundo que conocía para cambiarse a una tierra extraña con lengua diferente y una religión distinta y diferentes actitudes y lo peor de todo, un país que había en la memoria de sus abuelos, invadido el de ellos. La Diáspora fue la primera oleada de mexicanos que partió del Bajío al Norte.

La segunda oleada de partidas vino por medio del Programa de Braceros (aunque se esperaba que fuera temporal) y fue también ocasionado por la guerra. Los braceros estuvieron aquí para remplazar a los hijos de la primera oleada que habían sido enviados a luchar en la Segunda Guerra Mundial. Su motivación para venir a los

Estados Unidos era económica, un puro y simple intento
de mejorar su situación de vida. El modelo de inmigrar
mostraba que los parientes de los braceros en el Programa
Bracero también querían la buena vida de los Estados
Unidos que el dólar podía proporcionar, no solo en sus
pobres chozas de México sino más aun en los mismos
Estados Unidos. El contractualmente regulado flujo del
trabajo humano se convirtió en un torrente, con o sin
papeles legales. La conciencia y el conocimiento personal
y los rápidos y convenientes medios de trasporte y
comunicación originaron un nuevo flujo de extranjeros
ilegales. El mundo se volvió mucho más pequeño.

Para descubrir la extensión de la inmigración ilegal,
había que hacer una investigación. Mí asistente con el
cargo de mantener relaciones y contacto con los
Senadores y Congresistas tenía que dialogar con el
personal del Congreso. También la Oficina de
información tenía que estar preparada para manejar las
peticiones que surgieran de nuestras crecientes actividades
en relación con la situación de inmigración y nuestros
esfuerzos para desarrollar condiciones para la amnistía
presidencial. Yo proporcioné mi teléfono a los
consultantes de Connecticut que Finch había
recomendado. Aunque mi registro de citas no han
registrado algunos encuentros con ellos en Washington.
No soy capaz de recordar algunas acciones específicas
que tomé para adelantar su trabajo o aún si ellos iban a
dar servicios personales controlados por el director
ejecutivo. Era un tiempo oscuro, caótico y desordenado.
El Presidente y su personal íntimo estaban
implementando direcciones políticas para los próximos
cuatro años; puesto que fue después de la reelección, era
también un tiempo de transición para el personal político

en todas las agencias, y muchos fueron remplazados con nuevos rostros tratando de obtener sus orientaciones.

Yo personalmente visité al director ejecutivo del Comité de la Casa de las Apropiaciones para presentar mis ideas para contar a los inmigrantes ilegales. Sugería que el asunto se volvería preocupante nacionalmente en un futuro próximo. Le solicité añadir 50,000.00 al presupuesto del Departamento de Justicia de los Estados Unidos para designar y protocolizar el campo de prueba. Más tarde, se me informó que tal contrato fue debidamente concedido a Century, Inc. una compañía poseída por David North, el nombrado como el director ejecutivo de Johnson en la Inter-Agency Committee on Mexican-americana Affairs. También se me informó cuándo se completó el contrato.

Una vez en el verano de 1973, regresé a la Rayburn House Building para pedir al jefe del House Appropriations Committee, el Congresista, George Mahon, 1,05, millones para el presupuesto del INS. (El director ejecutivo de la House Appropiations Committee estaba sentado junto a él). El dinero fue entregado el 1 de Julio de 1974, para ser empleado según el protocolo designado y testificado por Century, Inc.

Mientras tanto, Robert Brochtrup, mi asistente de relacións congresional calladamente tuvo una conversación uno a uno con congresistas que representaban a las poblaciones que fueran 10 por ciento o más de apellidos hispanos. Ellos discutieron la llamada de la Fuerza aérea. Uno y los esfuerzos preliminares de la CCOSSP que vinieron con recomendaciones y sugerencias para la acción conducente a la amnistía. Pero estábamos abrumados por la nube negra de la intervención del Watergate creada por un corrupto Congreso Demócrata.

Sin embargo, el Presidente Nixon no olvidó el asunto de la llamada telefónica. Ocho meses más tarde en Noviembre de 1973, una imponente figura vestida con un propio traje oscuro de negocios entró en mi oficina con paso firme mi secretario presentó al General Leonardo Chapman, ex comandante del Cuerpo de Marina de los Estados Unidos, y partió cerrando la puerta detrás de ella.

El General Chapman llegó sin anunciarse, pero con instrucciones específicas del Presidente Nixon. Él iba a trabajar conmigo para regularizar el status de tantos mexicanos que carecían de documentación adecuada aun un simple pase de frontera, después de haber estado en Estados Unidos por largo tiempo. De nuevo, fui sobre estimado. Aún con todos los asuntos de Watergate remolinando alrededor, Nixon no lo había olvidado.

El General declaró que el Presidente lo había nombrado comisionado del INS y le había instruido trabajar conmigo en la amnistía de inmigración. ¿De dónde sugiere que comencemos? Me preguntó. Para mí pensé: ¡Esto es maravilloso! ¡Yo, un corporal del ejército trabajando con un jubilado general de cuatro estrellas con instrucciones del Presidente! ¿Podría haber algo mejor?

Pero en respuesta al General Chapman, confesé que todavía no tenía una firme forma para cumplir con la petición del Presidente para "algún papeleo" *(paperwark)*. Había respondido a las investigaciones, suponeos, documentos y acosos del Watergate de los Demócratas, había hecho investigación sobre el status conveniente de la inmigración; había investigado formas para identificar el tamaño del problema al contar el número de los extranjeros ilegales e iniciado contactos congregacionales. Probablemente hubiera simplificado la tarea al dirigir nuestros esfuerzos al pueblo en situación semejante a la del tío. Pero la realidad dicta que cuando el concepto de la amnistía se discute con respecto a la inmigración, la tarea no es más simple.

Busqué el pulso sobre la inmigración ilegal como apareció en los periódicos entre 1971 y 1973 y revisé con el General Chapman mi investigación sobre la literatura reunida por un periódico diario. Solo encontramos algunos artículos; la inmigración no era un gran asunto en las mentes de los americanos en esa época. Sin embargo, encontré un editorial interesante en el *The New Examinar* de Conservilla, Indiana sobre la inmigración ilegal de los "espaldas mojadas". El relato terminaba, "Finalmente, en cooperación con las autoridades de Estados Unidos, México está localizando y arrestando a los coyotes" (los responsables de reclutar traficando con los espaldas mojadas. El Departamento mexicano de justicia ha encontrado a 200 de esos animales).[62] Era un real trabajo candente. Todo el artículo pudo haber sido preparado por una firma en relaciones públicas. El público americano no era todavía consciente de las crecientes filas de gente saliendo de México hacia el Norte, buscando el Sueño Americano de la propiedad.

Pero un signo de lo que vendría apareció en Chicago. El Sun-Times proporciono una historia en Abril de 1973 que decía: "El director de distrito del Servicio de Inmigración y Naturalización negó el lunes que sus agentes usan para tácticas de acoso sobre los méxico-estadounidenses en su búsqueda de extranjeros ilegales."[63]

Relaté al General Chapman mis esfuerzos para educarme a mí mismo en el corriente estado de los

---

[62] Editorial, "Mexico Has Decided to Dry Up the 'Wetback Problem", *Connersville (Indiana) News Examiner*, 1 abril 1972.

[63] Dennis B. Fisher, "Immigration Aide Hits Harassment Charges", *Chicago Sun-Times*, 3 abril 1973.

asuntos y los intentos por cristalizar las opiniones sobre lo que podíamos hacer sobre este potencialmente vasto y creciente problema. Podíamos tomar algunas posibles acciones presidenciales ahora, mirando a una legislación del Congreso sobre amnistía para los residentes de largo tiempo que hubieran demostrado que eran sólidos ciudadanos. Sugerí que el general me invitara a dirigirme a los directores de distritos cuando se presentó a sí mismo como cabeza de su agencia, así podría delinear mis recomendaciones para ellos (y lo hice)-También le dije al General cómo planeábamos contar a los extranjeros ilegales y le hablé sobre los $ 50.000 para los cuestionarios y $ 1.5 millones para implementar el actual campo de conteo. Permanecimos en contacto por meses.

Sobre los últimos días de mi cargo en la CCOSSP (definitivamente después del nuevo año fiscal que iniciaba en Julio de 1974), el INS recibió su dinero del Congreso. Invite al General Chapman (ahora conocido como "Chappie") y a Joe Reyes, propietario de una firma 8a, a almorzar al fastuoso Sans Souci Restaurant cerca de la Casa Blanca. Discutimos cómo podría el INS concederle a Reyes un contrato para contar a los extranjeros ilegales.

Un año después, estaba en mi oficina en 3600 Wilshire Boulevard en Los Ángeles E.B Duarte, entonces asistente especial de Chappie en el INS, me llamó con la noticia de que Reyes había justamente conseguido ese contrato. Yo traté sin éxito de saber los hallazgos de sus invesgaciones. Leonel Castillo de Houston y democrata, quien fue nombrado comisionado del INS en 1977 por presidente Carter, terminó el contrato con Reyes bajo el consejo de Arnold Flores, miembro de su personal. No fui capaz de saber qué tanto trabajo Joe Reyes había sido capaz de realizar, pero es un hecho de que ningún extranjero ilegal fue contado. ¡Qué vergüenza!

El asunto de los ilegales había caído sobre mí, como líder méxico-estadounidense, se esperaba que conociera algo, pero me faltaba una inteligencia dura e investigación sobre el problema. Aunque yo tenía que llegar con algunas soluciones. Al principio de 1974, formé esas nociones, opiniones y soluciones: los hijos de la primera gran oleada de mexicanos refugiados que huyeron de las persecuciones en los 1920 (de los cuales yo mismo fui uno) ya no nos ofreciamos para recoger productos agriculturales; habíamos sido remplazado por los braceros.

Los hijos de los pioneros de la Diaspora a su vez, eran ahora los agricultores, manufactureros, albañiles, dueños de negocios, y profesionales.

Ellos eran los nuevos ilegales y venían en alto número, especialmente del sur de México (que podían ser llamados "los Appalachia" de ese país). Su apariencia física y costumbres eran muy diferentes de aquellas primeras oleadas de mexicanos. Eran más indios más indígenas.

Después de la llamada de la Fuerza Aérea Uno, yo estaba bajo fuego para que viniera con algo significante para ser firmado por el presidente y para que se hiciera algo.

El problema de la migración siguió surgiendo y ya estaba comenzando a hervir en la superficie. En Febrero de 1974, en un viaje a una conferencia en San Diego, hablé con Juan Saldaña, un reportero del San Diego *Evening Tribune*. Puso algunos de mis pensamientos por escrito: "La explotación de los extranjeros ilegales podía pararse si la corriente de trabajadores pudiera estabilizarse. Esto pararía la aproximación al torniquete del problema creado por la necesidad de empleados, dijo Henry M. Ramírez."[64]

En Marzo 6 de 1974, Pat Flores, un reportero del San Antonio Express News, también me entrevistó. El escribió: Ramírez dijo que su comité propone la amnistía para incontables extranjeros ilegales en los Estados Unidos, esos extranjeros ilegales que han estado aquí por años, han echado raíces y son observantes de la ley, deberían recibir la amnistía de la deportación, Ramírez dijo que el respaldo para esta recomendación, ha sido muy bien recibido en el Congreso.[65] Esta entrevista muestra que estábamos tratando de conseguir que la propuesta de la amnistía se hiciera realidad aún cuando las oscuras nubes de Watergate cubrían los cielos.

Como se lo había predicho al General Chapman, la migración de los ilegales de México creció y se convirtió en un asunto altamente publicado a nivel internacional. Seis meses después de la entrevista de 1974, que di a Juan Saldaña, el mismo General Chapman apareció en un artículo del *Seattle Daily Times* titulado: "Flujo de extranjeros ilegales: Un torrente excesivo.[66] Y en el *San Diego Unión,* el General Chapman elaboró en lo severo del problema con detalles específicos, estimando el número de extranjeros ilegales de seis a siete millones."[67] Un encabezado del *New York Times* por el mismo tiempo fue:

---

[64] Frank Saldaña, "Solution Offered to Alien Problem", *San Diego Evening Tribune*, 21 febrero 1974.

[65] Pat Flores, "Migrants Get Gas Need Pledges", *San Antonio Expres*, 6 marzo 1974.

[66] Bruce Johansen, "Flow of Illegal Aliens: A Gusher", *Seattle Daily Times*, 23 julio 1974.

[67] "Growing Daily: Alien Smuggling Problem Cited", *San Diego Union*, 15 julio 1974.

"Chávez busca un alto en la Nación al "Peor" influjo de extranjeros ilegales."[68] En Fresno, California, Cesar Chávez, presidente del sindicato *United Farm Workers of América* demandó que la patrulla fronteriza de Estados Unidos adoptara medidas severas sobre los trabajadores extranjeros ilegales. Supe años después que el Comité Nacional Demócrata, junto con George Meany presidente de la AFL-CIO, estaba totalmente opuesto a cualquier amnistía, en unión con sus aliados los nuevos méxico-estadounidenses, el Consejo Nacional de la Raza, encabezada por Raúl Yzaguirre.

Esos dos meses de Junio y Julio de 1974 marcaron un cambio en el reportaje después de una previa tranquilidad. El asunto comenzó a explotar. El toque de los tambores comenzó en México, que protestó por el maltrato de sus trabajadores en los Estados Unidos demandando el mejoramiento y denunciando la caza al por mayor de los trabajadores indocumentados.[69,70,71,72,73,74,75] Del lado de los

---

[68] "Chavez Seeks a Halt to Nation's 'Worst' Influx of Illegal Aliens", *New York Times*, 23 julio 1974.

[69] "Convenio entre México y Canada sobre braceros", *México (DF) El Nacional*, 18 junio 1974.

[70] "Nuevo trato sobre braceros", *El Sol de Leon*, 19 junio 1974.

[71] Editorial, "Trabajadores, migratorios", *México (DF) La Prensa*, 21 junio 1974.

[72] "Nada respecto a los braceros en la misión a EU", *México (DF) Novedades*, 23 junio 1974.

[73] "Que Washington realiza una casería de mexicanos 'ilegales' para deportarlos", *México (DF) Novedades*, 23 junio 1974.

[74] "Anuncian en Denver que expulsaron a veintiocho mexicanos ilegales", *San Luis Potosi El Heraldo*, 23 junio 1974.

[75] "México protesta trato de EU, a sus trabajadores emigrantes", *San Salvador La Prensa Grafica*, 24 junio 1974.

Estados Unidos comenzaron a aparecer editoriales. Un periódico de California se quejó de "Más entrada ilegal" y abrió con: "Continúa imparable la inversión de extranjeros."[76] Esto fue asumido por el News Courier en Alabama[77.] y el Dispatch en Tennessee.[78]

Un muy desagradable artículo apareció en un periódico de Chicago en español, el Nacional. Su encabezado traducía: "Ramírez adquiere la entrada de 32.000 cubanos. Sucio, traidor: Henry Ramírez". El articulo prosiguió: "El está trabajando en darles *Parole* (libertad bajo palabra) para la inmigración de los refugiados de España de la Cuba de Fidel Castro."[79] Algunos periódicos méxico-americanos en Chicago no les gustaba lo que había hecho en favor de los cubanos que habían huido de su ancestral madre patria, España y que descubrieron que estarían mucho mejor en los Estados Unidos. Yo había trabajado con mi consejero presidencial, Manuel Giberga y el Abogado General Richard Kleindienst, que fue también miembros del Comité del Gabinete, para conceder status *parole* (libertad bajo palabra) a esos cubanos. Tal vez algunos méxico-estadounidenses fueron influenciados por los fabricadores de opinión de Chicago (a la Saúl Alinsky y otros izquierdistas de línea dura) y por consiguiente tenían un

---

[76] Editorial, "More Illegal Entry", *Hanford (California) Sentinel*, 9 julio 1974.

[77] Editorial, "More Illegal Entry", *Athens (Alabama) News-Courier*, 9 julio1974.

[78] Editorial "More Illegal Entry", *Cookeville (Tennessee) Dispatch*, 11 julio 1974.

[79] "Ramírez Consigue la Entrada a 32,000 Cubanos", *El Nacional*, 11 enero 1974.

fuerte rechazo de los cubanos que habían huido de "la isla paraíso" de Fidel Castro.

Esta llamada telefónica de la Fuerza Aérea Uno a principios de 1973 ciertamente abrió una caja de Pandora de emociones etnicas, asuntos legales y tensiones internacionales en medio de los 1970. Pero para ese tiempo, yo iba de camino fuera de Washington, D.C, al sector privado, buscando el anonimato y una vida tranquila para mi familia de regreso a casa en California. La inmigración se convertiría en la papa caliente de alguien más.

Sin embargo, estos y otros esfuerzos de una forma u otra culminó en la promulgación de la ley Simpson-Mazzoli en 1986, que concedió la amnistía a más de 300.000 extranjeros ilegales irlandeses y cerca de dos millones de mexicanos. Sería un detalle hermoso dar a Nixon algún crédito por haber comenzado a rodar la bola. Se requiere de años para que maduren los ideales y se vuelvan actuales.

11. SEMANA NACIONAL DE LA HERENCIA HISPANA

"Incluyamos en las actividades de la Casa Blanca para crear la conciencia nacional de las condiciones de los méxico-estadounidenses". Esta fue la quinta de las visiones en mi tarjeta de tres por cinco y el servicio dominical detallado en la Parte II, capítulo 8, fue parte de su actualización. Este capítulo presentará otra parte: La Semana Nacional de la Herencia Hispana.

Cuando sugerí que la Casa Blanca debería incluir a los méxico-estadounidenses en sus actividades culturales, señalé que el área de Washington- distinta del Suroeste- no era familiar con los méxico-estadounidenses. Por esta razón, antes de ser nombrado en el Comité del Gabinete para las Oportunidades del pueblo de habla hispana (CCOSSP), escribí mi estudio de cincuenta páginas, *"Un panorama de las actividades de los asuntos de los hispanoparlantes para la Casa Blanca"* sobre lo que los méxico-estadounidenses deberían esperar de la administración.

Primero, mi estudio revisó las necesidades para un oficial reconocimiento de los hispanoparlantes y sugerí que fueran identificados por su etnicidad en todos los datos tabulados por el gobierno (Esto se hizo: ver parte II, capítulo 3). Se sugerían las acciones siguientes: que la administración invite a los líderes de la comunidad de habla hispana al servicio dominical de la Casa Blanca (hecho); que la Casa Blanca tenga una reunión con miembros del Congreso para discutir los asuntos relevantes de las comunidades de habla hispana; y que reconozca los asuntos del trabajo de granja.

Un tiempo después, pude adquirir una copia de mi estudio. Fue alterado substancialmente. Una copia era un documento de cincuenta y dos páginas marcado "CONFIDENCIAL" que había convertido totalmente mi estudio en una estrategia política y en un reporte táctico. Alguien en la seccion política de la Casa Blanca había insertado un reglón después de cada área de preocupación que surgiría una acción presidencial que podía ser aprobada para aceptarse o rechazarse. En retrospectiva para este ex trabajador migrante, estoy profundamente impresionado y agradecido de darme cuenta que mi estudio sobre méxico-estadounidenses logró la visión presidencial. Es mas que probable que la oficina de Chuck Colson hizo los cambios para acción presidential.

Todavía más tarde al revisar la cronología de las actividades de la Casa Blanca en relación a los méxico-estadounidenses inicialmente y más tarde en relación con los puertorriqueños del continente y los cubanos, me di cuenta que a la llegada de Robert Finch a mediados de 1970, la Casa Blanca inició el alcance a este nuevo grupo de los hispanoparlantes. En agosto de 1971, Washington realmente no conocía a qué nos parecíamos los méxico-estadounidenses, porque solo había algunos de nosotros entre ellos, aunque después este estado de la situación cambió permanentemente pronto.

¡Qué distinto fue lo que verdaderamente encontré en Pecos, Texas en julio de 1951! Dos seminaristas y yo íbamos en carro hacía la Ciudad de México desde Los Ángeles. Habríamos partido de Alburquerque esa mañana y en ese tiempo íbamos pasando a través de plantaciones extensas de algodón en ese muy, muy caliente campo cercándonos a la Ciudad de Pecos, ya bien pasada la hora del almuerzo y estábamos hambrientos y sedientos. Estábamos tan contentos de ver en ese lugar un anuncio "Las mejores hamburguesas" de un restaurante adelante sobre la carretera. Encontramos el restaurante y nos paramos en su vasta área de estacionamiento cubierta de grava (obviamente servían a motoristas y troqueros).

Rápido, tratamos de entrar. Pero así como rápido, una mirada a un letrero puesto a unos pasos ¡me hizo hacer un alto! La discriminación en California era algo sutil y oblicuo, pero aquí era el "modo texano" abierto, ostensible y en tus narices. Mi mente retrocedió a mis 1938 y 1939 días de temporada de migrantes en San José – mientras cortando duraznos en cobertizos al aire libre y de rodillas recogiendo ciruelas esparcidas en terrones de tierra, había conocido a americanos europeos de Texas, Arkansas y Oklahoma. Los llamábamos Okies. Mi madre no nos permitía a nosotros niños juntarnos con ellos. Nos regañaba en español que eran unos bárbaros y en ciertos modos paganos, raros e inaceptablemente diferentes.

Ahora llegué a encontrarme cara a cara con la historia viva. El anuncio garabateado decía: "No mescans, no negros". Con gran rapidez mi mente me dijo: "Europeos americanos en Pecos probablemente saben cómo se parecen los mexicanos. No durarían en reconocerme como el genuino artículo: un mexicano mestizo de piel canela. Entonces tendrían que negarme una grasosa hamburguesa y una coca".

Ciertamente a mí se me identifica pero no a mis compañeros (que tenían nombres como Bob Hempfling); sin embargo, mi cohorte se fue tan hambrienta y sediento como estaba yo. Rápido les aseguré que esta era una oportunidad para ofrecer nuestra mortificación por las sufrientes almas del Purgatorio. Tal vez conseguimos una o dos almas tuvieran una pronta salida. Continuamos nuestro viaje hacia Laredo. Si hubiéramos tomado una foto de ese escandaloso anuncio, este capítulo estaría mejor ilustrado. Pero nos alejamos de allí con tanta prisa que el Buick sedán de marca nueva, negro de cuatro puertas y cuatro ventanillas dejara marcas de llantas y una nube de polvo levantada con sus rechinantes llantas.

Meditaba este suceso emocional. Si hubiera intentado comprar alimento, simplemente hubiera interferido en las normas sociales y comportamientos de los descendientes de recientes propietarios esclavos. Estos europeos americanos tenían certeza de su "superioridad" blanca. Los europeos americanos residentes de Pecos, Texas, estaban aún recordando los vestigios de los efectos de la invasión de esta anterior parte de México por los subordinados del Presidente Polk cien años antes.

Esta clase de comportamiento continuó en Texas como más tarde llegue a ser un investigador profesional y oficial del gobierno de los derechos civiles. Por ejemplo en 1968, entreviste en El Paso a la directora de una escuela primaria para el estudio de educación de méxico-estadounidenses. Me emocioné al escuchar su solemne y todavía más delicada frase: "mi trabajo es muy exigente. Es tan difícil atraer a estos pequeños muchachos "mescan" a nuestra cultura superior". Yo hice una mueca frunciendo mis cejas-otro ejemplo, en 1969 documentaba que los administradores del sistema escolar de Pecos conducían en autobús a los chicos para que los "blancos" pudieran ir a las nuevas instalaciones casi cincuenta millas lejos de Zaragoza, mientras los mexicanos de Zaragoza eran llevados a las viejas instalaciones en Pecos.

Por este tiempo en mi vida, la palabra de Cultura Superior e inferior con consecuentes actos de discriminación, ya no era más una fuente de sorpresa o de enfado. Había sido formado en interrelaciones y relaciones humanas derivadas de las diferencias de clase casi desde que llegué al uso de la razón. Como maestro, vigorosamente combatí el desorden relacionado que impedía el mejoramiento estudiantil: era la autoimagen negativa que tanto penetraba en la psique de los mexicanos mestizos.

En 1971, crear la conciencia nacional de los hispanoparlantes era un imperativo. Nada anterior en la reciente historia política había sido hecho sobre esta necesidad nacional. John F. Kennedy no había desarrollado una estrategia para incluir a los méxico-estadounidenses en la sociedad de Estados Unidos. Bobby Kennedy, con su ¡*Viva Kennedy clubs*, no había siquiera prometido contarnos! Los Kennedy hicieron una preocupación nacional de los esfuerzos de sindicalización de César Chávez, el líder campesino de mexicanos que trabajaban en los viñedos alrededor de Fresno, California. La memoria de Lyndon Johnson fue solamente refrescada en los últimos días de su presidencia cuando recordó sus días de enseñanza en una escuela primaria en una escuela méxico-americana en Cotulla, Texas. Fue solo entonces que decidió que debería hacer algo. Tristemente, añado que los VIPS del mundo emergente de los méxico-estadounidenses tampoco escribieron sobre la gran necesidad de ser conocidos o el ser contados. Ni los profesores ni los Mexico-estadounidenses jefes de los sindicatos señalaron la falte de no ser conocidos o ser presente en la conciencia nacional. Tampoco lo hicieron los líderes como el Dr. Héctor García ni los diputados elegidos como los congresistas Don Edwards (D. California) o "Little Joe" Montoya (D. Nuevo México) o Henry B. Gonzales (D. Texas).

La gente podría correctamente establecer que el Acta de 1964 sobre los Derechos Civiles disminuyó en forma profunda la discriminación y da crédito al presidente Johnson por esto, pero la ley fue aprobada para beneficiar a los negros americanos. Nosotros tuvimos que luchar para ser incluidos, porque en un principio, ni siquiera éramos vistos. Por ejemplo, a Jeffrey Miller, de la Comisión de Estados Unidos sobre Derechos Civiles, se le asignó estudiar, el cumplimiento de los derechos civiles por el gobierno federal. Designó métodos para medir qué tanto había disminuido la discriminación por 1971, pero solo con respecto a los americanos negros. Dados los límites de su metodología, fui capaz de convencer a los seis comisionados que aprobaran el trabajo de Miller solo si incluían también el impacto sobre los hispanoparlantes. La lucha por asegurar la incorporación de los méxico-estadounidenses y de latinos en los cumplimientos de los derechos civiles continúa hoy en día.

Además de contarnos, también trabajé en otras formas para desarrollar la conciencia nacional sobre los méxico-estadounidenses, cerca de un mes después que el Presidente Nixon me nombró jefe de su Comisión del Gabinete, escribí un memo al Consejero Finch sobre conmemorar el día de la Independencia de México (16 de septiembre) como un paso para desarrollar la conciencia nacional de los méxico-estadounidenses tan necesitada. En mi memo propuse tener una visita del embajador mexicano y cinco miembros de una delegación México americana al Presidente en la Oficina Oval el 16 de septiembre de 1971. Señalé que sería una buena oportunidad para los fotógrafos y para que el pueblo de habla hispana viera una vez más el interés de la administración de Nixon en ellos. Escribí para una explicación posterior.

La foto y la reunión refuerzan la política declarada del Presidente impulsar la importancia de la gente de habla hispana en los Estados Unidos. Esto haría que el pueblo méxico-estadounidense sintiera que el presidente realmente se preocupara por ellos, un punto que debe ser muy claramente demostrado entre ahora y noviembre de 1972. Aparecieron sus considerables poderes persuasivos detrás de esta propuesta que podría ser de gran valor para la gente hispanoparlante y para la administración.[80]

Ciertamente con respecto a la conmemoración del día de la Independencia de México, el congreso ya había actuado tres años antes. El congreso Noveno aprobó la Ley Pública 90-498 el 17 de septiembre de 1968, autorizada por el Presidente al emitir una anual proclamación designando la Semana, incluyendo septiembre 15-16, como "Semana de la Herencia Nacional Hispana" y llamó al pueblo de los Estados Unidos, especialmente a las comunidades educacionales a observarla con ceremonias y actividades apropiadas. Esta acción del Congreso proporciona pensamientos tanto positivos como negativos. El Congreso actuó admirablemente, ¿pero qué tomó tanto tiempo para ser

---

[80] Henry Ramírez a Robert Finch, memorándum, 3 septiembre 1971, "Proposed Action by the President to Commemorate México's Independence Day of September 16, 1971". National Archives.

consciente? Además, el presidente Johnson no emitió la proclamación que el congreso autorizó.

Fue el Presidente Nixon quien primero firmó una proclamación sobre la Semana Nacional de la Herencia Hispana (Figura 9), y el Vicepresidente Spiro Agnew lo leyó públicamente el 16 septiembre 1973 (Figura 10). Entregué a la Casa Blanca una lista de 200 potenciales recipientes para recibir copias de la primera proclamación presidencial de la Semana Nacional de la Herencia Hispana.[81] Este acto singular de proclamar una semana dedicada a elevar la conciencia y el aprecio por la herencia hispana, cultura, historia, y artes causó espectaculares avances en la conciencia del pueblo hispano en los Estados Unidos.

---

[81] Henry Ramírez a Fred Slight, memorándum, 7 septiembre 1973, "Names for Hispanic Heritage Week".

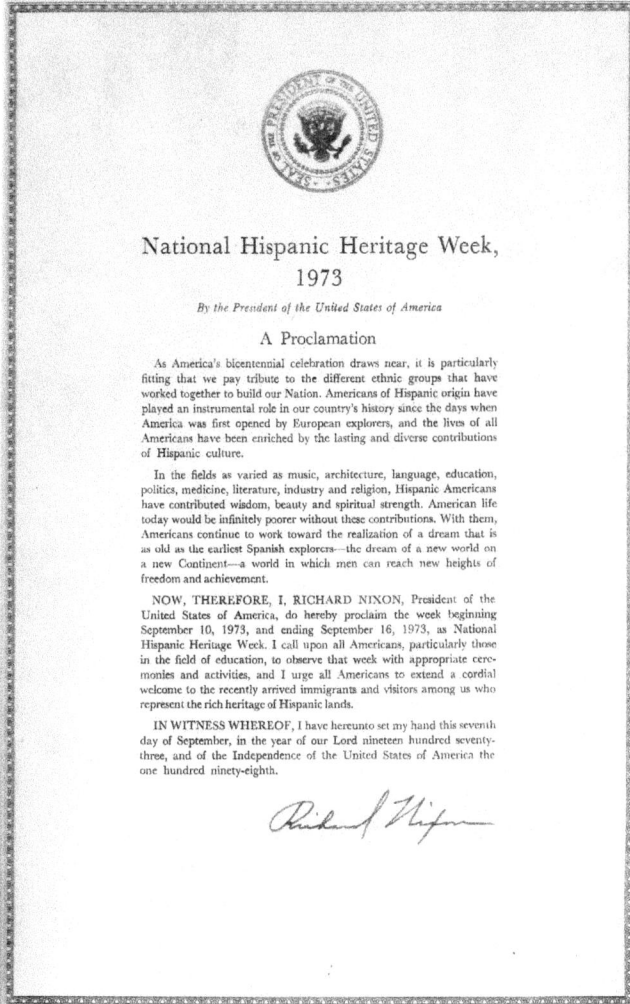

National Hispanic Heritage Week,
1973

By the President of the United States of America

A Proclamation

As America's bicentennial celebration draws near, it is particularly fitting that we pay tribute to the different ethnic groups that have worked together to build our Nation. Americans of Hispanic origin have played an instrumental role in our country's history since the days when America was first opened by European explorers, and the lives of all Americans have been enriched by the lasting and diverse contributions of Hispanic culture.

In the fields as varied as music, architecture, language, education, politics, medicine, literature, industry and religion, Hispanic Americans have contributed wisdom, beauty and spiritual strength. American life today would be infinitely poorer without these contributions. With them, Americans continue to work toward the realization of a dream that is as old as the earliest Spanish explorers—the dream of a new world on a new Continent—a world in which men can reach new heights of freedom and achievement.

NOW, THEREFORE, I, RICHARD NIXON, President of the United States of America, do hereby proclaim the week beginning September 10, 1973, and ending September 16, 1973, as National Hispanic Heritage Week. I call upon all Americans, particularly those in the field of education, to observe that week with appropriate ceremonies and activities, and I urge all Americans to extend a cordial welcome to the recently arrived immigrants and visitors among us who represent the rich heritage of Hispanic lands.

IN WITNESS WHEREOF, I have hereunto set my hand this seventh day of September, in the year of our Lord nineteen hundred seventy-three, and of the Independence of the United States of America the one hundred ninety-eighth.

Figura 9. El Presidente Richard M. Nixon firmó esta proclamación de la Semana Nacional de la Herencia Hispana en septiembre 1973. *(Cortesía de la Biblioteca de Richard M. Nixon)*

Figura 10. Vicepresidente de los Estados Unidos, el Señor Spiro Agnew leyó la proclamación de la Semana Nacional de la Herencia Hispana el 16 septiembre 1973. Desde la izquierda a la derecha: Joseph Juárez, jefe del American GI Forum; Pete Villa, presidente de la League of United Latin American Citizens; Phillip Sánchez, embajador a Honduras; Manuel Lujan, miembro del Congreso (R. New Mexico); Dr. Henry M. Ramírez, jefe del Comité del Gabinete sobre Oportunidades para los Hispanoparlantes; José Juan Olloqui, embajador mexicano a los EU; y Vicepresidente Agnew. *(Cortesía de la Biblioteca de Richard M. Nixon)*

La preocupación sobre el vacio nacional de la conciencia de los asuntos mexicanos ahora habían sido hechos trizas. Hay que darle al Presidente Nixon el crédito por este cumplimiento; tristemente, bajo la presión ejercida por los frenéticos Demócratas, dejó la presidencia algunos días antes de que también hubiera firmado la segunda proclamación en septiembre de 1974. En su lugar el Presidente Ford firmó la segunda proclamación. Quince años después el Presidente Reagan extendió la Semana Nacional de la Herencia Hispana a un mes.[82]

Mientras yo logre el avance de la conciencia de la nación sobre la gente hispanoparlante, la oficina de Comunicación de la Casa Blanca tuvo que unirse a nosotros en el esfuerzo. Me agradó conocer que el Consejero Finch y el director de comunicación, Herb Klein, aceptaron mis sugerencias de Carlos Conde para la oficina de Comunicaciones. Fluido en español, fue instrumental en entregar información a los medios en español e inglés ¡otro primero! El otro miembro del Comité del Gabinete también empezó pronto a proporcionar información a publicaciones de lengua hispana.

Supe que sería yo el que definiera y articulara nuestros esfuerzos de informar a los americanos hispanoparlantes, especialmente en lo que el gobierno federal estaba haciendo para llegar a ellos y asegurarles sus oportunidades iguales. Nuestra carta informativa, Hoy, desempeño hechos cabalmente bien. Mi conocimiento de una educación clásica e europea, se cotejaba con mi experiencia en la etnicidad que se encuentra en la educación de las escuelas católicas. Todo eso me preparo para pesar, comprender y percibir otros puntos de vista de opiniones.

La experiencia de ser el único estudiante méxico-estadounidense en toda mi clase me dotó ricamente con una catolicidad de conocimiento intelectual. Por el tiempo en que el Presidente Nixon me nombro para supervisar

---

[82] Comunicado de prensa, Office of the White House Press Secretary, 13 septiembre 1988, "Remarks by the President at the Signing Ceremony for Hispanic Heritage Week".

asuntos del pueblo de habla hispana, era agudamente consiente de los efectos sociopolíticos de la raza, la etnicidad y posesión de la tierra y los negocios.

He aquí un repaso muy breve de nuestra historia.

Así como Inglaterra estableció colonias conocidas como Nueva Inglaterra, la corona española también extendió su reino conocido como Nueva Espana desde centro América hasta Oregón. Los pueblos indígenas eran los habitantes originales de parte de la Nueva España que se convirtió en el sudoeste de los Estados Unidos después de la guerra contra México. Muchos de los descendientes fueron mestizos y católicos comenzando en los 1500s. Mineros de Zacatecas, Sonora, Chihuahua, Durangp. y Guanajuato llegaron a lo que ahora es Colorado, Nuevo México, Arizona y California en los 1600s Trabajadores de Acapulco, Mazatlán y Guadalajara ayudaron a los Jesuitas y Franciscanos a construir las misiones de California y sus dependencias en los 1700s. Otros trabajadores del interior de México, que criaban caballos, mulas, ganado y ovejas, también acompañaron a los españoles. Llegaron a conocerse como vaqueros y monta mulas. Ese fue el pueblo que vino a vivir en el sudoeste como describe el profesor Julián Zamora en su libro de 1966. La Raza América Olvidada. Algunos vivieron en el sudoeste por generaciones que datan desde antes que los Estados Unidos existieran como país.

Para 1974, la conciencia del papel y presencia de la gente hispanoparlante en nuestro país ha sido exaltada de modo significativo.

¿Qué papel juega el poder legislativo en esto? Hay que conocer que dos miembros del Congreso, George H. W. Bush (R. Texas) y Edward Roybal (D. California) promovieron la legislación para establecer por ley el CCOSSP. Ellos persuadieron al Congreso a votar por la legislación. Esto sucedió en 1969, Yo hablé a Martín Castillo, el primer jefe del Comité del Gabinete, sobre esto.[83] Él y Bush compartieron mucho en común, incluyendo el servicio como pilotos guerreros. Ed. Roybal y el padre de Martín Castillo ambos nacieron en Belén (un suburbio de Alburquerque), Nuevo México. Registrado como Demócrata antes de su nombramiento presidencial como jefe, Castillo había respaldado al congresista Roybal. La unión de personalidades, cosas en común y carreras de estos tres hombres aportó un histórico progreso a través del subsecuente trabajo de la CCOSSP.

Sin embargo, en el nuevo formado CCOSSP no hubo ni una sola reunión a lo largo de veinte meses. Se suponía que fuera una bien comportada agencia que no hiciera olas. Los demócratas no tenían ningún cuidado por esto y los Republicanos en la Casa Blanca no sabían qué hacer con esto. En su infancia, el pequeño, nuevo muchacho en la cuadra de la agencia creada para asegurar sus derechos a los méxico-estadounidenses y sus oportunidades luchó como un pequeño hispano bajo un "benigno olvidado".

Pero con la campaña de la reelección en el horizonte Nixon bien sabía que era exigente despertar al CCOSSP, el Comité del Gabinete, se volvía imperativo. El mismo se hizo cargo y lo infundió con respaldo, dirección y energía, así que cuando yo lo asumí como jefe en 1971, fuimos capaces de cumplir con grandes zancadas para la gente de habla hispana de los Estados Unidos.

Antes de noviembre de 1972, la mayoría de los miembros del Congreso (como de los americanos) no sabían realmente quiénes éramos los hispanoparlantes; pero cuando Nixon obtuvo más del 30 por ciento del

---

[83] Martín Castillo, entrevista por el autor, Los Angeles, CA, 4 septiembre 2010.

voto de los hispanos, los oficiales elegidos despertaron a una nueva realidad. Agudamente sintonizados al instrumento de su elevación, el voto, se apresuraron a saber de nosotros. Con tal éxito estábamos en la ruta de tener nuestro poder político conocido y respetado. Los hispanoparlantes americanos formalmente invisibles, olvidados, despreciados y desconocidos serían ahora contados por su voto por primera vez en la historia.

El Presidente Nixon verdaderamente hizo mucho por los méxico-estadounidenses y por los otros de habla hispana por medio del CCOSSP.

Sin embargo los que hacen la historia han sido indulgentes en las acciones de omisión. Los escritores por los bien conocidos periódicos han ejercido una profunda ignorancia de las realidades reveladas en este libro.

Él relativamente nuevo método de informarnos a través de las imágenes, voces, música y acciones movidas por los medios de la televisión no han recorrido la cortina de la ignorancia pública de ¡quienes somos los de habla hispana!

Al contrario, los métodos de informar al público han sido usados para difamar a un verdaderamente, visionario presidente de los Estados Unidos. Los industriosos "destructores" de la historia son legión; he leído y escuchado a muchos de ellos. No tiene nada bueno el mencionarlos. Dios sabe quiénes son.

Así pues, este libro es para quienes quieren conocer la verdad de la historia. Nixon llevó a cabo grandes obras por los pobres, iletrados, por quienes trabajaron duro, los católicos, mestizos de la Diáspora de México y sus descendientes.

El congreso añadió a los cubanos, los puertorriqueños y otras gentes de habla hispana y ellos también se han beneficiado grandemente.

MEXICANOS al NORTE

TERCERA PARTE

1. LO QUE ERA DESCONOCIDO

Los grandes pasos que Richard M. Nixon llevó a cabo para los méxico-estadounidenses (así como para otros hispanoparlantes americanos), que han sido resumidos en los capítulos procedentes, ayudaron a muchos de ellos a lograr lugares en la sociedad americana que sus antepasados no pudieran hablar concebido. Sin embargo, esas acciones presidenciales no fueron meros cálculos designados para ganar votos. Surgieron de la interacción personal que Richard Nixon tuvo con las familias méxico-estadounidenses que conoció en sus días de juventud, particularmente las familias del Rancho Leffingwell y el Rancho Murphy al este de Whittier, California. Su admiración por ellos y sus valores, principios y modo de vivir lo inspiro y lo motivo al dirigir el gobierno para construir puentes del Sueño Americano para los méxico-estadounidenses. Quería hacer algo por ellos y lo hizo.

Pero ¿quiénes eran esos méxico-estadounidenses que Nixon encontró? Mientras que cada persona ciertamente tiene su única historia, de todas maneras hay elementos que sobresalen en lo tenemos en común. Las aproximadamente 200 familias méxico-estadounidenses en los Ranchos Leffingwell y Murphy, como otros muchos méxico-estadounidenses en los Estados Unidos en ese tiempo, habían llegado casi recientemente en una oleada de una Diaspora durante las primeras décadas del siglo veinte. Esta fue la Diáspora de dos millones de mexicanos. La mayoría de los cuales eran mestizos; iletrados y de origen humilde. Serían los hijos y nietos de los sobrevivientes de esa Diáspora, a quienes el presidente Nixon asistió, pero curiosamente, esas generaciones más jóvenes de un modo u otro no sabían nada de las razones de la partida de sus familias o de su historia pasada. Es una historia trágica no muy bien conocida. Pero por las experiencias de un joven hombre en el Este de Whittier, él mismo de origen humilde, que llegó a ser el trigésimo séptimo presidente, el grupo desconocido llegó a ser conocido y, poco a poco, su historia también se reveló. Esta parte de este libro da voz a los sobrevivientes de la Diáspora y es testimonio de sus sufrimientos.

¡Sufrimientos que ellos soportaron! Recuerdo la situación política de México que llevó a la Diáspora, en la que semillas de conmoción sangrienta y violenta fueron sembradas después de que México se independizó de España en 1821, el poder en el país se concentró en las manos de relativamente pocos criollos. Aunque solo eran el diez por ciento de la población esta clase educada de inteligencia controlaba todo. Ellos se empaparon de las ideas populares del tiempo en Europa-principios de la Revolución Francesa así como conceptos de las nuevas filosofías europeas promulgadas por los intelectuales como Marx y Nietzche. Además, la Edad de la razón del siglo dieciocho (la era del Iluminismo) continuó influenciando a la gente educada para rechazar el uso de la Fe y adoptar la Razón sola para explicar todo conocimiento y promover el materialismo ateo. Se burlaron de los analfabetas, faltos de educación, de los pobres y de los muy devotos mestizos y de los mexicanos nativos (indios). Ridiculizaban a la gente que llenaba las iglesias por creer en el Cielo, Infierno, Satanás y en el mismo Dios. Después de todos los métodos científicos celebrados no podían probar la existencia de Dios.

En este tóxico brebaje de pensamiento los feroces liberales anticatólicos mexicanos (masones, positivistas, jacobínes, marxistas, y otros), bajo el principal liderazgo de Benito Juárez gano poder a la mitad del siglo y lanzó La Reforma. Pasaron las Leyes de Reforma, también conocidas como Leyes de Lerdo (1856); ratificaron una nueva constitución que contenía medidas encaminadas a desfundar a la Iglesia católica y erradicar su "mitología". Sin embargo, Porfirio Díaz, que subió al poder en los 1870 midió las fuerzas de esas leyes anticatólicas. Bajo su firme mandato, solo permitirá a los liberales protestar y "ladrar sin morder", y México disfrutó de un periodo de relativa calma mientras Porfirio Díaz se esforzó por traer inversión extranjera y modernizar al país en dirección al capitalismo.

Porfirio Díaz gobernó por décadas. Sin embargo, todavía fomentada por filosofías desarrolladas en Europa (ahora añadiendo a los Bolcheviques/comunistas, socialistas y algo parecido), la Revolución incendiada por Francisco Madero en noviembre de 1910 exitosamente derribó el gobierno de Porfirio Díaz. Siguiendo el exilio de Porfirio Díaz en Mayo de 1911, México tristemente descendió a un período de caos que múltiples jugadores lidiaban por controlar. Madero no duró mucho tiempo, las cosas fueron de mal en peor, ya que a un dictador le siguió otro desde 1913 a 1930: Venustiano Carranza,

Álvaro Obregón y Plutarco Calles el uno superando al otro en término de horribles atrocidades cometidas contra la Iglesia Católica y sus fieles (Pancho Villa y en menor medida, Emiliano Zapata nunca fueron reales jugadores en las acciones transformadoras de los tres dictadores, pero ciertamente contribuyeron al caos y destrucción).

En la lucha civil que siguió en la víspera del exilió de Porfirio Díaz, facciones belicosas atracaron ciudades, haciendas, ranchos y casas para tomar todo o algo de valor para financiar y respaldar sus ansías de poder. También querían alimentos, ropa, alojamiento y mujeres. La obtención se conseguía a punta de pistola. Bajo estas condiciones, México se disolvía en el desorden y la ilegalidad. La vasta población de mestizos e indios que habían estado viviendo en una estable economía feudal y que, siendo iletrados y sin educación pero no infectados por las filosofías europeas, no habían participado en ningún gobierno, sufrieron en gran medida. (Entre paréntesis, cuando a los mexicanos en Pomona, California les preguntaba si habían votado cuando vivían en México, su respuesta se daba rápido con una sonrisa y una mueca. ¿Qué? ¿Votar? En México uno no vota. Los políticos llegaban a ser presidentes, senadores, etc., sin la necesidad de votar. Las elecciones eran una farsa conducida solamente por y para los dueños de todo, los Criollos.

Existen pocos relatos escritos de testigos de ese período (Recuerden que el 90 por ciento de la población de ese tiempo era analfabeta y, por supuesto, la censura se practicaba férreamente); ha sido solo recientemente que la violencia en México durante los años 1910-1930 ha sido más generalmente conocida. Sin embargo, yo obtuve de varías fuentes el esquema de un panorama de las condiciones que México enfrentó a principios del siglo veinte.

Una de las más valiosas fuentes es la obra de varios volúmenes de Jean Meyer, *La Cristiada*. En ella documenta un sinfín de atrocidades en la guerra de Carranza contra la Iglesia Católica. El ejército de Carranza entraba a ciudades y obtenía las llaves de las Iglesias Católicas entonces metódicamente encarcelaba, mataba y violaba y como un acto final de sacrilegio, convertía a las Iglesias en establos para caballos y en lugares de banquetes para los soldados. Meyer deja muy claro que la lucha no era una revolución, sino una guerra contra la Iglesia Católica. Escribe "Cuando Carranza obtuvo el poder, resucitó la obstinada oposición de los liberales, de su anticlericalismo, que existió por más de un siglo en México... todos los anticlericales surgieron con Carranza y la Iglesia se convirtió en un objeto de singular persecución."[84]

A lo largo de México, las tropas de Carranza cometían un sacrilegio tras otro. Los ejemplos de Meyer incluyen:[85]

- **Querétaro:** en Julio 29 de 1914, los carrancistas cerraron todas las Iglesias, menos dos. Arrestaban a los sacerdotes (forzando a uno, el Padre Sousa, a unirse al ejército), cerraban las escuelas, quemaban los confesionarios en la plaza pública e hicieron del seminario una estación de policía.

- **León, Guanajuato:** Arrestaron a los administradores diocesanos, expulsaron a las órdenes religiosas y pidieron un rescate por el obispo.

---

[84] Jean Meyer, *La Cristiada, Vol. 2* (México: Siglo XXI, Editores S.A. de C.V., 1973), pp. 68-69.

[85] Ibid., pp. 76-82.

- **Irapuato:** Silao y Celaya, Guanajuato: Mataron a un sacerdote en Silao y prohibieron confesiones en las otras dos ciudades.

- **Aguascalientes:** Quitaron las imágenes y confesiones de las Iglesias. Entonces en agosto 14 de 1914 el gobernador Fuentes amenazó de muerte a todos los sacerdotes que se atrevieran a celebrar misa.

- **Zamora:** Los soldados de Joaquín Amaro saquearon las oficinas del obispo. También forzaron al muy anciano Arzobispo de Durango, que había huido allí, a barrer las calles con los sacerdotes.

- **Morelia:** Los miembros de la Orden Salesiana fueron expulsados. Sin embargo esta acción provocó un serio levantamiento y el decreto fue revocado en octubre 17 de 1914.

Meyer escribe: "Los Constitucionalistas (e.d., el ejército) de Carranza tomó los edificios y las propiedades de la Iglesia exiliaron a los obispos, a otros los encarcelaron junto con los sacerdotes y monjas, votaban por leyes y decretos persecutorios, todo esto mientras tanto ofendía al pueblo con sus sacrilegios y ejecuciones de los sacerdotes.[86] ¿Es de admirarse que católicos devotos, predominantemente campesinos mestizos, estuvieron contra la Revolución? Espontáneamente

---

[86] Ibid., pp. 68-69.

tomaron las armas y se organizaron en guerra de guerrillas, llegando a ser conocidos como "Cristeros". En un neto vuelco de relaciones públicas de parte del gobierno, sin embargo, el ejército, el gobierno, y los iluminados, ¡llegaron a echar la culpa por este periodo de violencia y destrucción a los Cristeros!: la historia reescrita."

El historiador José Rojas Garcidueñas señala que Carranza no era el único que causaba esta agitación durante los días de lucha por el poder en México. Pancho Villa junto con sus hombres (la División del Norte), también vagaban por el país e hicieron su parte en robar, matar y cometer pillaje. Carranza, su antiguo socio en la así llamada revolución, no interfirió. Garcidueñas escribe en Abril de 1915 la llegada de Villa a Salamanca, Guanajuato (la ciudad natal de mis padres): "Uno de los generales de Pancho Villa, Rodolfo Fierro envalentonando a sus hombres a saquear la ciudad de Salamanca, arrestaba a un número de personas de la clase media de las ciudades vecinas, las hacía comparecer ante la corte y sin ningunos procedimientos, sentenciaba a cada uno y los hacía fusilar inmediatamente".[87]

La persecución renovó su brutalidad en 1924. En Jalisco bajo el gobernador José Guadalupe Zuno, el padre de Doña Esther, esposa del futuro presidente Echeverría, los oficiales del gobierno anunciaron que solo seis iglesias serían tomadas por el estado. Además, cerraron las escuelas católicas en La Barca, Atotonilco, San Gabriel, Lagos, Talpa y Villa Guerrero.[88] El gobernador Zuno

---

[87] José Rojas Garcidueñas, *Salamanca: Recuerdos de mi tierra guanajuatense* (Mexico: Editorial Porrua, S.A., 1982), pp. 228-229.

[88] Jean Meyer, *La Cristiada, Vol. 2* (Mexico: Siglo XXI Editores, S.A. de C.V., 1973), p. 145.

estaba enviando un claro mensaje que quería que todos los católicos abandonaran sus tierras y sus casas. Muchos lo hicieron. Jean Meyer escribe: "Solo quedaban dos opciones, la del exilio o la de la guerra. Así, fue en 1926, que el gobernador reportó que 476.000 habían emigrado al Norte. Los emigrantes dirían: huimos por mucho más que la miseria."[89]

Probablemente el reporte del gobierno desestimó el número de mexicanos que huían del país, sabemos por el censo de 1930 que contó a los mexicanos nacidos en México que eventualmente dos millones cruzaron la frontera para construir vidas nuevas en Estados Unidos, esta fue la Diáspora. Jean Meyer cita un periódico, *La Gaceta de Guaymas* que reporta una viva imagen del diluvio de emigrantes: "La tercera clase sentado en todos los trenes que pasaban por Guaymas (una ciudad en Sonora) hacia la frontera estaban tan llenos de pasajeros que ni siquiera en los pasillos había espacio disponible para colgar un pasador."[90] Otros incontables en esos brutales años de 1913-1930 ya sea que fueran muertos en las obras de violencia y persecución bajo Carranza, Obregón y Calles o morían de camino a la frontera.

De la Diáspora, José Garcidueñas cuenta: "Los campesinos y algunos trabajadores (capacitados) emigraban a los Estados Unidos. Hombres jóvenes de clase media también partían para Estados Unidos o la Ciudad de México; si allí prosperaban sus familias los seguían. Muchos de nosotros no regresamos a vivir en Salamanca."[91]

---

[89] Ibid., p. 192.

[90] Ibid., p. 192.

[91] Joée Rojas Garcidueñas, *Salamanca: Recuerdos de mi tierra guanajuatense* (Mexico: Editorial Porrua, S.A., 1982), p. 13.

Pero por muchos más detalles sobre el diluvio de Mexicanos cruzando la frontera, yo recomendé de modo vigoroso leer *Investigación de los Asuntos mexicanos (Investigation of Mexican Affairs)*, una compilación de audiencias llevada a cabo por el Comité sobre relaciones extranjeras del senado de Estados Unidos de 1910 a 1920, publicada por la Oficina de la Imprenta del gobierno en 1920. Contiene miles de páginas de testimonios juramentados que documentan la pronunciada corrupción, crueldad y robo que se sucedían durante esos años. Raramente, la prevaleciente percepción de Estados Unidos de los asuntos mexicanos ha sido ignorar este corpus de material, en lugar de estar contentos de describir a Porfirio Díaz como "el muchacho malo". Aunque Díaz estaba lejos de ser perfecto ¿dónde está el reconocimiento de que Carranza y Obregón y Calles eran aún peores dictadores? Las audiencias del Senado de los Estados Unidos documentaron el involucramiento de comunistas, la fea invasión militar a México por el Presidente Wilson, la guerra para erradicar la fe católica, la expulsión de los mormones americanos e inversionistas (minas, ferrocarriles, agricultura y la industria del petróleo) y más.

Las audiencias incluyen una amplia gama de perspectivas. Un representante del Presidente Wilson, M Siliman, testifico: "Generalmente todos admiten que lo peor de México, además de la prostitución, es la Iglesia católica y que ambos deben irse."[92] Ofrece una muy

---

[92] Senate Committee on Foreign Relations. Investigation of Mexican Affairs: Preliminary report and hearings of the Committee on Foreign Relations, United States Senate, pursuant to S. res. 106, directing the Committee on Foreign Relations to investigate the matter of outrages on citizens of the United States in Mexico, 1920,

diferente perspectiva la madre Elías del Santísimo Sacramento, quién testificó: "tan pronto como entraban a una ciudad, tomaban las llaves de las Iglesias". Tomaban los copones y vaciaban las hostias consagradas en los pesebres de los caballos...ponían las vestimentas sacerdotales en las espaldas de los caballos...pateaban los sagrarios... quemaban los confesionarios... bebían de en los cálices.[93]

Los senadores escucharon mucho más testimonios juramentados dados por testigos que, una vez que hablaban, no podían regresar a México. Aquí hay algunos ejemplos de la montañosa evidencia:

- Wallace Thompson, editor del Herald-mexicano, un periódico diario en lengua inglesa en México. Los Carransistas rutinariamente toman posesión de las haciendas y las desvalijan de todo-alimento, animales y todo lo de valor.[94]

- Henry Lane Wilson, Embajador de los Estados Unidos:"Hay un gran número de mexicanos de la clase de los criollos en los Estados Unidos y también de la clase de los obreros preparados quienes hoy están diseminados por todo el sudoeste de los Estados Unidos. Todos ellos están en búsqueda-simplemente expuesto- de la vida. Han llegado aún tan lejos como Kansas, City. Son los intelectuales, terratenientes, de clase media y

---

p. 2657.

[93] Ibid., p. 2649.

[94] Ibid., p. 2943.

muchos campesinos. Ellos son ahora más de un millón."[95]

- Melquiades Ortiz- agente contratante de obreros: "Durante el mes pasado, embarqué a 150 mexicanos. Dicen que no hay nada que hacer en México. No tienen trabajo son indigentes."[96]

- El Sr. Rix, agente contratante de trabajadores: "el mes pasado envié a 300, vienen buscando trabajo, con mucha hambre, solo con su ropa a espaldas, no poseen nada. La gran mayoría vienen del interior (de México). He procesado a miles y miles. No pueden escribir sus propios nombres. Son honestos y pacíficos no conocen el mundo alrededor de ellos. Pero si, hay algunos bien educados y vienen de la clase alta; por ellos no hay nada que yo pueda hacer. Aquí de San Antonio a Laredo, por cada 50 o 100 yardas, usted encontrará grupos de 5 a 10 personas."[97]

- M.L. Osborne, agente contratante de trabajo: "De cualquier modo, lo que encuentran es trabajo en los Estados Unidos. Durante la guerra enviamos a seis o siete mil a Pensilvania, New York, Michigan y otros lugares en el Norte...decían que las condiciones en México eran terribles..ellos dicen que plantan maíz y hortalizas pero cuando maduran vienen los Carransistas y se llevan todo.

[95] Ibid., p, 2298.
[96] Ibid., p. 2142.
[97] Ibid., p. 2146.

Y que nadie puede quejarse de eso porque si uno se queja lo matan. son gente inocente, ignorante, y no saben nada. Los primeros centavos que ganan, inmediatamente los envían a sus esposas. Todos ellos intentan traer a sus familias y amigos lo más pronto posible. Muchos de ellos son de Jalisco, Michoacán y Guanajuato. He enviado 75.000 al norte."[98]

- Roscoe C. Burbank, de la agencia de trabajo Garza: "en febrero embarcamos a 1200 hombres, mujeres y niños vienen en grupo de la misma ciudad o pueblo."[99]

- George Agnew Chamberlain, oficial retirado del Servicio Foreano, que ha sido el cónsul general para los servicios consulares de la Ciudad de México: "La inmigración, los guardias que eran Texanos y otros estiman que entre El Paso y Brownville en solo tres semanas 50.000 personas de Jalisco, Michoacán, Colima y Guanajuato han cruzado la frontera."[100]

En cierto punto, Albert B. Fall, jefe del Comité del Senado, anunció:"El comité ha estado recibiendo telegramas y correspondencia informando de un real éxodo de mexicanos, trabajadores de la parte rural de México, especialmente de Jalisco, San Luis Potosí, Michoacán, Aguascalientes y que ahora diariamente miles

---

[98] Ibid., p. 2153.
[99] Ibid., p. 2148.
[100] Ibid., p. 2879.

están llegando a este lado. Y porque el número de este éxodo se ha incrementado tan inmensamente, Carranza quiere pararlo por medio del ejército.[101]

Carranza pudo no haber detenido el flujo de mexicanos a través del Río Grande como él intentaba militarmente, pero él o sus seguidores y sucesores manejaron el ocultar la historia. En mi investigación, obtuve información sobre un estudio realizado en los Archivos Nacionales de México por el personal del tesorero del Sindicato de Trabajadores Ferrocarrileros que intentaban aclarar cómo dos millones de gente viajaron del Bajío a los Estados Unidos en vagones vacíos del ferrocarril. El estudio establece, sin embargo: "Desafortunadamente, los documentos que describen y cuantifican la inmigración hacía el norte se han **perdido** (el énfasis es mío)."[102] Qué conveniente. La historia real de una tragedia nacional fue claramente censurada.

Aprendí a cerca de las prácticas de la censura del gobierno mexicano y de la policía secreta de un confidente que trabajo muy cercanamente con dos presidentes mexicanos y deben permanecer anónimos. Así como los comunistas impusieron secrecía y censuras aún hoy en día ese fue el estándar por los mexicanos marxistas controlaron la guerra contra la Iglesia Católica de 1913-1930. Por años después, la cancelación de la verdad continuó bajo el Partido Revolucionario Institucional (PRI) que fue el partido en el poder. La publicación de 1973 del libro de Jean Meyer, *La Cristiada*, en la Ciudad de México, durante la presidencia de

---

[101] Ibid., p. 2135.

[102] Manuel Armando Márquez González. "Los ferrocarriles mexicanos en USA", Mexican Railroad Workers Union, 15 septiembre 2015.

Echeverría fue una excepción de la regla. El publicista fue un marxista, Meyer en Francia fue también un marxista. Así, yo supongo que lo califico como excepción de la censura. Los 71 años de control del PRI fueron rotos en el 2000 con la elección de Vicente Fox Quesada como presidente. Fox terminó el estilo marxista de la policía secreta, La Policía Judicial Federal, y el gobierno controló todas las nuevas empresas. Paso a paso la verdad ha ido emergiendo. Ahora es mi turno el contribuir.

Al resumir lo que Nixon hizo, este libro relata cómo los mexicanos llegaron a ser méxico-estadounidenses. Se espera que esta historia inspire a méxico-estadounidenses a apreciar quiénes son y de donde han venido. En esta parte la verdadera historia de los compañeros méxico-estadounidenses puede también iluminar las historias personales de sus familias porque sus padres o abuelos (más aún sus bisabuelos) estaban entre los cerca de los dos millones de pobres, analfabetas, campesinos mestizos, que de repente abandonaron sus hogares a sus grandes familias y amigos y su modo de vida en México para aventurarse en adelante en lo que ellos conocían como libertad religiosa, seguridad y trabajo en "el Norte". Esta parte revive recuerdos de los mexicanos de la Diáspora de 1913-1930, y las historias aquí presentadas comparten ciertas similitudes. Estas familias se sintieron cruelmente forzadas a dejar centurias antiguas, el modo familiar de vivir, que tal vez jamás vean o se comuniquen de nuevo con las personas queridas dejadas atrás para viajar mil millas o más y comenzar de nuevo. Por qué ellos hicieron eso son los mejores recuerdos olvidados, no obstante, un propósito de este libro es, sin embargo, documentarlos, no sea que horribles atrocidades sean cometidas de nuevo.

Por consiguiente, esta serie de historias de familias mexicanas de la Diáspora abarca a las familias que dejaron México durante el período 1905-1926. Diez "hijos de la Diáspora" aceptaran compartir sus historias aquí. Le pregunté a cada uno que narrara más o menos cuándo sus respectivas familias abandonaron su pedazo de México, por qué partieron y cómo llegaron a los Estados Unidos. Sus reveladores historias familiares son el clímax de este libro. Ellas lo dicen todo.

2. LA DIÁSPORA UNA HISTORIA DE DIEZ FAMILIAS

Los sucesos en la historia pueden ser sugerentes y fantásticas y sabiamente atesoramos las historias y a quienes las narran y nos las trasmiten. Piensen en la verdaderamente asombrosa historia del pueblo de Israel preservada para nosotros en la Escritura. O la historia de las hazañas de los romanos, quienes dejaron registros de sus extensas conquistas y civilización más cercano a nosotros, Francisco Clavijero relata en *Historia Antigua de México* que los Aztecas emigraron del norte para conquistar el reino de "Mégico". Fue un inusual historiador del siglo dieciocho en eso pudo comprender la literatura jeroglífica de los mexicanos que data de antes de 1250 A.D. Nadie pudo igualar su conocimiento de lenguas, costumbres, guerras, religión, reyes, etc., o como él escribió "Mégico" (la segunda sílaba en la palabra México fue la eufónica "she" y no como el gutural sonido alemán de hoy; la pronunciación "ji" fue impuesta por los españoles para agradar a su flamenco rey).

En el espíritu de pensar la historia a través de relatos, presento ahora la historia de diez familias de la Diáspora. La primera es de Al Lemus, hijo de mexicanos migrantes. Llegué a conocer a Al Lemus casi por suerte recientemente; más aún, él es el vital enlace a Richard M. Nixon, porque él es uno que presentó una muy significante fotografía (ver Parte I, capítulo 7) que ofrece una pictórica evidencia que conecta a los mexicanos refugiados de la Diáspora a un jovenzuelo que más tarde llegó a ser el presidente de los Estados Unidos.

La familia Lemus: su Diáspora y Nixon

En el website *Los Ángeles Revisited,* hay una introducción acerca del Murphy Ranch en Whittier, California, por Elizabeth L. Uyeda.[103] La introducción presenta una fotografía de 1941 de trabajadores en el rancho cuando la descubrí, contacté al autor del sitio, y ella gustosamente me puso en contacto con el dueño de la fotografía, Al Lemus. Según el Sr. Lemus, su padre es el tercero a la derecha en la fila de atrás. El después confirmó que los hombres que aparecen en la fotografía participaron en la Diáspora.

Pregunte al Sr. Lemus sobre la migración de sus padres a California. El recuerda a su padre mencionar la tienda en el Rancho Murphy, área poseída por la familia Nixon, pero el rancho no era de hecho el destino original

---

[103] Elizabeth L. Uyeda, "Murphy Ranch, Whittier, California," Los Ángeles Revisited. 11 agosto 2010, losangelesrevisited.blogspot.com/2010/07/murphys-ranch-whittier-cal.html.

de su padre. Su familia había oído de un ex vecino en la hacienda donde ellos habían vivían, La Concepción (o "La Concha" como se le llamaba) que la Simons Brick Company en Loa Angeles, California estaba empleando emigrantes mexicanos. Su padre trabajó para la Simons por algún tiempo, después se mudó al Murphy Ranch hasta aproximadamente 1944 cuando él se fue por un trabajo relacionado con una defensa en el condado de Los Ángeles.

Por qué dejaron México para llegar a Estados Unidos., el Sr. Lemus solamente me dijo: Hasta donde yo sé fue por tener una mejor vida, en parte huyeron por la persecución religiosa y (en parte) en búsqueda de trabajo. No sabe cómo viajó la familia, pero encuentro un documento titulado *"Alien-Head Tax-Receipt"* (Extranjero cabeza de familia-recibo de impuestos), emitido en marzo de 1918, por $ 8.00 por el Departamento de Trabajo de los Estados Unidos. Immigration Service en Puerto Laredo, Texas. Señalando el tiempo y lugar de la llegada de la familia. De ahí, la familia se dirigió lentamente a California. Su llegada en 1918 a los Estados Unidos tiene sentido, puesto que fue entonces cuando Carranza estaba persiguiendo a los católicos y Pancho Villa estaba saqueando, cometiendo pillajes y matando y robando a sus anchas ¿hay alguna admiración de que la familia Lemus abandonará la hacienda, La Concepción que era parte de Penjamo Guanajuato?

La historia de la familia Lemus ilustra un interesante punto de la Diáspora. Según el Sr. Lemus, muchos de los mexicanos del Murphy Ranch habían nacido en las áreas de Pénjamo, Guanajuato, México. ¿Cómo supieron del trabajo de Los Ángeles desde sus pequeñas chozas en las haciendas y ranchos cerca de Pénjamo? Recuerden que el noventa por ciento de la población mexicana que vivía en ese tiempo era iletrada. ¿Aún si hubieran obtenido un periódico, de qué les servirá? No sabían leer. En su lugar, la fuente de noticias era el ferrocarril. Se repetía el mundo de las carreteras romanas de la historia. Los ferrocarriles Atchison, Topeka y Santa Fe empleaban trabajadores de ferrocarriles en México y los llevaban a trabajar en sus unidades a los Estados Unidos antes de 1913 y comenzando en los 1890s. Muchos trabajadores eran contratados en el Bajío, donde la paga por día era solo de trece centavos cuando regresaban a casa, contaban a sus parientes y amigos historias de la vida en "El Norte" ¡donde ganaban en dólar por día! Así, en los primeros años de la llamada Revolución, las familias que sabían de la vida en Estados Unidos eran las primeras en partir. Los muy pobres y aislados permanecieron ignorantes del desahogo que proporcionaba el Norte hasta más tarde, cuando enfrentaban dos opciones: Unirse al ejército cristero o huir. Sus éxodos eran predominantemente sufridos de 1924-1929.

Al Lemus ahora vive en el sur de California. Puesto que ha sido un activo y participativo católico, fue elegido por sus hermanos compañeros como Gran Caballero de Colón del Consejo del Este de Los Ángeles, California.

Estoy muy agradecido por la contribución de Al Lemus por haber hecho conocida una historia desconocida. Una vez que aprendí, como Nixon, cuando joven, se encontró con 200 familias de la Diáspora que se establecieron alrededor de Whittier y trabajaron y vivieron en los Ranchos Murphy y Leffingwell, obtuvo finalmente un profundo conocimiento de los porqué de Agosto 5 de 1971, cuando me senté en la Oficina Oval y escuché al Presidente Nixon caracterizar en detalle sus experiencias y profundo conocimiento de esas familias. Soy capaz de concluir que Nixon jamás las olvidó, y como presidente, ¡qué caray! Iba a hacer algo sobre su situación. Y lo hizo.

Las familias Lomelí y Gómez

Marcelino Lomelí y su esposa Felicitas Ávila vivían en La Barca, Jalisco, México, como sus antepasados. Por centurias sus ancestros han vivido cerca de las costas del lago más grande en todo México, el Lago de Chapala. Por buena razón: El lago de esta área era tranquilo, pluvial y muy fértil. La temperatura del lago no era extremosa.

Entonces ¿por qué Marcelino y Felicitas partieron de la Barca en 1905 y soportaron las dificultades de cambiarse a una tierra extranjera? ¿Por qué abandonaron a sus familias y amigos? Les pregunté a tres de los hijos de Lomelí porqué sus abuelos partieron de México. Ni el Dr. Leo Lomelí, ahora un medico, ni su hermano Marcelino, un horticulturita sobresaliente y exitoso, sabían la respuesta. Marcelino me dijo: "¿Qué les trajo a los estados Unidos?, mi papá (Leopoldo Ávila Lomelí, hijo de Marcelino y Felicitas) dijo que me lo diría a su tiempo. Jamás lo hizo". Su primo Barney Barajas, un ingeniero jubilado, tampoco pudo ofrecer ningún detalle, aunque su esposa Virginia sabía de la historia de la Diáspora de su familia, que también había abandonado Jalisco.

Yo concluyo que la llegada de la nueva industria del ferrocarril cambió fundamentalmente la vida diaria de las familias previamente ancladas en una sociedad feudal agricultura, pero ahora empleadas por una compañía ferroviaria. Eran capaces de empezar un modo nuevo de vivir. Gozaban de sólidos trabajos con buenos sueldos y condiciones confiables. Pudieron dejar los campos poseídos permanentemente por los criollos.

Un mapa aéreo de las tierras donde vivía la familia Lomelí muestra extenciones de tierras planas cultivadas agriculturalmente. Esta área era la canasta de pan de México. Sin embargo, dada la oportunidad, cualquier joven brillante y capaz saltaría ante una oportunidad para dejar las milpas de maíz y el cuidado de animales por una vida mucho mejor. Marcelino Lomelí participó en la revolución, la industrial, no la de disparar y matar.

Es razonable encontrar motivaciones ante necesidades de la vida. Amigos que habían abandonado La Barca revelaron que en otro México, llamado "Nuevo", en Alburquerque, se les pagaba un dólar en lugar de trece centavos en La Barca. Según Jeffrey Marcos Garcilaso en su libro: *Traqueros, Mexican Railroad Workers in the United States 1870-1930,* trabajadores mexicanos en los ferrocarriles a veces regresaban a casa de trabajar en los Estados Unidos y contaban historias de la buena paga, del buen trabajo y la vida ordenada en el Norte.[104]

Tal vez los relatos de los amigos de Marcelino Lomelí que trabajaban en el tren en Alburquerque, Nuevo México, fueron persuasivos. Sin embargo, Marcelino y Felicitas tenían otros motivos, además: sus hijos. Ellos ya tenían cuatro (Leopoldo, 4; Sal.,3; Soledad, 2 y la niña Elena). Con una familia creciendo, la familia Lomelí escogió partir de La Barca y trasladarse a Alburquerque, Nuevo México, en 1905 por una mejor paga y mejor vida para sus hijos. Aquí está la respuesta al por qué.

Él hijo mayor de Marcelino y Felicitas, Leopoldo, llegó al uso de la razón en los Estados Unidos. Supo de México por sus padres y amigos. En 1913, la familia se mudó de Alburquerque a Los Ángeles, California. Leo escogió la industria del tren por el resto de su vida y se retiró como un ejecutivo de alto nivel. Su madre y padre

---

[104] Jeffrey Marcos Garcilazo, *Traqueros, Mexican Railrod Workess in the United States 1870-1930* (Denton, Texas: University of Noth Texas Press, 2012), p. 36.

murieron cuando sus hermanos estaban aún jóvenes. Así que él se convirtió en el jefe de casa y los crio hasta que fuesen capaces de cuidarse a sí mismos. Una vez que cumplió con esto, Leo se fue a La Verne, California donde su empleado del ferrocarril Santa Fe, lo promovió a manager de la estación hasta que se jubiló. Se estableció en esa ciudad, fue nombrado para la Comisión de Recreación del parque y después sirvió como consejero durante 12 años. Después de casarse con Esperanza Gómez, construyó su elegante casa de adobe. Juntos, él y su esposa, criaron a una formidable familia de tres muchachos.

Los padres de Esperanza, Marcelino Gómez y Jesusita (María de Jesús) Bernal de Gómez, también sufrieron y vivieron la Diáspora. Marcelino Gómez dejó México en 1922. A este punto, la vida en Jalisco se había vuelto insoportable debido a la revuelta civil ocasionada por Pancho Villa, el dictador Venustiano Carranza y Álvaro Obregón, además de los merodiantes caudillos. Al llegar a Claremont, California, Marcelino Gómez rápido encontró trabajo y se quedó allí. Dos años después, en Julio 7 de 1924, Jesusita cruzó la frontera en Laredo, Texas, para unirse a él. De ella tuvo dos hijos, Rigoberto y Ramiro, sin embargo, la hija Esperanza Gómez (nacida en 1921), se quedó en México con su abuela hasta la edad de 12 y entonces, ella también, se unió a la creciente familia Gómez en Claremont.

Esperanza es mi cuñada. Le pregunte qué podría recordar sobre la vida en Ciudad Guzmán, Jalisco, bajo el poder dictatorial de Plutarco Elías Calles, quien fue presidente de México de 1924-1928. Aunque era una jovencita durante el mandato de Calles, lúcidamente contó un incidente de sus días de escuela. Cuando contó que las autoridades estaban registrando su escuela por señales de "enseñanza de religión católica", ella y sus compañeros rápidamente escondieron sus libros de religión.

Este episodio pide una explicación. ¿Por qué los oficiales del gobierno buscaron y asustaron a los niños pequeños de la escuela? En 1917, el Presidente Venustiano Carranza adoptó una nueva constitución que llamo a incapacitar a la Iglesia católica, si no a su erradicación. Pocos años más tarde, el Presidente Calles dio un paso adelante. Emitió cerca de 140 leyes penales efectivas el 31 de julio de 1926, llamada colectivamente como las leyes Calles (Ley Calles). Las penalidades fueron específicas. Justamente unos pocos ejemplos serán suficientes. Un Sacerdote que usara vestidura clerical en público era penalizado con $500 pesos (US $250), de multa, considerando que a uno se le pagara solo un dólar por día en ese tiempo. Si un Sacerdote criticaba al gobierno, era penalizado con cinco años de prisión. Algunos estados añadían aún más leyes. El estado de Chihuahua permitía solo un sacerdote para todo el estado.

Así, comprensiblemente, los libros de religión de Esperanza y sus compañeros necesitaban ser ocultados a los ojos de los oficiales gubernamentales. Como algo aparte, la ley Calles estaba aún en los libros cuando visité México en 1953 con mis compañeros de clase. Todos éramos estudiantes de teología que usábamos el cuello romano y sotanas. Se nos advirtió: "¡No en México!".

Claramente, la familia Gómez sufrió bajo los dictadores y este sufrimiento debió influir prominentemente en su drástica decisión de dejar México. ¿Por qué Marcelino Gómez salió primero? Yo oí su dramática historia cuando como joven andaba cortejando a su hija. Con frecuencia pensé en la situación del antiguo Marinero como mi futuro suegro que dijera a su hija que se olvidara de ir al cine esa noche porque quería hablar conmigo. Desearía ahora haber escrito su historia. En un buen número de tardes, él ocupó mi atención en las cortas horas con sus soliloquios, hablando en total confidencia hablándome en la privacia disponible. Marcelino había estado en el ejército de Venustiano Carranza como un oficial militar con varios hombres bajo sus órdenes. Sus vecinos lo llamaban "el Coronel" y alguna vez los más cercanos se referían a él como "el General". Pero finalmente llegó la hora en que no pudo sufrir más la profanación de las Iglesias Católicas y la persecución del clero, así que desertó del ejército y fue perseguido. Por horas relataría su persecución por los oficiales militares conocidos como "La Mano Negra". El conocía los barrancos y cañones mucho mejor que aquellos que lo perseguían ¡Sin embargo, finalmente llegó a Guadalajara! De ahí viajo al norte y eventualmente llegó a Claremont, California. Yo he pensado con frecuencia que en el periodo de 1900-1930, México perdió a los mejores y más brillantes hombres.

Una pequeña, pero importante sequela de nuestra pláticas de una sola vía es la de los sábados cuando mi novia y yo fuimos a la Iglesia para confesarnos. En una ocasión pedí a Don Marcelino que nos acompañara. Aceptó pero me separó a un lado y me preguntó en privado en voz baja: "¿Piensas que Dios me pueda perdonar?" Yo me reí interiormente pero hice una mueca seriamente y le aseguré que el Padre Strange, nuestro párroco, comprendería y le pediría a Dios que lo perdonara. Estaba tan feliz después de su confesión.

Mis propios padres empacaron sus maletas en 1922 y abordaron el tren de la tarde en Salamanca, Guanajuato, México hacia El Paso, Texas. Mis padres estaban bien informados de lo que se transpiraba en México. Cuando

Crecí, recuerdo que mi padre con frecuencia hablaba con voz atronadora condenando a aquellos que vio cometer errores contra México: Carranza, Obregón, Calles, los comunistas, masones, socialistas y ateos. Estos nombres hacia un hecho grandísimo por toda la casa: ¡Plutarco Elías Calles y Lomardo Toledano!

A pesar de sus sufrimientos al dejar su tierra y comenzar de nuevo, las familias Gómez y Lomelí lo hicieron bien en los Estados Unidos. Ambos Marcelino Gómez y los hijos de Jesusita y Leo Lomelí y los hijos de Esperanza han sobresalido.

La Familia del Padre Frank Tinajero

Del asiento de mi ventanilla en el autobús de León, Guanajuato, a Guadalajara, Jalisco estaba emocionado de ver las ciudades de las que antes solo había oído el aparecer vivas ante mis ojos. Los fieles mexicanos de la Iglesia del Sagrado Corazón en Pomona, California, habían hablado de León, San Juan de los Lagos, lagos de Moreno, San Miguel el Alto y otras ciudades a lo largo de la ruta. Ahora, yo a los 21 años de edad, graduado, estaba viajando a través de la historia del Bajío, el mayor valle central de México. Era el verano de 1951.

Si tuviera que hacer hoy el mismo viaje de León a Guadalajara, no descubriría tanto de la vida real de la gente como lo hice entonces. Hoy los autobuses son rápidos y van por autopista pasando por alto las pequeñas ciudades. Pero en el pasado en 1951, yo vi y aprendí mucho desde las ventanillas de ese venturoso camión al ir lentamente por la carretera llevando pollos, vegetales, frutas y vendedores por entre los pasajeros. En esa temprana mañana de la semana. Disfrute la vista de mucha gente caminando por doquier. ¿Carros? Apenas uno que otro. La gente iba a la Iglesia, al mercado o a cualquier parte. Pero lo que recuerdo más vivamente fue la belleza de tantas mujeres jóvenes. Me maravillé de su belleza, a pesar de ir pobremente atareadas.

Hoy que escribo la historia del Padre Frank Tinajero, pienso en sus antepasados nacidos y crecidos en estas tierras por los que viajé hace años. Parece tan extraño que pude visiblemente recrear las imágenes, la gente y el panorama de 1951 aquí en mi computadora visitando el *YouTube* (Los semiconductores han cambiado tanto en la vida).

El Padre Tinajero y yo asistimos juntos al mismo seminario católico en California. La gran diferencia es que Frank se ordenó sacerdote y yo no; dejé mis estudios sacerdotales y comencé la vida de un laico; aunque hemos mantenido nuestra amistad a lo largo de los años. Como mi familia, los padres y abuelos de Frank Tinajero fueron parte de la Diáspora. Le pregunté qué compartiera por qué, cómo, y cuándo habían partido del área de México conocida como Los Altos de Jalisco, para ir al norte.

El abuelo del Padre Tinajero, Don Guillermo González, nació en Teocaltiche, Jalisco, en 1885. En esos tiempos cuando los caballos se usaban para transportarse, la gente en Teocaltiche debió haber conocido otros estados vecinos. El estado de Zacatecas estaba a dos leguas (como cinco millas unos ocho kilómetros) al oeste de la Ciudad. El estado de Aguascalientes estaba al norte de la ciudad un poco más lejos, cabalgando un día a caballo y el estado de Guanajuato estaba cerca hacia el este. La vida diaria en Teocaltiche había sido complicada por generaciones. Además de los criollos (europeos) los terratenientes en esta economía feudal, la mayoría de los habitantes eran devotos católicos que habían sido criados donde habían nacido, trabajado y se habían casado, habían tenido hijos y muerto como ancianos para encontrarse con su Creador.

Sin embargo, por el tiempo en que nació Guillermo González, el mundo estaba cambiando. El México de ese tiempo estaba confrontando a dos fuerzas opuestas: el cristianismo y los emergentes anticristianos liberales. Sin embargo, cuando Porfirio Díaz asumió el poder en la Ciudad de México, la paz, la ley y el orden generalmente reinaron en México a pesar de los truenos retumbantes de la tormenta venidera. Guillermo encontró un estable empleo trabajando para el ferrocarril por ahí por 1900, lo que le permitió viajar a otros estados en México donde la construcción se iniciaba. Como resultado en, el estado cercano de San Luis Potosí, encontró a su futura esposa, se casaron en Aguascalientes en 1905 y celebraron su vida nueva en completa tranquilidad. Desafortunadamente la paz no duraría mucho.

Cuando la violencia se desató en 1910 la Revolución se extendió por el país, Guillermo continuó trabajando en el ferrocarril en México y más tarde en áreas del oeste y centro de los Estados Unidos (Arizona, Nuevo México, Kansas, Colorado, Illinois y California). Durante esta época, viajaría para arriba y para abajo a México con frecuencia con su creciente familia (finalmente tuvo la bendición de siete hijos, cinco de los cuales nacieron en México, dos en los Estados Unidos y el quinto, Luz maría, sería la madre del Padre Tinajero). La búsqueda de seguridad para su familia fue sin embargo, una constante presión debido al surgimiento de un permanente tumulto en el Bajío. Guillermo González con frecuencia se encontró con las persecuciones, la tortura, el asesinato de los sacerdotes, el impedir las prácticas religiosas al pueblo y el cerrar de las Iglesias.

Finalmente Guillermo fue capaz de obtener seguridad y empleo en Los Ángeles. Sin embargo, el mercado de valores colapsó en 1929 y la consiguiente Depresión hizo que él y su familia regresaron a México. Misericordiosamente la guerra del gobierno contra la Iglesia católica había terminado por ese tiempo. Su hija Luz María (nacida en 1924 en México) iba y venía entre Los Ángeles y México, pero a su vez, toda la familia regresó a Los Ángeles "para comenzar una nueva generación que finalmente se asentaría y echaría raíces aquí en los Estados Unidos de América", como lo pone el Padre Tinajero.

La vida en la Diáspora es verdaderamente más difícil y demandante de heroísmo.

La Familia de Julián Martínez

Julián fue muy privilegiado, al menos en este sentido: Su padre, Jim Martínez, siempre tenía tiempo para las constantes preguntas de sus hijos. Julián ansiaba conocer la historia de su familia. Nacido, criado y educado en Hutchison, Kansas, Julián sabía que era muy distinto de sus compañeros de clase.

Hutchison tenía tres sociedades: una negra, otra mexicana mestiza y la tercera europea (comúnmente referida como "anglos"). Los mexicanos y sus hijos méxico-estadounidenses vivían cruzando las vías de los trenes en la parte sur de la Ciudad. Asistían al culto en su Iglesia, Nuestra Señora de Guadalupe. Durante el verano podrían nadar solo los jueves cuando las piscinas eran vaciadas y preparadas para ponerles agua limpia fresca. Si el viaje para la cineteca estaba disponible, podrían ocupar los asientos del balcón, el único sitio donde se les permitía sentarse. Los buenos restaurantes de ningún modo tenían lugar para ellos, solo comida para llevar. ¿Corte de pelo? Sí, pero solo con sus propios peluqueros.

Fue precisamente por estas condiciones que en 1968 seleccioné una comunidad (Garden City) en Kansas para cuestionarios de examen preparados por mi personal en la División de Estudios Mexicano-Americanos en la Comisión de Derechos Civiles de Estados Unidos. Fue necesario perfeccionar los cuestionarios destinados al uso de estudio para las escuelas del sureste bajo las condiciones similares a las que sabíamos existían en Texas, California, Colorado, Arizona y Nuevo México.

Julián no era tanto. Era brillante con un alto IQ, y quería conocer ¿Por qué eran discriminados los mexicanos? ¿Cómo era la vida en México? ¿Por qué sus padres habían dejado el país? ¿Cómo le hicieron para llegar de la región del Bajío en México a Kansas? Cuando Julián trabajaba en el negoció de su padre, *Martínez and Sons Machine Shop*, el constantemente haría esta clase de preguntas y conversaba con su padre, quien era capaz de darle respuestas. Julián me dijo: "Mi padre amaba la historia. Le gustaba narrar su vida. Sabía todos los nombres (asociados con) la política mexicana reciente, especialmente los de Venustiano Carranza, Pancho Villa y Porfirio Díaz y en mucho menor grado, otros pocos nombres".

El padre de *Jim* Martinez, el papa de Julian y el abuelo de Julian , fue ex estudiante para el sacerdocio católico. El abuelo, había emigrado la familia Martínez a los Estados Unidos en 1911. Fue contratado por los ferrocarriles Atchison, Topeka y Santa Fe para trabajar en Burton, Kansas. Jim, el padre de Julian tenía escasamente unos cuatro años de edad. Asistía a la escuela y aprendió inglés. La vida no obstante en una sociedad de habla inglesa, protestante, era algo inconfortable. Así que como sucede con frecuencia con recientes inmigrantes, la familia regresó a México cuatro años después en 1915 a su pequeña Villa Zaragoza, cerca de la Ciudad de la Piedad, Michoacán, junto al río Lerma. Pero Jim Martínez, el hijo, regresaría a Kansas cuando tenía diecisiete y eventualmente sería elegido alcalde de Hutchinson en 1970. Debió ser un buen líder para vencer la discriminación.

Julián me proporcionó notas periodísticas conteniendo historias de la vida de su padre en Hutchinson. En relación con el regreso de la familia a México, una nota decía: El padre de Martínez (Jim), decidió que tal vez la vida sería mejor para su familia en México.[105] México estaba bañado en violencia para 1915 cuando el padre Martínez mudó la familia de regreso a casa y la situación se ponía más fea en el Bajío las condiciones durarían hasta 1930.

Julián tenía hambre de saber por qué su papá dejó su villa Zaragosa en 1924 y regresó a Kansas y Jim explicó la razón a su hijo. Como Julián me contó la historia: Gente armada vendría para llevarse a gente al ejército. Sí rehusaban ir, serían fusilados en el lugar. Mi papá tenía diecisiete. Ya era tiempo de regresar a la seguridad de los Estados Unidos.

Así Jim Martínez se convirtió en un participante en la Diáspora mexicana. Su caminata de regreso a Kansas estuvo repleta de luchas. La ilegalidad era algo prevaleciente. Fue robado, golpeado y hospitalizado. Por fin,, llego a Hutchinson, Kansas y finalmente tuvo éxito en el Sueño Americano.

¿Y Julián? Lo conocí cuando trabajaba como el asistente de Lee Atwater que había manejado

---

[105] Julian Martínez, comunicación personal, 11 junio 2017.

exitosamente la campaña presidencial de George H. W. Bush y en seguida fue nombrado jefe del Comité Nacional Republicano. Julián fue el primer méxico-estadounidense de trabajar como asistente en estos puestos altos.

La Familia de Guadalupe G. García

Para apreciar la historia de la Diáspora de la familia del Sr. Guadalupe G. (G.G.) García recordar que tres grupos étnicos coexistían en México: los españoles (Criollos), los indígenas (mexicanos nativos) y los de paternidad mesclada (mestizos). Estos tres grupos llenan las páginas de la historia.

Los españoles gozaban de una imagen positiva de sí mismos. Después de todo ¿No eran los hijos de los conquistadores? ¿No eran los dueños de todo lo que uno podía ver? ¿No eran ellos los educados que podían contar los números y leer las letras? ¿No eran ellos los que podían convertirse en sacerdotes católicos y obispos, oficiales militares o gobernadores y estár a cargo de todo? ¡Por supuesto! Así, ellos escribieron leyes que les daban a sí mismos privilegios legales y estables. Sí, ellos se ponían en primera fila. ¡Pero la Revolución mexicana de 1910 los golpeo duro, muy duro! José Vasconcelos reflexiona en la vida como existía en 1905 en Durango, México antes del estallido de la Revolución en su libro *Ulises Criollo,* "Nadie pudo haber previsto, cómo se observaba a las mujeres sentadas en la esquina del mundo, tan seguras de su posición en la vida, rodeadas de ostentación, que unos años más tarde algunas de ellas serían molestadas por los campesinos en sus propiedades y por sus auto declarados privilegios; las otras mujeres tuvieron que emigrar para escapar rápidamente."[106]

¿Cómo la estaban pasando los habitantes originales, los mexicanos nativos, durante la Revolución mexicana? Una respuesta simple. Nada bien. Habían sido despedidos como "esos indios" por generaciones. Unos pocos ejemplos ayudarían a mostrar su situación. En la Ciudad de Durango capital del estado del mismo nombre a los indios no se les permitía acercarse a los límites de la ciudad después de la puesta del sol en los 1900s, según José Vasconcelos. Añade que en Durango la población era casi completamente criolla, pero justamente fuera de los límites de la ciudad, solo la población indígena vivía en condiciones similares a las del tiempo de los Aztecas.[107]

¿Qué sobre los mestizos, producto de los españoles y las mujeres indígenas? En el México de hoy es el grupo étnico predominante. Pero en un principio, ser mestizo era una extraña novedad. Ambos los mexicanos nativos y los españoles estaban confundidos y atónitos y profundamente desconcertados. Cuando la Madre de Jesús vino a la colina del Tepeyac en 1531 (en lo que ahora es la Ciudad de México); ¡con la cara de una Mestiza! ¿La Madre de Dios una Mestiza? ¿Cómo pudo ser esto? Con el tiempo este "error" sobrenatural fue corregido; los asistentes la pintaban como santa, pero una hermosa dama española. Esto aporto un punto importante sobre la situación de los mestizos: La común percepción era que cuanto más española una persona parecería, su status era más alto. Así en una familia mestiza con muchos hijos los que tenían la piel más blanca, pelo rubio, ojos azules o verdes eran los

---

[106] José Vasconcelos, *Ulises Criollo* (México, D.F., Editorial Universidad de Costa Rica, 2000), p. 244.
[107] Ibid., pp. 251-252.

"consentidos" (*pampered*) y no eran causa de celos y pleitos
con sus hermanos por el favor de sus padres. Se les
apodaba "el güero", "la güera" y podían tener mejores
trabajos, convertirse en trabajadores habilidosos, o
trabajar en una tienda de abarrotes, por ejemplo, donde
era necesario el contacto con el público. El grado al que
algunos mestizos podían alcanzar mejor que otros era el
parecido a un europeo. Así que la superioridad se daba en
el ser "blanco" y la inferioridad como todo mundo sabía
estaba en el tono oscuro de la piel, piel canela. Este
sistema de casta existe aún hoy en los Estados Unidos;
cuando era muchacho, oía a las mujeres admirar a los
recién nacidos las expresiones como "¡Qué bueno, salió
muy blanquito!" o al revés con un tono de lástima: "¡Qué
lástima, salió muy indio!".

Le pedí a G.G. García información sobre su familia
para escribir fielmente sobre su Diáspora. Adelantó una
respuesta escrita por su sobrino, Michael Angelo
Carmona Renaud, quien me informó que el abuelo de
G.G.

Lorenzo Gutiérrez, nació en la ciudad de Guanajuato
en agosto 19 de 1885 de una familia criolla. Sin embargo,
cuando era un joven seminarista, Lorenzo fue forzado a
huir de Guanajuato después de que llegó con su hermana
que había sido agredida físicamente por su esposo, y
agarrando un cuchillo, lucho y mató a su cuñado. Se
dirigió entonces a San Felipe Torres Mochas, que dista
como 75 millas.

Uno puede especular sobre su viaje y vida en San
Felipe ¿Por qué escogió esa Ciudad? ¿Qué hacía allí?
¿Conocía allí a alguien? ¿Qué hacía para sobrevivir?
¿Llegó con la población mestiza y evitó a la comunidad
criolla, no fuera que otros criollos supieran con contactos
en Guanajuato sobre donde vivía él en San Felipe? No lo

sabemos. Ciertamente él debió haber estado preocupado por ser descubierto por sus enemigos, pero como había sido un seminarista que estudiaba para el sacerdocio tal vez encontró acogida en las iglesias católicas frecuentadas por la gente de piel canela mestiza y mexicanos nativos. Tal vez un clérigo que viajaba de San Felipe a Guanajuato sirvió como un mensajero seguro para con sus padres para hacerles saber cómo se encontraba.

Estando en San Felipe, conoció a una joven del lugar de origen humilde, María Francisca ("Panchita") Monsiváis, que nació el 20 de Junio de 1885, en un rancho cercano, El Terreno, sus papás eran Jesús Monsiváis y Marcelina Barrientos. Después de la muerte de Marcelina, la joven Panchita se fue a vivir a un orfanatorio en San Felipe. Lorenzo y Panchita se casaron a los 17 años de edad y, dadas las circunstancias, Lorenzo evitaba las preguntas que su sociedad criolla le hiciera: "¿De qué familia viene?" Su primera hija nació en diciembre 24 de 1903, bautizada con el nombre de Delfina, después Delfina adquirió otro nombre Josefina, al recibir el sacramento de la Confirmación, y más tarde llegó a ser la madre de G.G. García.

Durante su primer año de matrimonio, Lorenzo hizo un viaje solo de regreso a Guanajuato, disfrazado al dejarse crecer la barba y bigote, no fuera a ser reconocido, sus padres lo recibieron rápido y lo ocultaron dentro de la casa. La familia comió junta pero sus padres nerviosos lo convencieron de que se fuera antes que las autoridades descubrieran su presencia. Aunque su nuera había permanecido en San Felipe, los padres de Lorenzo ya sabían que su hijo había violado las estrictas normas de casta observados en la decente sociedad criolla del tiempo al casarse con una mestiza. Después de todo, esas normas eran la base del sistema de dominaciones impuestas siglos atrás por los conquistadores. Nada nuevo aquí. En los Estados Unidos las plantaciones del sur vivían con las mismas estrictas normas.

Sin embargo, el abuelo Lorenzo era bueno y fiel a su esposa. Describió una nueva ruta para sí y su familia, y esa ruta lo llevaría eventualmente a otro país. Aunque la familia no lo sabía por ese tiempo, dejó el estado de Guanajuato justamente antes de las semillas de violencia sembradas por Benito Juárez y las leyes anticatólicas de Lerdo de Tejada que germinaron en las manos de la clase intelectual de los uniformada mente anticatólicos. Muy pronto la vida en Guanajuato iba a ser traumática, aunque nadie sabía en 1903 que tan horribles serían los cambios.

Aún así, Lorenzo Gutiérrez y su familia no fueron intocables por la comunicación política. Las situaciones de la familia en el período de 1903-1913 no son algo claras según el Sr. Carmona Renaud, Lorenzo se mudó primero con su familia a Monterrey en Nuevo León, México, donde él encontró esa mercancía que lo haría mudarse de Monterrey al pequeño de Reynosa, justamente en la frontera de Mc Allen, Texas, y de ahí, tomó un barco río abajo al puerto. Conociendo que podría encontrar un mejor trabajo allí llevó la familia a Reynosa. "Debió permanecer entre los locales", anota su nieto en su correspondencia para mí. "Era un español típico". Entretanto, G.G.García dice que Lorenzo se unió a la Revolución en 1910 y la dejo en 1912.

Lo que está definido y claro es que la Toma de Reynosa que ocurrió en mayo 9 de 1913 proporciono nuevas direcciones a la familia Gutiérrez. La violencia de la guerra tiene consecuencias inesperadas. En este caso apresuró a la familia Gutiérrez a cruzar el Río Grande (llamado Río Bravo del lado mexicano) por seguridad y protección. El Sr. Carmona Renaud describe esta historia:

"El abuelo Lorenzo tomó a su familia y se unió al éxodo de las familias que corrían hacia el Río Bravo para encontrar alojamiento del otro lado hasta que cesó la batalla. Él había conocido recientemente a Don Cristóforo Vela propietario de un ferry a través del Río Grande. Los ayudó a escapar de la batalla en su chalán hacía el lado norte"

Muchas de las familias que huyeron a través del Río acamparon en la maleza cerca de un pequeño asentamiento de Hidalgo, Texas. Sin embargo, Don Cristóforo invitó a la familia Gutiérrez a quedarse en su casa. Cuando la tormenta de la batalla cesó, la familia regresó a casa para recoger sus pertenencias, entonces regresaron a Hidalgo y permanecieron con Don Cristóforo Vela. Terminaron quedándose de la parte norte (EU) del río, estableciéndose eventualmente en la cercana ciudad de Mercedes, donde G.G. García creció a una temprana edad, se enamoró de su biblioteca local y sus libros, que lo llevó a lugares lejanos en tiempos lejanos. A pesar de las desventajas que hubieran causado heridas a otros, G. G. García superó los obstáculos que tenía como trabajador migrante, la profunda pobreza y ostensible discriminación y puede proclamar que hizo su deber militar y sirvió honorablemente. Ascendió educativamente para asistir a la nacionalmente prestigiosa Universidad de Georgetown en Washington, D.C y se quedó a trabajar en los salones del Congreso por el Nacionalmente conocido periódico, el Washington Post. Además, fue candidato para el Senado de la República de Texas. También ayudó el primer candidato Republicano para gobernador de Texas logró éxito y llegó a ser su primer asistente. Y no hay que olvidar que fue un alto asistente del Presidente de los Estados Unidos como uno de sus oficiales del gabinete para el Comité del Gabinete para Oportunidades de la gente de habla hispana ¡Wow! De regreso a Guanajuato a la Vuelta del siglo, G. G: García con una abuela mestiza y un abuelo criollo, jamás se imaginó o soñó de día que un día su nieto lograría el Sueño Americano de esa forma.

La Familia de Everett Álvarez

Si usted hoy conociera a Everett Álvarez, quedaría sorprendido. Nadie hubiera imaginado que tenía en sí la madera de un héroe. No es pretencioso, es humilde. La humildad exige fidelidad y Everett conoce la verdad de su vida. Ha escrito su historia en un libro, *Águila Encadenada: La heroica historia del primer americano que fue balaceado en Norte de Vietnam,* quien describe su experiencia como prisionero de guerra durante ocho años y medio (la más larga que otro piloto en Vietnam). Los comunistas y materialistas lo forzaron a soportar la pasión que nos recuerda la pasión de Cristo. De verdad, Everett permaneció firme en su fe durante este calvario.

Llegue a conocer a Everett personalmente durante los primeros meses de la administración de Reagan. Después de la maravillosa elección de Ronald Reagan como presidente en noviembre de 1980. Me uní al Equipo Personal Presidencial. Así que Nancy Reagan quería que Everett tuviera una buena posición y consiguió su deseo: llegó a ser Diputado Administrador de la Administración de Veteranos. Como llegamos a conocernos más y conocí la historia de su familia, siempre encontré a Everett cooperativo, informativo, abierto, genial.

Su familia traza su vida al centro del Bajío, en Guanajuato y Jalisco, dos estados de México profundamente afectados por la conmoción política y la violencia en las primeras décadas de los 1900. El cristianismo en el Bajío formó los valores, principios y modo de vivir de un pueblo fuerte que datan desde los primeros días de la colonia en los 1540. El pueblo del Bajío eran católicos muy devotos. No tenían tiempo para ideologías europeas; con todo, a su tiempo, esas ideologías los capturarían.

El abuelo paterno de Everett, el Sr. Álvarez, nació en Teocaltiche, Jalisco. Basados en el cumpleaños del padre de Everett, Lalo, en Jerome, Arizona, en 1917, asumimos que su abuelo, Sr. Álvarez, dejo Teocaltiche, México en algún tiempo del periodo de 1913 a 1916 y se estableció en Jerome para trabajar en las minas. Conoció a Beatriz Sánchez después de llegar a Arizona y se casó con ella. Sin embargo, después de la muerte de Beatriz, la familia de ella se encargó de educar al joven Lalo. La familia se mudo a Los Ángeles primero y eventualmente a Salinas, California.

Mientras tanto, el abuelo materno de Everett, de apellido Rivera, y su abuela, apellidada Navarrete, ambos eran de Huanímaro, Guanajuato. Partieron con su pequeña familia en su camino a la Diáspora cerca de 1915 y llegaron a Colton California. El abuelo Rivera por ahí conoció su camino. Habían trabajado en el ferrocarril del Southern California y había andado para arriba y para abajo a su ciudad en años anteriores. La pareja Rivera Navarrete dio a luz a la mamá de Everett, Chole, en 1919 en Colton.

Lalo Álvarez y Chole Rivera se conocieron y casaron en 1937, en Castroville, California, una ciudad a ocho millas de Salinas. A principio de diciembre de ese año, Everett Álvarez nació en Salinas. En la preparatoria Everett sobresalió en matemáticas. Fue animado y ayudado para entrar a la Universidad de Santa Clara en Santa Clara, California donde recibió una excelente educación de los Jesuitas. Entro a la marina después de su graduación y llegó a ser piloto. Cuando su avión fue derribado en agosto de 1964, se arrojó en paracaídas al mar y terminó en las manos de vietnamitas del Norte. Después de sus horrendos 8.5 años de tortura, hambre y soledad en las manos de incivilizados adherentes de las modernas filosóficas europeas, el Presidente Nixon terminó sus años como prisionero de guerra y Everett se retiró de la marina con el rango de comandante naval.

¿Cómo lo hizo? ¿Qué lo conservo fuerte y capaz de regresar con excelente salud mental? ¿De qué manera contribuyó la herencia mexicana de Everett? ¿De qué modo sus padres y abuelos lo dotaron y capacitaron para sobrevivir y le dieron los rasgos y valores de un verdadero héroe americano?

Sabemos (más o menos) cuando los abuelos de Everett dejaron México, probablemente viajando cerca de mil millas por tren para llegar a los Estados Unidos por 1915. En lo que mira al porqué abandonaron su modo de vida para comenzar de nuevo, hay que tener en cuenta el contexto. En México estaban ocurriendo profundos cambios por ese tiempo. Las causas remotas pueden apuntar a Europa, como se estableció precisamente, y sus causas próximas tienen nombres claves que ya han sido enunciados: Carranza, Obregón, Calles.

La ciudad del abuelo de Everett, Teocaltiche, Jalisco y las comunidades de su alrededor sufrían en las manos de un corrupto y criminal jefe, Carranza. El área alrededor de los abuelos maternos de Everett Huanímaro, tampoco fue exenta; tenemos relatos de testigos como evidencia.

José Garcíadueñas nació y creció en Salamanca, una ciudad distinta unas cuantas millas de Huanímaro. En su libro: *Salamanca: recuerdos de mi tierra Guanajuatense,* nos da relatos paso por paso. Traduzco aquí algunos pasajes claves:

1913-1918—La lucha entre las facciones Revolucionarias afectaron a la ciudad y a toda la región de modo profundo.

Abril de 1915—Francisco (Pancho) Villa deja Salamanca con sus trenes y toda la División del Norte para atacar a Obregón en la Cercana Celaya. Fue vencido y se retiró a Chihuahua.

Julio 6, 1915—El General Rodolfo Fierro, un general de pancho Villa, entra a Salamanca con sus tropas y por algunas horas procede a saquear casas y tiendas.
Días más tarde, el coronel José Sivrob, del ejército de Carranza y nombrado por Carranza gobernador militar del estado de Guanajuato ordeno la aprehensión de un número de hombres de las áreas vecinas todos de clase media y los hace comparecer en juicio ante él. Entonces dictó sentencia sobre cada uno de ellos como quiso, sin ningún procedimiento judicial: ni argumentos, ni pruebas, ni cargos y mucho menos defensa. Ordenó que doce de ellos fueran fusilados inmediatamente por un escuadrón en la plaza de la ciudad.

1915—Todo el territorio del Bajío sufrió grandes dificultades para conseguir alimento (había) faltado cultivo, de comunicaciones regulares y de negocios; pues la mayoría de los trenes se usaban para transportar tropas y otros propósitos de la guerra civil.[108]

En vista de la falta de trabajo y de libertad religiosa ¿Hay algo extraño de por qué los abuelos de Everett partieron tan pronto como pudieron?

La historia de la Diáspora de dos millones de mexicanos hacía el norte debe ser conocida. Unos pocos de los dos millones eran criollos terratenientes, educados y preparados para enfrentar las nuevas situaciones. La mayoría, sin embargo, eran mestizos analfabetas, incluyendo los abuelos de Everett. Eran el tipo de los que Nixon llegó a conocer en Whittier, California y admiraba por su devoción a Dios, su fe y su religión. Everett fue bendecido por haber sido educado y formado por esos valores y parientes portadores de fe hasta convertirse en un héroe americano que enfrentó a los bestiales, comunistas de su tiempo.

La Familia de Frank Gamboa

¿Fue Pancho Villa la causa próxima de la huída de los antepasados de Frank Gamboa al norte? Es razonable suponer que sí, él fue la causa instantánea. Por supuesto, como con las familias de la Diáspora ya descritas, el choque entre los sectarios y las ideas cristianas en el mundo en este periodo de la historia fue la causa fundamental y remota.

Así ¿cómo Pancho Villa se involucró con los padres de Frank? Y ¿Cómo el Presidente Richard Nixon apareció en la escena? Ambas personalidades jugaron un papel

---

[108] José Rojas Garcidueñas, *Salamanca. Recuerdos de mi tierra guanajuatense* (México: Editorial Porrúa S.A., 1982), pp. 228-229.

crucial en la historia de la vida de Frank, que se detalla en su libro, ¡*El Capitán! El hacerse de un oficial naval americano.*

Antes de buscar en estas dos intersecciones, es necesario conocer un poco del pasado. Mucho antes de que los ancestros de Frank cruzaran el Atlántico desde España o Pancho Villa se levantara de la "colmena de las minas en los norteños estados de Chihuahua y Durango, ese terreno montañoso fue el hogar de los Tarahumaras. Esos habitantes indígenas eran llamados" "Tepehuanes" en la lengua original náhuatl, que significa "habitantes" de las montañas. Sus tierras de origen ásperas, montañosas eran ricas en oro, plata, cobre y otros minerales, pero los tarahumaras no se interesaban en esas "rocas". En contraste, otros pueblos lejanos tenían un grande y poderoso interés, más aún amor por esas "rocas" su posesión podía cambiar las vidas.

Después de que Cortés y sus hombres tomaron control de Tenochtitlan (ahora Ciudad de México), los exploradores españoles avanzaron cada vez más lejos, estableciendo enlaces para depósito de minas de minerales valiosos encontrados en lo que ahora son los estados de Hidalgo, Guanajuato y Zacatecas. Más tarde en 1631, nuevos vastos encuentros se encontraron tanto en Chihuahua como Durango ¿Es de extrañar que los españoles dejaron España para venir al nuevo mundo? ¡Había minerales que extraer! Primero, los conquistadores transportaron bienes materiales y gente desde España a todo México; más tarde se convirtieron en los dueños de la tierra y las minas.

Nuestra historia de la vida de Frank comienza con gente que vino de España. Su bisabuela Patricia nacio a eso de 1830 en Burgos, España y se casó con Juan Santillanes a la edad de dieciséis. Alrededor de 1847, la pareja dejó Burgos para llegar a las montañas de

Chihuahua y Durango, México. Se asentaron en la ciudad minera de Parral, Chihuahua, llamada "la capital de la plata del mundo", por el Rey de España, donde Juan Santillanes adquirió una propiedad. La pareja fue bendecida con siete hijos, pero cuando Juan murió de viruela, Patricia vendió la casa y la propiedad y se mudó a una pequeña área mineral cerca de Durango llamada Guanacevi. Allí prosperó abriendo una cafetería para los mineros.

Varios años después, otro español, Ignacio Rivera, llegó de España y tiempo después la viuda Patricia se casó con él. Los recién casados regresaron a Burgos, donde nació su hija Felicitas. Otra hija, Andrea (bisabuela de Frank), nació en Madrid. Cuando Andrea era todavía pequeña la familia regresó a Parral, donde crecieron las hijas. Felicitas se casó con un ingeniero minero de nombre Johnson, mientras Andrea también se casó y tuvo una hija llamada Concepción. En 1904 Concepción se casó con un minero, Juan Pérez, de la Ciudad de Guanacevi; ellos serían los abuelos de Frank. Su hija Enriqueta (madre de Frank), nació en Octubre 26 de 1910 en la Ciudad de Santa Bárbara, Chihuahua, donde por años se había extraído el oro y plata, desde los años en que la ciudad fue fundada en 1567. Pero Enriqueta nació (1910) la víspera de los grandes cambios para las vidas y fortunas de los familiares que vivían en las ciudades de las minas de Chihuahua y Durango. Solo unas semanas después, la Revolución empezaría en noviembre 20 de 1910.

Bajo la presidencia de Porfirio Díaz (1877-1911) los americanos invistieron en los ferrocarriles mexicanos, petróleo, ganado y minas. Las minas en el área donde vivían los parientes de Frank fueron adquiridas y operadas por compañías americanas, incluyendo la mina manejada y operada por el Sr. Johnson de San Francisco, California, quien se había casado con Felicita tía abuela de Enriqueta. Cuando estalló la Revolución, los Johnson se mudaron a San Francisco, Felicitas más tarde se convirtió en el puente de seguridad y trabajo en los Estados Unidos para sus parientes.

Concepción (sobrina de Felicita) partió de México en 1915 y llegó a Watts, California, donde su tía Felicitas había comprado una casa. Pero dejó atrás a su esposo, Juan Pérez, junto con su hija y su madre. ¿Por qué? Como minero, Juan Pérez tenía una especial preparación que lo ponía aparte y en último término atrajo la atención de Pancho Villa. Juan se había vuelto un experto en explosivos, habiendo recibido entrenamiento en esta arte en Parral.

Mientras tanto, Pancho Villa se había estado viviendo como líder de ladrones granujas. Había reunido un buen número a los que llamó su División del Norte y los unió a las fuerzas armadas revolucionarias. Lo que necesitaba era un experto en demolición y supo de uno: Juan Pérez. Como el capitán Frank Gamboa escribe en su libro, *El Capitán*:

> El revolucionario general Pancho Villa supo que mi abuelo era un experto en explosivos y lo reclutó para volcar trenes y puentes para su ejército. A su vez a Juan y su familia se les proveía con una gran casa en la Ciudad (probablemente la propiedad de una familia rica que había huido para los Estados Unidos). A causa de las frecuentes campañas de Villa, mi abuelo estaba fuera de casa por grandes períodos así que Enriqueta veía muy poco a su padre.[109]

---

[109] Frank Gamboa, *El Capitán! The Making an American Naval Officer*

Pero cuando Pancho Villa atacó una ciudad justo a tres millas de la frontera con Estados Unidos, Juan Pérez aprovechó la oportunidad para dejar el ejército de Villa y se encaminó hacia California. En ese trascurso, desapareció también de su esposa y familia. Nada se sabe de su desaparición. Como resultado, la madre de Frank y su abuela perdieron su casa en Chihuahua, respaldo financiero y protección militar de Pancho Villa causando condiciones desesperadas para ellos. Afortunadamente desde lejos, en San Francisco, Felicitas fue capaz de arreglar su partida para los Estados Unidos, donde se reunieron con Concepción en Watts, California."

A su tiempo, Enriqueta creció, se casó y dio a luz a Frank. Cuando joven su sueño fue llegar a ser un oficial naval de los Estados Unidos., aquí es donde Nixon juega un papel. Para lograr su sueño, Frank necesitaba una recomendación para lograr la admisión a la Academia Naval de los Estados Unidos en Annapolis, Maryland. Nixon, entonces senador por California, proporcionó esa recomendación dando otro ejemplo de su conexión con los mexicanos de la Diáspora. Frank llegó a graduarse en la Academia Naval y eventualmente fue promovido a capitán de un barco de guerra. Como se lee en su libro del capitán, fue el primer oficial naval méxico-estadounidense que tuvo el mando de un barco naval de guerra de los Estados Unidos.

Reflexionando sobre las historias de sus antepasados, escribe:

Llegaron a América solo con su equipaje y la ropa que llevaban puesta, pero tenían cosas de gran valor

(Herndon, Virginia: Fortis Publishing, 2011), p 21.

ambición, habilidad, determinación y esperanza. A través de una dedicada perseverancia y trabajo duro, vencieron los retos del miedo, establecieron sus casas en California y crearon su nueva vida.[110]

Dios bendiga a América.

La Familia de Roger Arthur Campos

Lancen su imaginación a la sobrecogedora vista del Gran Cañón de Arizona. Es tan vasto, tan diferente de cualquier otra cosa, y tan hermoso. Ahora dirijan su imaginación al Cañón del Cobre, un inmenso sistema de cañón en chihuahua, México. Es más largo, más profundo y más estrecho que el Gran Cañón y alardea de vistas que no se queden cortas en lo espectacular. Fue en la accidentada parte del país en las proximidades del Gran Cañón en los estados de Chihuahua y Sinaloa, que los antepasados de Roger Arthur Campos vivieron y trabajaron.

Los españoles llegaron a las montañas de la sierra Madre Occidental a mediados de 1500 y para 1610 habían construido un fuerte, El Fuerte, donde ahora es Sinaloa para protección de la gente indígena, los Zuaques y Tahuecos. No tardaron mucho los españoles en descubrir el oro (y otros minerales) en el área y la entera área alrededor de El Fuerte fue tan importante para los negocios, el comercio y la minería que en 1824 fue designada la capital del recientemente creado estado de Sinaloa y Sonora (que entonces se extendió a lo que es ahora Arizona).

---

[110] Ibid., p. 23.

Una historia muy bien documentada de Roger investigada y escrita por Jeannine F. Shanahvan (la esposa del primo de Roger, Jerry Shanahvan) proporciona excelente información sobre sus vidas. El primer parágrafo de *La Vida* comienza: "Con muchos sufrimientos sus abuelos, Francisco Ernesto Campos y Ana María Orduño de Campos, emigran a Estados Unidos por la frontera de Andrade, California, en 1918 para escapar de la guerra en México. Tenían seis hijos y educaron a su familia en California".

Esto dice en unas palabras cuándo y por qué los abuelos de Royer dejaron México, pero hay mucho más en la historia de Francisco y Ana. La madre de Francisco, Rosa Espinoza de Campos nació en Agosto 30 de 1847, arriba en las montañas en la pequeña ciudad minera de Yecorato, Sinaloa. Se caso con Placido de Campos, pero después de su muerte, Rosa se cambió a Lluvia de Oro, otra pequeña aldea minera de Sinaloa colocada arriba en la región montañosa, del ahora famoso Cañón del Cobre. No es sorpresa que Francisco el hijo de Rosa se convirtiera en un minero de oro, pero eventualmente cambió las minas por la agricultura cuando se mudó a la vibrante y creciente ciudad de los Mochis, Sinaloa. Su esposa, Ana es una maestra que llevaba un diario.

Arturo Rogelio Campos, el primer hijo de Francisco y Ana (padre de Rogelio) nació el 5 de Septiembre de 1913, en los Mochis, colocado en un fértil valle al pié de la cordillera de la Sierra Madre. Los Mochis era un bullicio lugar en la recién construida línea del tren que iba de Arizona a Guadalajara, Jalisco. Era un lugar para criar a una familia, excepto por los efectos de la Revolución.

Fue en los estados vecinos de Sinaloa que irrumpió la Revolución en 1910. El muy rico hacendado Francisco Madero prendió la guerra que pronto enfrentó al pueblo de uno y otro lado. Pronto se le unió Pancho Villa, un ignorante mestizo que había vivido como prófugo de la ley en las montañas de Durango que colinda con Sinaloa al este. Aunque las sangrientas escenas en el Bajío, al centro de México, Sinaloa también experimentó una horrible violencia como lo anoto Jeannine Shanahva. Francisco y Ana (con Arturo de cinco años), emigraron con mucho sufrimiento en medio de esta violencia, buscando el mejor hogar que pudieron encontrar para la creciente familia.

De Andrade, California, donde Francisco encontró trabajo en un molino de leña, se trasladaron a Roese, Utah, donde se volvió trabajador del ferrocarril. Un año más tarde, estaban en Westwoord, California en la altas montañas de Norte California, y dos años después se mudaron de allí a Los Ángeles por tres años. Pero las montañas y el mucho trabajo los hizo regresar a Westwood, donde Francisco (o Frank, como se le llama ahora), trabajó hasta que se jubiló.

Mientras tanto, Arturo comenzó su nueva vida matrimonial conoció a Marian Serembe Lang y se casaron en la Ciudad de ella, Brooklyn, New York. La pareja después se mudó a Houston, Texas, donde Arturo comenzó un negocio de tortillas de maíz. El y Marian tuvieron un hijo nacido en Houston, Roger Campos; dos años después la familia se fue a California, donde se hizo maestro de la preparatoria de Modesto

Arturo comenzó otra fábrica de tortillas en Modesto, también su padre, Francisco, ya retirado, se mudó a Modesto para ayudar en el negocio igual que su hermano, Francisco Reynaldo (Ray). Con el tiempo el negocio de la familia se convirtió en uno de las más grandes y de las más reconocidas fábricas de tortillas en el norte de California.

Desde comienzos de los 1950, Modesto se ha convertido en el lugar de reunión de la familia Campos. Año tras año los nietos de los Campos se reúnen para celebrar *Thanksgiving* (Acción de gracias) y honrar a sus abuelos. Es ahora una tradición familiar que se pasa a los a las nuevas generaciones de la familia Campos.

¿Qué hay de Roger el nieto de Francisco y Ana? Llegó a ser abogado y fue contratado por el Presidente Nixon para trabajar en la Oficina de la Casa Blanca de manager y presupuesto. Después el Departamento de Comercio de los Estados Unidos, le asistió para formar una Asociación Nacional de Negocios para las minorías, de la que llegó a ser el presidente (*CEO*). Ante la elección de Larry Hogan en 2014 como gobernador de Maryland, Roger se unió a su gabinete, donde hoy sirve como el primer ombudsman de negocios de Maryland.

El lanzó los primeros estándares de servicio para clientes para la administración del estado de Maryland. ¡Qué maravilloso es ver el que puede surgir de las cenizas de una fea conducta humana! ¡Gracias a Dios!

La Familia de Charles Cervantes

Eran mediados del verano, julio 1919. ¿Cómo podía él, Ramón, de once años (quién iba a ser padre de Charles) comprender por qué, sus cinco hermanos y sus padres iban a vender su casa y huir al norte? Los padres de Ramón, José Cervantes, un carpintero, y su madre Aurelia, una maestra, estaban abandonando su amable ciudad de Yurécuaro, en Michoacán, México y sus extendidas familias y amigos. ¿Por qué?

Solo unos muy trágicos sucesos podría impulsarlos a unirse a la Diáspora hacía el norte ¿Por qué también la abuela de Charles Cervantes, Aurelia Álvarez Hernández, que había vivido en las ricas tierras de Los Altos de Jalisco hubiera querido abandonar su mundo? Más aún, fue Aurelia, según Charles quien decidió dejar las altas tierras natales asentados en las hermosas montañas. ¿Por qué también su esposo, José Ortega Cervantes, quien había vivido en fértiles tierras junto al Río Lerma, también estuvo de acuerdo en partir? Toda esa área conocida como propiedad privada para pequeños granjeros y Aurelia crecido en la pequeña granja de su padre llamada "Ranchito el Tecolote". La familia era autosuficiente en la granja, sembrando hongos, cultivando maíz, cuidando cabras para la leche y queso, y colmenas para la miel. Entonces los rebeldes Zapatistas pasaron por la ciudad cometiendo pillaje y saqueos. No mucho tiempo después el anticlerical Plutarco Elías Calles dijo que sus tropas federales hicieron lo mismo más pillaje y saqueo solo esta vez bajo la autoridad federal del gobierno. El padre de Aurelia no era combatiente, pero sí ayudó y protegió a los que eran perseguidos por sus creencias. La familia tenía sacerdotes con los Dominicos y Jesuitas, y ayudaban a los perseguidos.

Charles Cervantes, el nieto de José Cervantes y Aurelia Álvarez, me contó que mucho de lo que él sabe de la historia de su familia lo aprendió por conversaciones con su padre, Ramón: "(Mi padre) con frecuencia comunicaba voluntariamente sus recuerdos de la historia de su familia en México con semblante nostálgico y afligido", Charles Cervantes escribió "Habiendo crecido en un lugar tan hermoso como el Ranchito El Tecolote que fue un paraíso rural para él y su hermano, Fortunato (Nato) hasta el tiempo que la violencia y la muerte comenzaron.

Charles recuerda a su padre, Ramón, contando una historia de cazar en las colinas de Degollado con Nato.

Los muchachos tenían hambre, así que se sentaron debajo de un árbol alto, frondoso y estaban comiendo sus tortillas con frijoles cuando Nato notó algo que colgaba de las ramas. Su baba había caído hasta el suelo de las bocas de los que estaban colgados. Ramón y Nato estaban tan asustados, que dejaron su almuerzo y corrieron de regreso a la seguridad del Ranchito El Tecolote. No fue la única vez que ellos vieron tal evidencia de la violencia, Ramón contó a Charles historia de ver a hombres colgados de los árboles y de los postes de luz por las tropas de Calles y cómo, cuando había una tregua en la violencia, los del pueblo juntaban los cuerpos hinchados y descompuestos, los ponían en carretas tiradas por burros y los tiraban en fosas comunes.

La familia Cervantes sin duda esperaba encontrar más seguridad del otro lado de la frontera. Así que en 1919 llegaron a Texas, dejando atrás un particularmente caótico tiempo en México. El líder Revolucionario Francisco Madero había sido asesinado y el actual presidente, Venustiano Carranza, se preparaba para exiliarse en Francia. Pancho Villa estaba aún activo en su juego de atracar, robar y matar, pero el año siguiente (1920), se retiraría a un rancho. En ese mismo año, Carranza sería asesinado camino a Europa, y Álvaro Obregón sería el nuevo dictador.

Una vez que fueron procesados y fotografiados, los Cervantes emigraron a Texas con sus pases para entrar. Sin embargo, todavía tuvieron que afrontar retos. Solo sabían español y los texanos solo inglés. Ellos eran católicos; los texanos protestantes. ¡Las cosas eran tan diferentes! Así que regresaron a México dos años después en 1921, regresando a su ciudad natal, donde terminaron rentando la misma casa que antes habían poseído. ¡Imagínense su felicidad y delicia!

Tristemente, sin embargo la situación en México no había mejorado en su ausencia. Bajo Obregón la guerra que Carranza había desencadenado para eliminar a la Iglesia Católica continuaba. El ferozmente perseguía a la Iglesia y llevaba a cabo atrocidades y sacrilegios desde 1920 a 1924. En medio de la violencia, la familia Cervantes abandonó México por tren nuevamente en 1923 (el año en que Pancho Villa fue asesinado). Esta vez para bien Ramón tenía quince años. Entendió el por qué.

Regresando a Texas, la familia se asentó en Dallas. A su tiempo, Ramón se casó con Olivia Rodríguez y crió a una familia de seis. Charles fue su quinto hijo. Recordando los éxitos y el trabajo étnico de su padre, "Mi heroico padre comenzó trabajando de lavaplatos en Dallas, Texas y llegó a ser el jefe ejecutivo del Country Club de Dallas, el *Athletic Club de Dallas* y del *Preston Trails Country Club*". Inspirado por el mismo ejemplo de su padre, Charles tuvo éxito en la escuela y los deportes, alcanzando tanto el *National Honer Society* y altos premios como un jugador de football americano (quarterback). Su educación culmino al llegar a ser abogado. En 1973 lo reclutaron para que fuera consejero abogado en el Departamento de Salud de Estados Unidos., de Educación y Bienestar (HEW) en Washington, DC. Su carrera como abogado lo llevó también a altos círculos de logros, incluyendo su elección como administrador del Condado de Fairfax, (Virginia) en el sistema de educación pública, miembro de la Barra de la Suprema Corte y académico en residencia en México.

Charles y yo hemos discutido cómo el gobierno federal mexicano en esos años de violencia negó a la Iglesia Católica su libertad de religión y atacó a los Sacerdotes y monjas, matando a muchos de ellos así como a muchos laicos. Cuando la película No Greater

Glory fue exhibida en los cines locales, Charles me invitó
a verla. La película relata la lucha de los guerreros
católicos contra los dictadores Carranza, Obregón y el
último y más cruel, Plutarco Alías Calles (1924-1928).
Imaginen la sorpresa y el júbilo que Charles experimentó
cuando vio la estación del tren con el nombre Yurécuaro
en una escena de la película. Charles prorrumpió: "¡Ese
era mi pueblo!".

Charles Cervantes, hijo de Ramón Cervantes, ha
vivido el Sueño Americano más allá de las más salvajes
expectativas de sus antepasados. Ahora está enriquecido
al saber por qué y cómo sus abuelos y sus hijos, su padre
incluido, escaparon del horrible desorden y falta de ley en
México en los años de agitación, 1913-1930.

La Familia de Francisco M. Vega

Nuestro súper hermano mayor miembro de la Diáspora
ahora de 95 años. ¡Huyó en un Modelo T! ¿Fue su
Diáspora diferente de la de otros? ¡Atinaron! Muy, muy
pocos otros en la Diáspora escaparon en un carro.

La historia de Francisco Miguel Vega comienza en la
histórica Ciudad de Saltillo, Coahuila. Saltillo era la capital
del estado de Coahuila y antes de esto, cuando su
dominio era más extenso, también era la capital del estado
de Texas y otras aéreas cercanas. Nombrado a partir de
los Coahuilenses, la gente indígena que vivió en el área
cuando llegaron los españoles. Coahuila es ahora uno de
los estados mexicanos que colindan con Texas a lo largo
del Río Grande. Junto con sus estados vecinos del norte
de México, Coahuila ha manifestado una afinidad con los
asuntos americanos, una tendencia común entre las
naciones vecinas que comparten algo en común (piensen
en Suiza y sus lenguas, religiones, modelos, políticos,

comercio y educación). Por ejemplo, durante la Guerra Civil en los Estados Unidos, los gobernadores de Coahuila y otros adicionales estados del norte expresaron su deseo de unirse a la Confederación para formar una nueva nación en una carta del 27 de septiembre de 1861 dirigida a Simón Camerón, secretario de guerra, de Fort Fauntleroy, Nuevo México.[111]

El estado natal de Francisco Vega tiene otras conexiones históricas. Cerca de cuarenta millas hacia el oeste de Saltillo está la Ciudad de Las Paras, que dio nacimiento, riqueza y fama a Francisco Madero, líder de la Revolución Mexicana en 1910 y subsiguiente presidente de México. Otro muy rico vecino de la familia Vega vivía como a sesenta millas al norte de Saltillo en la Ciudad de Cuatro Ciénegas, su nombre infame fue Venustiano Carranza, y él, también se levantaría para gobernar a México gracias a la ayuda del Presidente Woodrow Wilson.

Por supuesto, la familia de Don Francisco Vega de ninguna manera estaba involucrada con Madero y Carranza y probablemente no tenía idea cómo las acciones de esos ricos hacendados les afectarían en Saltillo. Pero con la Revolución y sus secuelas vinieron las acciones militares, asesinatos, robos y el total desorden. Contra este panorama, la familia de Francisco anduvo para arriba y para abajo entre Saltillo y Monterrey una ciudad como a cincuenta millas de lejos en el vecino estado de Nuevo León. "Teníamos negocios y familias, Don Francisco me escribió recientemente y nos mudábamos como venía la lucha para evitar los daños a las familias". Finalmente en 1919, su familia abandonó su

---

[111] *The War of Rebellion* (Washington, DC: Government Printing Office, 1897), pp. 635-641.

modo próspero de vida en México y se unió a la Diáspora de dos millones de otros mexicanos hacia el norte. Para salvar sus vidas y comenzar de nuevo, cruzaron la frontera y llegaron a asentarse en San Antonio, Texas: Francisco Vega, junto con su abuela, María de los Ángeles Tapia viuda de López, su madre, Sara López Tapia de Vega; su padre, Lázaro Nava Vega y sus tías, tíos, primos y otros parientes.

Cuando sus padres lo llevaron a registrar a la escuela pública de primaria, Don Francisco pasó por una experiencia común a muchos niños de la Diáspora: no se le permitió usar su propio nombre "Francisco", en su lugar el oficial de la escuela apuntó su nombre en el registro como "Mike Vega". La familia no tenía de otra. Así que o aceptaba "Mike Vega" o no podía asistir a la escuela, según el oficial. Por eso, no hay recuerdo de Francisco Vega recibiendo educación en la escuela primaria, como tampoco en la preparatoria, *Washington Irving Junior High School*. Pero al entrar a la preparatoria Central Católica en San Antonio, insistió en llamarse con el nombre que se le dio. No hubo objeción y así continuó a lo largo de su vida como Francisco M. Vega, o cuando se sentía con particular esmero, Francisco Miguel Nava Vega López Tapia.

Francisco Vega llego a servir en el ejército de Estados Unidos. Trabajó en su cuartel general bajo el general Eisenhower en Inglaterra y en la preparación para el D. Day (La Invasión de 1944) en Europa. Sirvió honorablemente, se casó y eventualmente hizo su hogar en Michigan donde ha prosperado y disfruta del Sueño Americano.

EPÍLOGO

Al escribir este libro, trato fuertemente de encontrar la respuesta al ¿Por qué? ¿Por qué tantos abandonaron México subitamente? ¿Por qué México perdió su mejor gente en una tan enorme oleada de migración? Tantos admirables jóvenes mexicanos han abandonado la vida en México para no regresar o han dejado atrás el conocimiento de sus seres queridos en sus pequeños jacales (shacks) en las rancherías rurales.

Mi investigación me llevó a rebuscar profundamente en la historia de México. He escarbado en el origen del mestizaje, una autenticidad generalmente desconocida, con poco escrito sobre ello. También he justificado mi bachillerato, graduado en artes, en filosofía, aplicándolo a la lectura de los más grandes filósofos europeos y ver cómo sus conceptos, conclusiones y llamadas a la acción cambiaron las vidas de mis padres y abuelos en realidad de todos los mexicanos.

Finalmente, descubrí el por qué: Estuvo oculto en las nefastas causas conspiratorias de la Diáspora Mexicana del 1913-1930. La causa más sobresaliente (y menos

321

conocida) sucedió en diciembre en 1913 en Veracruz, México.

En ese tiempo, ardientes intelectuales seguidores de los principios del Empirismo, de los Jacobinos, Marx, Nietzsehe, Hegel, el Socialismo y de la Masonería se encontraban en las universidades. Entre todos los discípulos de esas ideas ateos, creaciones de Satanas, los más organizados eran los comunistas. Tenian redes activas en muchas naciones incluyendo México. Un comunista mexicano Gerardo Murillo, conocido por este nombre, El Dr. Atl, mientras trabajaba en París, Francia, respaldó la revolución de Madero en 1910, pero en realidad estaba representando los intereses y propósitos de la conspiración comunista. Cerca de allí, en Suiza, tres hombres en exilio de su patria, Rusia, estaban dirigiendo la Conspiración Internacional Comunista: Lenin, Stalin y Trotsky. Uno puede bien deducir que el Dr. Atl pudo haber estado en contacto con ellos.

El Dr. Alt regresó a México para llevar a cabo la Conspiración animada por los tres hombres en Suiza. El reunió a otros comunistas y compañeros viajeros en Veracruz, México en diciembre de 1913 e hizo arreglos, como se explicó en la Parte I, Capítulo 5.

Hechos y eventos históricos respaldan mi conclusión de que el contrato firmado por la gente de Carranza y los comunistas en Veracruz *causaron* la Diáspora mexicana de 1913-1930. No hay que buscar más adelante elementos significativos de las causas y el porqué.

La Diáspora mexicana fue la primerísima causada por la Conspiración Comunista Internacional. Tristemente, fue seguida por más alrededor del mundo: Rusos Cubanos, Vietnameses y otros que huyeron de sus países en la víspera de las tragedias comunistas.

Las herramientas de los comunistas son: la mentira, la desinformación, la censura y lo último la secrecía. Es por eso que la verdad de la Diáspora mexicana, la falsa representación de la llamada Revolución, los horrores cometidos por el gobierno mexicano y por el ejército mexicano en su guerra contra la Iglesia Católica y la brutal persecución del clero, monjas y laicos han permanecido escondidos y ocultos, El culpar a los Cristeros de todas las atrocidades de la Revolucion. Pero la verdad **tiene que** ser revelada.

Nosotros, los descendientes de la Diáspora, aquí en los Estados Unidos tenemos mucho que apreciar. Ofrecemos nuestra gratitud a los dos millones de bravos mexicanos y mexicanas que vivieron la verdad de la Diáspora con sus sacrificios. También agradecemos al Presidente Richard M. Nixon, siempre ardiente anti comunista, por asegurar que nosotros no fuéramos por más tiempo desconocidos u olvidados. Y, sobre todo, le damos gracias a Dios por la oportunidad que tenemos de disfrutar la libertad de religión y el Sueño Americano.